OS SIGNOS DO ZODÍACO

Carolyne Faulkner

OS SIGNOS DO ZODÍACO

Decodifique as Estrelas, Redefina sua Vida

Tradução
Marcelo Brandão Cipolla

Editora
Pensamento
SÃO PAULO

Título do original: *The Signs*.
Copyright © 2017 Carolyne Faulkner.
Copyright da edição brasileira © 2020 Editora Pensamento-Cultrix Ltda.
1ª edição 2020.
1ª reimpressão 2022.

Todos os direitos reservados. Nenhuma parte deste livro pode ser reproduzida ou usada de qualquer forma ou por qualquer meio, eletrônico ou mecânico, inclusive fotocópias, gravações ou sistema de armazenamento em banco de dados, sem permissão por escrito, exceto nos casos de trechos curtos citados em resenhas críticas ou artigos de revista.

A Editora Pensamento não se responsabiliza por eventuais mudanças ocorridas nos endereços convencionais ou eletrônicos citados neste livro.

Obs.: A tradução para o português do site www.dynamicastrology.com é de total responsabilidade da autora Carolyne Faulkner.

Editor: Adilson Silva Ramachandra
Gerente editorial: Roseli de S. Ferraz
Preparação de originais: Alessandra Miranda de Sá
Produção editorial: Indiara Faria Kayo
Editoração eletrônica: S2 Books
Revisão: Luciana Soares da Silva
Capa: Lucas Campos / INDIE 6 Design Editorial

Nota da autora: para proteger a privacidade das pessoas citadas neste livro, sejam elas amigas ou clientes, seus nomes bem como suas características foram alterados. Qualquer semelhança com pessoas reais, vivas ou mortas, é mera coincidência.

Dados Internacionais de Catalogação na Publicação (CIP)
(Câmara Brasileira do Livro, SP, Brasil)

Faulkner, Carolyne
    Os signos do zodíaco : Decodifique as Estrelas, Redefina sua Vida / Carolyne Faulkner ; tradução Marcelo Brandão Cipolla. -- São Paulo : Cultrix, 2020.

    Título original: The signs.
    ISBN 978-85-315-2112-6

1. Astrologia I. Título.

19-31386 CDD-133.5

Índices para catálogo sistemático:
1. Astrologia 133.5
Cibele Maria Dias - Bibliotecária - CRB-8/9427

Direitos de tradução para o Brasil adquiridos com exclusividade pela EDITORA PENSAMENTO-CULTRIX LTDA., que se reserva a propriedade literária desta tradução.
Rua Dr. Mário Vicente, 368 – 04270-000 – São Paulo – SP
Fone: (11) 2066-9000
http://www.editorapensamento.com.br
E-mail: atendimento@editorapensamento.com.br
Foi feito o depósito legal.

Este livro é dedicado a meu filho Kam,
o verdadeiro sol da minha vida. A todos os que
despertaram: este é para vocês.

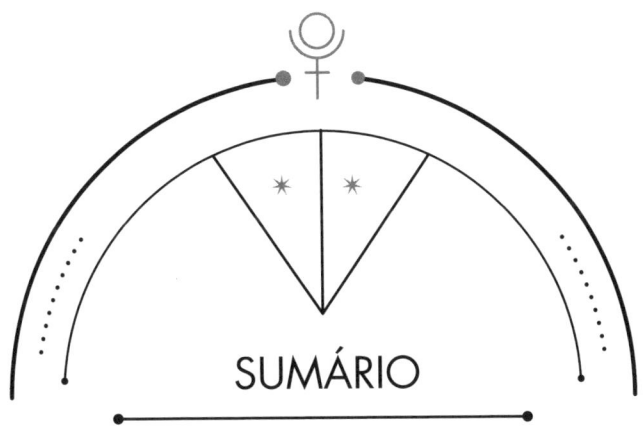

SUMÁRIO

Introdução	9
1. Como ler o mapa	17
2. Os planetas	35
3. Os signos	95
4. As casas	265
Nota final	307
Agradecimentos	309

INTRODUÇÃO

Se você, como tantas outras pessoas que conheço, tem interesse pela astrologia mas recua diante de uma terminologia técnica confusa ou de banalidades esotéricas como a ordem de não sair de casa até Mercúrio sair da fase retrógrada, espero que este livro lhe chegue como um sopro de ar fresco, ou mesmo como uma luz, e seja, acima de tudo, útil. Escrevi-o para gente como nós (me incluo nesse grupo) que estava à procura de um livro que tornasse a astrologia acessível e divertida, além de prática. Acredito que a astrologia pode ser um instrumento poderoso de *coaching* na nossa vida e que cada pessoa é capaz de aprender a usá-la para si mesma. Na verdade, minha missão é a de colocar o poder da astrologia em suas mãos. (Afinal de contas, sou aquariana, e os aquarianos têm o dever de aumentar a consciência e promover a igualdade aqui na Terra.)

Quero esclarecer algo logo de início. Não é possível, nem lógico, dividir a humanidade inteira em doze signos e esperar que cada uma das doze categorias seja composta por pessoas do mesmo tipo e que vivenciem as mesmas coisas ao mesmo tempo. Além disso, nenhuma generalização excessiva tem sentido. Não é realista supor que todos os leoninos são engraçados e extrovertidos e que todos os escorpianos são sensuais e ciumentos. Os seres humanos são muito mais complexos, e nosso signo (também chamado de "signo solar" na astrologia) é no máximo uma indicação sumária da nossa personalidade e do nosso potencial. Como veremos, se você conhecer os pontos positivos e negativos do seu signo e puser em prática os primeiros, poderá brilhar como o Sol. Mesmo assim, a astrologia jamais será capaz de desvendar toda a profundidade do seu ser. Afinal de contas, julgar o caráter de alguém (o seu inclusive) com base apenas no signo solar é como julgar a pessoa pela aparência. Às vezes temos sorte e acertamos no julgamento, mas erramos com muito mais frequência – e isso pode nos causar problemas.

Há mais uma crença errônea da qual devemos nos livrar desde já: a ideia de que certos signos se dão bem ou mal com outros signos não é absoluta. Para avaliar a possível durabilidade de qualquer relacionamento, o único jeito é avaliar os mapas astrológicos dos dois indivíduos e estudá-los um em comparação com o outro. Em muitos casais felizes que conheço, uma pessoa tem o Sol num signo e a outra tem a Lua ou o Ascendente no mesmo signo. A astrologia tradicional diria que isso não é bom, mas a experiência me diz que é como um jogo de *snap*:[1] tudo o que é preciso é que seu signo combine em algum momento com o de um potencial companheiro, amigo ou colega. Duas de minhas amigas mais antigas são leoninas, ou seja, têm o signo oposto ao meu (Aquário). O signo da minha outra amiga é igual ao meu Ascendente. A astrologia é capaz de nos dar intuições fascinantes quando temos o desejo de ir um pouquinho mais fundo.

Há mais de onze anos que estudo astrologia. Nos últimos nove anos, também a usei como método de *coaching* para ajudar as pessoas a compreender a si mesmas e aos outros de maneira mais profunda, além de dar-lhes orientações para terem relacionamentos mais sinceros e íntimos e gozar de mais sucesso na profissão. O método que uso, ao qual dou o nome de Astrologia Dinâmica, ajuda a melhorar a saúde emocional, espiritual e física e a aumentar o bem-estar geral. Você verá que uso com frequência a palavra "karma". Karma é causa e efeito: para cada ação há uma reação. As sementes plantadas em solo fértil tendem a dar bons frutos, e o contrário também é verdade. Tente conceber o karma como sementes que você planta. Não é possível mudar o karma passado, mas você pode tomar mais consciência de suas escolhas no presente para assim alterar o futuro.

Sei que, quando a Astrologia Dinâmica é usada como instrumento para aumentar a autoconsciência, ela nos ajuda a navegar de maneira muito mais tranquila pelas águas da vida. Pode produzir uma transformação que nos dá poder e estabelecer uma conexão com a parte mais autêntica de nós mesmos. E isso é muito importante, pois, na minha opinião, nós

---

1   Jogo de cartas em que duas cartas são viradas ao mesmo tempo. Se as duas forem iguais, o primeiro jogador a gritar "*Snap*" ganha as duas cartas e todas as que estão abaixo delas nos montes. (N.T.)

só nos uniremos às pessoas que realmente nos completam quando formos totalmente sinceros com a nossa natureza.

A experiência de trabalhar com pessoas de todo o globo e de todas as classes sociais me ensinou que a astrologia é, em essência, uma estrutura que nos ajuda a nos sintonizarmos com os ritmos da nossa própria vida, um instrumento para administrar o comportamento humano – o nosso e o das outras pessoas. Gosto de compará-la aos andaimes usados na reforma de um prédio. Nesse caso, o edifício sendo restaurado é a sua própria pessoa!

Há milhares de anos que a astrologia é praticada por sociedades do mundo inteiro. Ela seria a precursora, no mundo antigo, da moderna ciência da psicologia. Quando começamos a concebê-la nesses termos, seu incrível estoicismo – que persiste mesmo em meio ao ceticismo do mundo moderno, em que a maioria das pessoas perdeu a fé em tudo que não consegue ver com os olhos (e não somente sentir com o coração) – começa a fazer sentido. Acredito que nossa mente molda e, depois, cria a nossa realidade. A neurociência é uma prova disso. Ninguém tem o seu futuro escrito nas estrelas; somos nós que criamos o futuro.

Sendo assim, no que me diz respeito a astrologia nada tem a ver com a previsão do futuro e com os horóscopos de jornal. Pelo contrário, tem tudo a ver com fazer aumentar nossa capacidade de crescimento pessoal, a qual, por sua vez, aumenta nossa felicidade e melhora nossas interações positivas com as outras pessoas. A astrologia também nos ajuda a prestar mais atenção, a fazer juízos mais bem informados sobre as capacidades e limitações nossas e das outras pessoas. E lembre-se que mesmo um conhecimento básico de astrologia nos proporciona a oportunidade de acertar a sincronia da nossa vida. Os melhores cozinheiros atestam que a sincronia é tudo!

QUAL É O DIFERENCIAL DA ASTROLOGIA DINÂMICA?

A Astrologia Dinâmica combina ensinamentos espirituais e astrológicos com pesquisas sobre o comportamento humano feitas do ponto de vista de um *coach*. Nessa estrutura, o mapa astrológico não é uma descrição rígida da pessoa nem fornece uma receita única acerca de como ela deve viver. A astrologia se torna um instrumento de interpretação que nos põe no centro da tomada de decisões. O conhecimento dos astros nos habilita a trabalhar em harmonia com a energia deles.

Para mim, a astrologia se tornou uma parte da minha vida cotidiana. É semelhante à eletricidade que usamos em casa. Como no caso da eletricidade, uso a astrologia porque ela me dá força e luz quando preciso. E partilho-a com as outras pessoas porque acredito que a linguagem dos astros transcende as classes sociais, as raças, o *status* e, mais importante que tudo, o ego. Qualquer pessoa pode usá-la, e eu gosto disso.

Com a Astrologia Dinâmica, eu quis criar um método para mostrar a você como usar a astrologia sem precisar de um astrólogo para determinar cada uma de suas decisões. Tenho a missão de pôr para funcionar a intuição das pessoas. Todos nós somos intuitivos em maior ou menor grau, mas nossa intuição encontra-se, com muita frequência, tão amarrada à lógica que acabamos nos limitando a uma perspectiva unidimensional.

Certas pessoas tornam a astrologia mais complexa do que ela precisa ser. É verdade que, à primeira vista, um mapa astrológico supercomplicado é até assustador, e precisamos nos acostumar com parte da terminologia astrológica, mas simplifiquei o processo para torná-la completamente acessível e sei, pela experiência de *coaching* com meus clientes, que a astrologia realmente não precisa ser tão difícil. Na verdade, é o mesmo que aprender uma língua estrangeira: captamos alguns fragmentos, algumas palavras e expressões aqui e ali, vamos juntando os pedacinhos da conversa e, com prática e paciência, começamos a falar a língua. Ou, neste caso, aprendemos a "astrolíngua", como gosto de chamá-la.

A Astrologia Dinâmica oferece pistas e transforma você no detetive encarregado de investigar seu próprio caso. Realinha você com sua alma (ou sua mente, se preferir), ao contrário da armadilha do ego, sedutora mas nociva. Acredito que a alma (mente) é infinita: nunca morre. Na verdade, ela persiste e cria vidas futuras, e é por isso que nosso mapa natal indica pontos fortes a serem postos em prática e questões que precisamos resolver nesta vida para que possamos passar ao nível seguinte. Nada é fixo, tudo é mutável. Com consciência e um olhar honesto para nossos padrões de comportamento, sempre é possível fazer uma escolha e criar um futuro melhor.

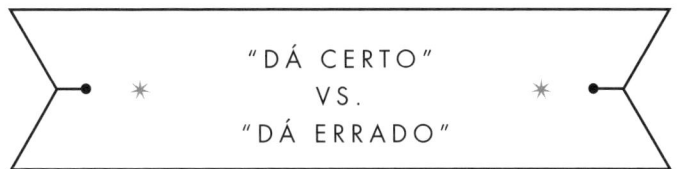

"DÁ CERTO" VS. "DÁ ERRADO"

Em anos de trabalho com clientes inteligentes, bem-sucedidos e extremamente exigentes e observando o modo pelo qual determinados padrões estelares se correlacionam com as experiências, os comportamentos e as características deles, ficou muito claro para mim que qualquer traço associado a qualquer aspecto da astrologia tem o potencial de ser útil ou nocivo. Falo dos traços que "dão certo" e dos que "dão errado", e essa dualidade se manifesta repetidamente.

Em sua essência, a Astrologia Dinâmica é a prática de aplicar o conhecimento astrológico prático de maneira estratégica para estimular os traços úteis ("dá certo") e reduzir o impacto dos nocivos ("dá errado"). Podemos mudar as coisas que nos fazem mal ou de que simplesmente não gostamos. Com a consciência e o autoconhecimento vem o poder de introduzir mais aceitação, felicidade e contentamento da alma em nossa vida. Quando dominamos novos métodos para lidar com traços que até então desgraçavam nossa vida, temos vontade de cumprimentar a nós mesmos. É uma sensação enorme de libertação.

Um conselho: não tenha medo do seu lado "dá errado", também chamado de "sombra". Afinal de contas, todos têm esse lado. Quase sempre, quando as pessoas leem as seções "dá certo" do seu relatório astrológico, vejo-as sorrindo ou balançando a cabeça em sinal de aprovação; mas fico esperando, e logo em seguida elas ficam quietas. Sei então que estão lendo sobre os traços que "dão errado" e caindo na realidade. Mas essa abertura à autoconsciência é o primeiro passo rumo a qualquer tipo de melhora pessoal. Na minha experiência de estudo, os professores mais compassivos quase nunca me davam doces ou verdades fáceis.

Assim, para dar um exemplo da relação entre as características que "dão certo" e as que "dão errado", vamos falar do signo de Touro. Um dos traços positivos desse signo é o talento. Muitos taurinos gostam de cultivar seus talentos e os de outras pessoas. Um dos traços taurinos que "dão errado" é o ciúme (traço esse que os taurinos partilham com Escorpião, o signo oposto). Não que todo taurino necessariamente sofra na mão do monstro de olhos verdes, mas é provável que ele apareça em algum ponto da vida do taurino, pois o ciúme é um dos traços que os taurinos vieram à Terra para superar. Para contextualizar ainda mais essa contraposição de "dá certo" com "dá errado", já observei que um taurino que realmente alimente os próprios talentos sofre pouco de ciúme. Quando atrai o ciúme alheio, deve se esforçar ainda mais para trabalhar com generosidade e humildade (duas palavras também associadas ao signo de Touro).

COMO USAR ESTE LIVRO

Escrevi *Os Signos do Zodíaco* com o objetivo de tornar um tema complexo acessível a todos, concentrando-me, para tanto, em três áreas principais da astrologia: planetas, signos e casas. Isso significa, inevitavelmente, que há muitas coisas de que não falarei, mas a astrologia é tão poderosa que mesmo um conhecimento pequeno dá um fruto grande. Espero que o livro lhe sirva de guia no uso prático da astrologia para que você implemente mudanças positivas reais em sua vida. Quando você por fim "decifrar o código", poderá ajudar outras pessoas que ainda estão lutando para subir na prancha de surfe e pegar as ondas da vida.

O livro pode ser lido de dois modos. O primeiro: vá diretamente à seção que fala do seu signo e leia tudo sobre seus traços úteis e nocivos – os que "dão certo" e os que "dão errado" –, depois use o "Conserto" das sugestões práticas para reduzir o que "dá errado" e aumentar o que "dá certo". (Aliás, você pode fazer a mesma coisa para aprofundar seu conhecimento do comportamento das outras pessoas. É divertido e, muitas vezes, de uma precisão mágica. Experimente consultar o signo do seu companheiro ou colega e veja se as características ali listadas lançam alguma luz sobre certas coisas que o deixam perplexo ou indignado!)

O segundo modo consiste em mergulhar um pouco mais fundo e usar o livro para aprender a ler mapas natais e fazer suas próprias interpretações.

Um mapa natal ou mapa astrológico é um retrato da posição das estrelas e dos planetas na hora que você nasceu. Saber decodificar seu próprio mapa, aprendendo sobre o papel do signo solar, do signo lunar e do Ascendente, bem como sobre o alinhamento dos planetas e a disposição das casas, é algo que lhe dará luz e poder. Identificando seu Ascendente, por exemplo, que é o signo situado na casa 1 do seu mapa no momento em que você nasceu, você poderá compreender como é visto pelos outros, o que lhe abrirá as portas da autodescoberta. Quando souber o signo lunar (o signo em que estava a Lua quando você nasceu), poderá saber o que fazer para cuidar melhor de seu bem-estar emocional, e isso, por sua vez, fará aumentar sua inteligência emocional. Se souber o signo da Lua de seu companheiro ou de seu filho, poderá alimentá-los no nível emocional. (Meu filho tem a Lua em Touro, e Touro está associado a um apetite saudável por boa comida. Por isso, sempre o alimento antes de tentar resolver quaisquer problemas emocionais que eu tenha com ele!)

Nunca me canso de ver a cara de espanto de meus clientes quando algum aspecto de sua personalidade ou experiência pessoal entra em foco. Esses momentos "eureca" são profundamente satisfatórios para eles e podem ser para você também. Quando compreender seu mapa e o das pessoas importantes em sua vida, seus horizontes se ampliarão. Se tornará mais compassivo; as metas pessoais e profissionais serão mais fáceis de se atingir e a vida cotidiana deixará de ser mero ruído, tornando-se mais semelhante a uma música. Você vai parar de nadar contra a corrente e passar a seguir melhor o fluxo e os ritmos da vida. Todas as coisas, desde o bem-estar físico e emocional até as metas de carreira e os relacionamentos, de repente parecerão muito mais tranquilas. Não estou dizendo que tudo mudará da noite para o dia. É preciso trabalhar um pouquinho, e, além do mais, temos de admitir que certas pessoas sempre nos aborrecerão; mas nós podemos controlar o modo como reagimos, apertando o botão de "pausa" e analisando a causa fundamental não só do comportamento dessas pessoas como também, e principalmente, de nossas reações.

Imagine que você esteja agora num aeroporto, levando somente seu passaporte e um mapa nas mãos. Há um jatinho particular à sua espera. Você não sabe muito bem para onde vai, mas intuitivamente sabe que algo vai mudar na sua vida. Estou lhe mostrando o caminho da autodescoberta. O mapa lhe dará as pistas que o ajudarão a encontrar seu tesouro pessoal, mas é você quem terá de fazer a navegação de sua jornada e assumir a responsabilidade por suas decisões.

A experiência de aprender astrologia e o sucesso de meus clientes me ensinaram que grandes coisas são possíveis. Lembre-se que seu mapa natal é desenhado a lápis: realmente cabe a você decidir se quer ou não pegar a caneta e deixar nele a sua marca. Esqueça como você era no passado. Esteja presente neste exato momento e sintonize-se com seu potencial mais elevado.

O futuro está em suas mãos.

COMO LER O MAPA

A Astrologia Dinâmica se baseia no estudo e na interpretação de mapas natais e no uso de estratégias práticas para melhorar as características que nos fazem mal e alimentar os comportamentos que nos beneficiam.

Um mapa natal é um retrato do céu, semelhante a um rabisco energético pelo espaço, no momento em que uma pessoa nasceu. A data, a hora e o local de nascimento são usados para calcular a posição do Sol, da Lua e de outros planetas e mapear como eles se dispõem pelos signos e casas. (Não se preocupe, há instruções claras sobre como calcular seu mapa natal neste mesmo capítulo, adiante.)

Este capítulo lhe mostrará como trabalhar com todos os fundamentos de que precisa para interpretar seu mapa. Depois de descobrir como ele funciona, poderá passar a interpretar os mapas de outras pessoas. É aí que as coisas realmente começam a ficar divertidas!

Trabalharemos em três áreas principais: os planetas, os signos e as casas. (Lembre-se que, na Astrologia Dinâmica, tudo funciona com base em ternários.) Quando dominar os elementos essenciais dessas três áreas, estará a caminho de decifrar as pistas contidas em seu mapa e decifrar o mais interessante de todos os códigos: o código do comportamento humano.

Dê uma olhada no mapa natal, que usaremos de exemplo, na página seguinte.

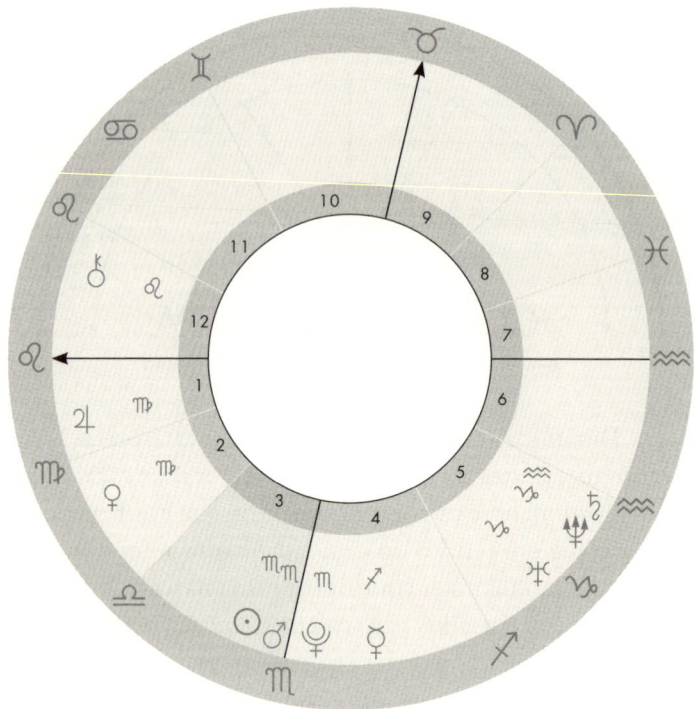

Desmontaremos esse mapa passo a passo para que você possa entender o papel dos planetas, dos signos e das casas e depois possa começar a aplicar esse conhecimento em seu próprio mapa. Voltaremos a esse mapa de exemplo no fim do capítulo e o montaremos novamente para mostrar como todas as coisas se combinam para formar interpretações.

Agora dê uma olhada na legenda dos símbolos dos diferentes planetas e signos e comece a se familiarizar com eles. De início, você precisará tornar a consultar a legenda toda vez que estudar um mapa, mas em pouco tempo começará a reconhecer os símbolos.

SIGNOS	PLANETAS
♈ Áries	☉ Sol
♉ Touro	☽ Lua
♊ Gêmeos	☿ Mercúrio
♋ Câncer	♀ Vênus
♌ Leão	♂ Marte
♍ Virgem	♃ Júpiter
♎ Libra	♄ Saturno
♏ Escorpião	♅ Urano
♐ Sagitário	♆ Netuno
♑ Capricórnio	♇ Plutão
♒ Aquário	⚷ Quíron
♓ Peixes	

Sugiro que, agora, você pegue seu próprio mapa para poder examiná-lo com o exemplo. (Não se assuste se tudo parecer muito complicado de início: tenha paciência.)

Para criar seu mapa, visite o site www.dynamicastrology.com, entre na calculadora e preencha os detalhes de sua data, sua hora e seu local de nascimento. (Lembre-se que não será capaz de determinar as casas em que estão os planetas se não souber a hora em que nasceu. Nesse caso, clique em "desconhecido" na calculadora. Você ainda será capaz de trabalhar com os planetas e signos, e prometo que fará muitas descobertas.) Se eu fosse você, imprimiria o mapa e usaria um lápis para tomar notas sobre os efeitos de vários elementos, mas eu sou da antiga! Se preferir, segue abaixo um mapa em branco para você registrar os elementos do seu mapa.

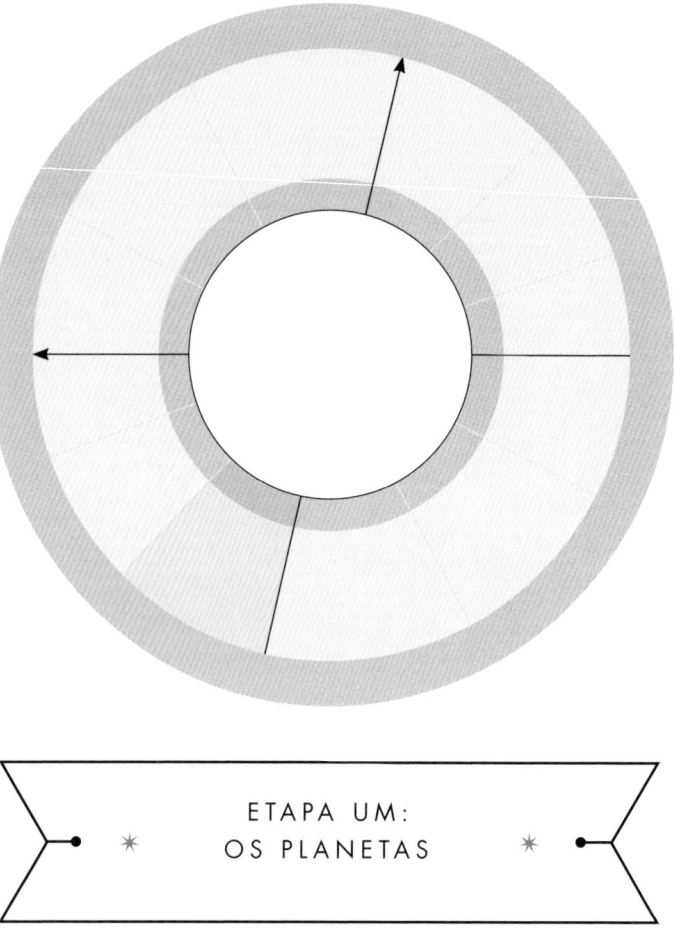

ETAPA UM: OS PLANETAS

O primeiro passo consiste em identificar cada um dos dez planetas regentes e explorar o significado deles. Vamos começar com o Sol. O Sol, como todos os planetas, está em um determinado signo em seu mapa. "Seu signo solar" é o signo do zodíaco (Câncer, Leão, Peixes etc.) em que o Sol estava no momento do seu nascimento. Como você vê na legenda dos símbolos dos planetas, há nove outros planetas com que trabalharemos, mas seu signo solar é o primeiro a ser usado no começo da jornada pelo mapa. Depois dele, você poderá descobrir onde os outros planetas estão. Observe que eles são chamados "planetas regentes", pois a cada um é atribuído um signo. (Além disso, tecnicamente o Sol é uma estrela e Plutão e Quíron não são planetas, mas para facilitar tudo vamos usar o termo genérico "planetas" para falar de todos eles – não conte aos astrônomos!)

Chamo cada planeta do seu mapa de "o quê", no sentido que essa palavra tem na frase "O que esse planeta significa para você?"

Comecemos por identificar o signo solar em seu mapa. Dê uma olhada no símbolo do Sol na legenda e no mapa de exemplo que usaremos para nos orientar.

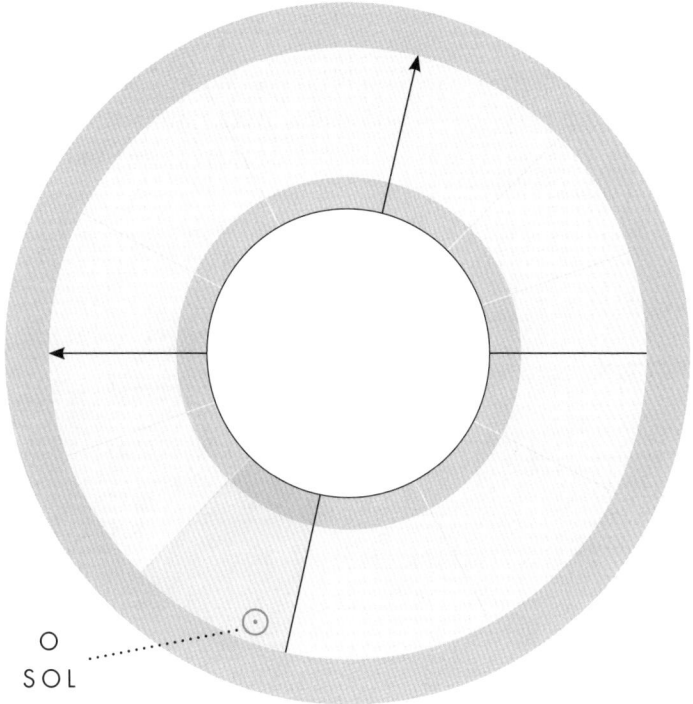

O
SOL

O que esse planeta, o Sol, significa para você? Em resumo, ele representa o ego, a identidade pela qual a pessoa se reconhece. Se você assumir o signo em que ele está e usar todas as características dele que "deram certo", estará marcado para brilhar como o Sol. Se, no entanto, você demonstrar as características que "dão errado", estará mais alinhado com seu ego que com seu brilho. Cada um dos dez planetas com que trabalharemos está associado a uma área particular da sua personalidade e traz lições específicas que você tem de aprender.

No capítulo "Os Planetas" (pp. 35-93), você encontrará explicações muito mais detalhadas sobre o papel que o Sol e os outros planetas desempenham em seu mapa.

ETAPA DOIS:
OS SIGNOS

A segunda etapa consiste em identificar e explorar o sentido e o efeito dos signos. Você já localizou o Sol no mapa. Agora procure o símbolo do zodíaco ao lado dele, na direção do centro do mapa. Esse símbolo representa o seu signo solar.

Nosso mapa de exemplo tem o Sol, que é o planeta, em Escorpião, que é o signo.

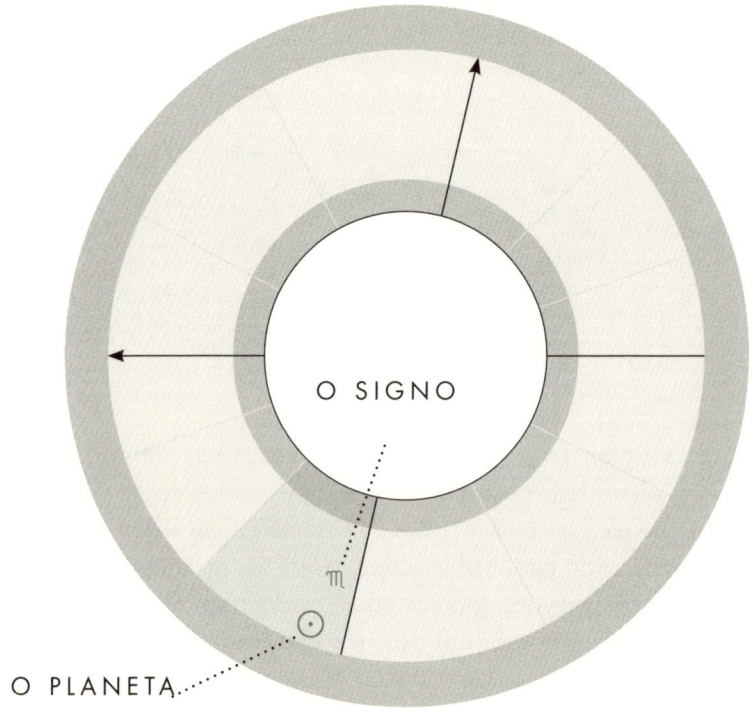

O que esse signo significa? O signo num mapa representa o "como". Como este signo funcionará para esta pessoa?

Usando nosso exemplo, essa pessoa tem o Sol em Escorpião. Assim, ela deve buscar a seção que fala de Escorpião no capítulo "Os Signos" (pp. 95-263) a fim de saber mais sobre como esse signo funciona em relação a seu ego e sua noção de identidade própria. Simplificando: para que os escorpianos brilhem, eles devem aprender a lidar com o poder, a profundidade, a transformação e a mudança. Quando "dão certo", essas pessoas têm profundidade e usam seu poder com confiança, usando-o para fortalecer aos outros e fazer grandes mudanças interna e externamente. Quando "dão errado", têm a vontade fraca e muitas vezes se tornam manipuladoras, sentindo inveja de qualquer pessoa que lhes pareça mais poderosa. Podem tentar roubar o poder alheio ou tirar o poder de outras pessoas sem a menor compaixão, usando a humilhação e táticas de manipulação.

(É claro que essa interpretação é simplificada e que há mais detalhes sobre Escorpião e todos os outros signos no capítulo "Os Signos".)

Ao longo de todo o seu processo de aprender a trabalhar com os mapas, você folheará o livro para cá e para lá até achar as páginas referentes a cada planeta, signo e casa. Vale a pena tomar nota das descrições com as quais você sente uma ressonância intuitiva, e você verá que em todo o livro há espaços para você fazer isso. Seja sincero, especialmente ao trabalhar em seu próprio mapa. Encontre a mesma quantidade de características úteis e nocivas, anote-as e depois leia o "Conserto" para saber como aumentar tudo aquilo que "dá certo" e diminuir o que "dá errado". Somente então você progredirá. Creio firmemente que, quando escrevemos algo, fica mais fácil nos lembrarmos do que foi escrito, liberando um valioso espaço no cérebro para registrar mais informações.

ETAPA TRÊS: AS CASAS

A terceira etapa consiste em explorar as áreas da vida afetadas pelas casas, examinando os planetas e os signos em cada uma delas. Tenha o mapa à sua frente, identifique o Sol e tome consciência do signo em que ele está. Se você sabe a que horas nasceu, poderá também saber em que casa o Sol está. As casas são identificadas pelos algarismos de 1 a 12, listados no anel interno do mapa.

O que as casas significam para você? Cada uma delas está associada a várias áreas da vida, como as relações com os irmãos ou o patrimônio e as finanças pessoais. No conjunto, as casas constituem o que chamo de "onde". "Onde" cada planeta e cada signo atuarão para você? Em qual aspecto da sua vida? O que eles estão tentando lhe dizer?

Você encontrará informações detalhadas sobre cada uma das casas e suas associações no capítulo "As Casas" (pp. 265-306); mas, para resumir e voltando ao nosso exemplo, a casa 3 é o lugar onde você vai aprender a se comunicar (e muitas outras coisas).

Neste caso, portanto, estamos falando de um Sol em Escorpião na casa 3.

A pessoa com Sol em Escorpião na casa 3 precisa aprender a se comunicar com empatia e sentimento. (Escorpião é todinho feito de empatia e sentimento!) Tem de aprender a se sintonizar com a parte mais profunda de si mesma sem se tornar tão intensa ou tão reservada que acabe por afugentar as pessoas. Precisa aprender a se comunicar de maneira a aumentar o próprio poder e o poder das outras pessoas; a resistir ao ciúme, à manipulação e ao controle, que são prejudiciais, e a ter confiança suficiente no seu próprio poder.

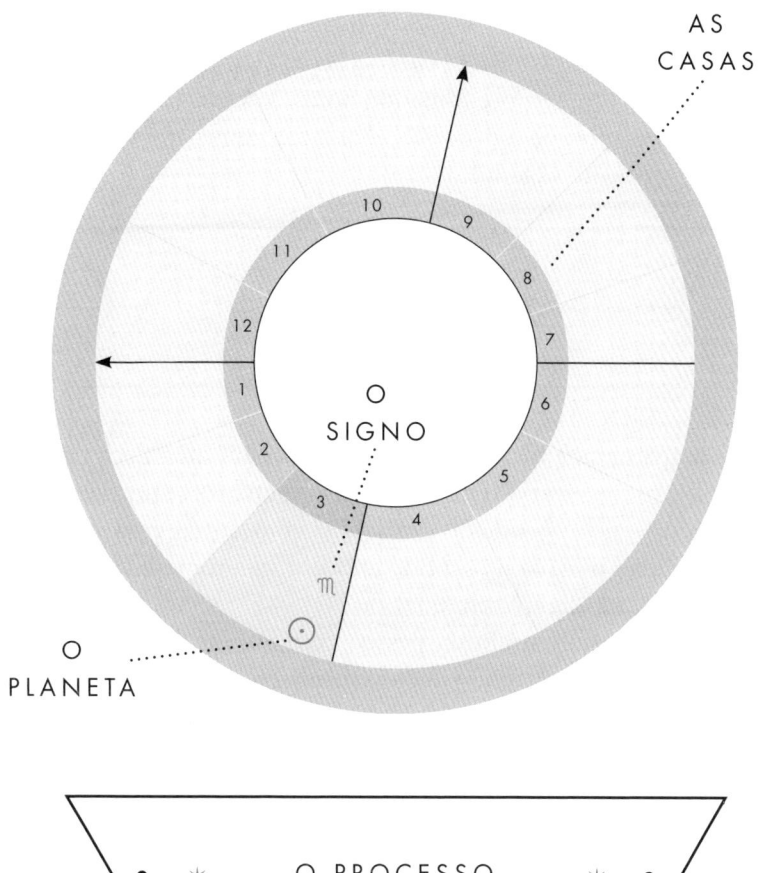

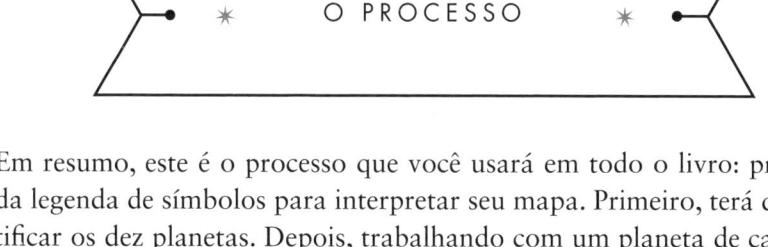

Em resumo, este é o processo que você usará em todo o livro: precisará da legenda de símbolos para interpretar seu mapa. Primeiro, terá de identificar os dez planetas. Depois, trabalhando com um planeta de cada vez, vá até a seção a ele dedicada no capítulo "Os Planetas" (pp. 35-93) e leia tudo sobre os comportamentos a ele associados. Use a intuição e anote as características que mais lhe chamam a atenção. Depois, terá de identificar o signo ao lado de cada planeta, como fizemos no caso do Sol em Escorpião, e consultar a seção pertinente no capítulo "Os Signos" (pp. 95-263) a fim de repetir o exercício e anotar quaisquer associações que ressoem dentro de você de modo particular, tanto as que "dão certo" quanto as que "dão errado". Por fim, se sabe a que horas nasceu poderá localizar as casas em que os planetas e signos residem, consultando o anel interior com número de 1 a 12. Consulte então a seção pertinente no capítulo "As Casas" (pp. 265-306), sempre tomando notas. Você ficará surpreso com a rapidez com que aprende o processo e, quando começarem as revelações, estará definitivamente fisgado!

✳ VAMOS LER O MAPA! ✳

Pegue seu mapa natal e identifique nele a linha com uma flecha apontada para o local em que estaria o número 9 se o mapa fosse um relógio. Essa linha indica o signo Ascendente e marca o começo da casa 1 no mapa. Você vai percorrer o mapa no sentido anti-horário, tomando nota de qual planeta está em qual signo e em qual casa.

Voltemos a nosso exemplo da pessoa com Sol em Escorpião na casa 3. Aqui está o mapa dela que vimos no começo do capítulo, com todos os outros planetas em seus signos distribuídos pelas diversas casas. Você verá que a ponta da flecha está apontada para o símbolo de Leão, no anel exterior do mapa. Isso significa que essa pessoa tem o ascendente em Leão.

Talvez algumas de suas casas estejam vazias e outras estejam cheias de planetas, como no mapa de exemplo. Sempre digo a meus clientes que, quando eles têm vários planetas numa só casa, os planetas estão procurando chamar-lhes a atenção. Estão dizendo à pessoa que deve olhar mais para eles, para seus significados e para a área da vida governada por aquela casa.

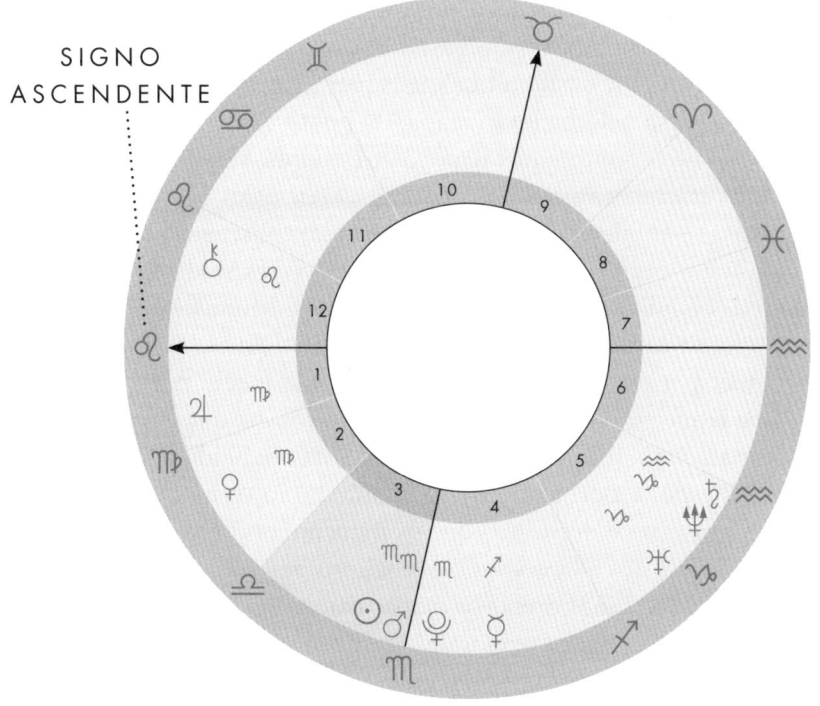

SIGNO ASCENDENTE

E se acontecer de haver uma casa vazia em seu mapa, não se preocupe – isso não significa que não haja nada acontecendo nessa área da sua vida. Isso seria impossível. Se você tem a casa 3 vazia, por exemplo, isso significa que não consegue se comunicar? De maneira alguma! Todos nós podemos nos comunicar, mas certas pessoas têm mais habilidade nessa área. Quando você encontrar uma casa vazia, identifique o signo ou os signos presentes no anel exterior correspondente e use as informações contidas no capítulo "Os Signos" (pp. 95-263) para obter mais pistas sobre como melhorar a área da vida associada àquela casa. Identificando as pistas (planetas e signos) dentro da casa 3 de seu mapa, por exemplo, você se tornará mais hábil na arte da comunicação em vez de trabalhar a esmo com as características que "dão errado" associadas ao signo que rege a casa.

Vou lhe contar uma historinha explicativa. A casa 2 é a casa dos bens (entre outras coisas), e uma das minhas clientes entrou em pânico ao ver sua casa 2 vazia. Tive de lembrá-la que, naquele exato momento, ela tinha condições de comprar um time de futebol inteiro, de modo que precisava de menos dicas naquela casa do que o resto das pessoas! O signo no começo de sua casa 2 era Leão, e ela ganhara fama e fortuna no setor de entretenimento (uma profissão bastante leonina).

A experiência me ensinou que quaisquer planetas acima da linha horizontal que passa pelo meio do mapa, do ponto equivalente às nove horas do relógio até o ponto equivalente às três horas, se referem a comportamentos e características facilmente observáveis pelos outros, ou talvez características e habilidades de que a pessoa tem consciência e as quais gosta de manifestar para que os outros vejam. Às vezes se diz que a atividade abaixo dessa linha indica profundezas ocultas. Muitas vezes, no entanto, ela se refere a características que um olhar destreinado não consegue perceber, quer por escolha da pessoa, quer simplesmente porque ela mesma não sabe o que está acontecendo. Seja como for, até que essa pessoa esteja pronta para trabalhar e "se mostrar", muitas habilidades (e um grande potencial) estarão dormentes ou se manifestarão como algo que "deu errado". Cabe a você decifrar o que exatamente está acontecendo no caso de cada mapa e de cada pessoa que você estuda.

Para aprender a interpretar os mapas natais, é preciso prática. Por isso, não se preocupe se você precisar de algum tempo para ler e reler este capítulo, absorver os conceitos – folheando os capítulos referentes aos signos, aos planetas e às casas para familiarizar-se com a linguagem – e tomar notas. Isso não é complicado quando você sabe como fazê-lo, e logo saberá. Lembre-se que a Astrologia Dinâmica é um código e que o mapa está transbordando de pistas para revelar quem você realmente é.

Se você já aprendeu a dirigir, sabe que, no começo, parecia que jamais seria capaz de se lembrar de tudo o que precisava fazer. Acreditava que não seria capaz sequer de se lembrar dos fundamentos, quanto mais ficar atento aos motoristas loucos que trafegam pelas ruas. Depois, de repente, a ficha cai e você sai dirigindo. Aprender a ler o mapa astrológico é mais ou menos a mesma coisa. *Os Signos do Zodíaco* lhe mostrará a teoria de como conduzir o veículo, mas você terá de praticar nas estradas da vida cotidiana!

A GRANDE INTERPRETAÇÃO

Vamos usar o mapa natal de Salvador Dalí para estudar de modo detalhado como os signos, os planetas e as casas precisam ser inter-relacionados a fim de compreendermos o que o mapa está tentando nos dizer. As informações estão listadas de modo bem claro para que você possa consultá-las e conferir qualquer coisa sobre a qual não tenha certeza.

CASA 1 / ASCENDENTE: CÂNCER

CASA 2: LEÃO (VAZIA)

CASA 3: VIRGEM (VAZIA)

CASA 4: LIBRA (VAZIA)

CASA 5: ESCORPIÃO (VAZIA)

CASA 6: SAGITÁRIO – URANO EM SAGITÁRIO

CASA 7: CAPRICÓRNIO – QUÍRON EM AQUÁRIO

CASA 8: AQUÁRIO – SATURNO EM AQUÁRIO

CASA 9: PEIXES – LUA EM ÁRIES

CASA 10: ÁRIES – JÚPITER EM ÁRIES, VÊNUS EM TOURO

CASA 11: TOURO – SOL, MERCÚRIO E MARTE EM TOURO

CASA 12: GÊMEOS – PLUTÃO EM GÊMEOS, NETUNO EM CÂNCER

Destaquei alguns aspectos do mapa de Dalí e ofereço a você minha interpretação como exemplo.

SALVADOR DALÍ / SEXO MASCULINO / 11 DE MAIO DE 1904, QUARTA-FEIRA / 8h45 + 0h00 / FIGUERES, ESPANHA

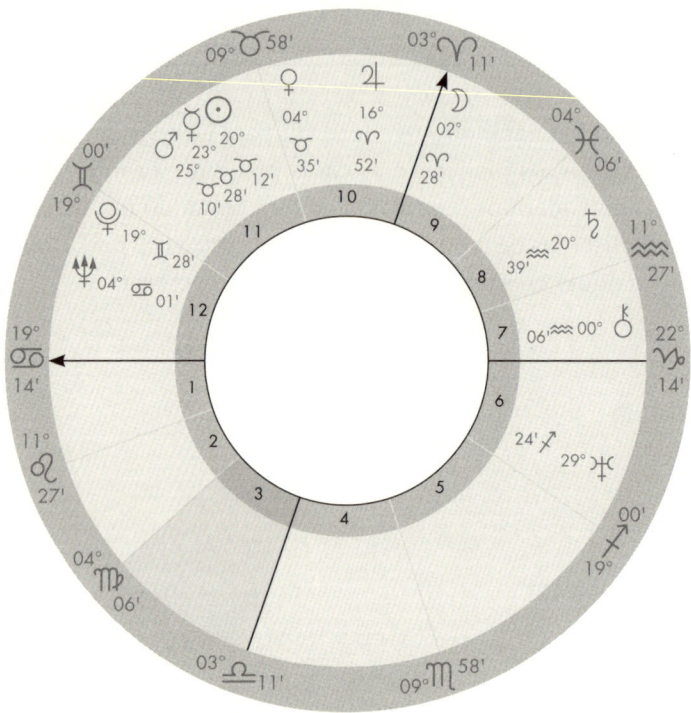

SOL EM TOURO NA CASA 11

O Sol representa a imagem que temos de nossa própria identidade. Se destravarmos o potencial inato associado ao signo em que ele está, nosso destino será brilhar. O aspecto mais importante do signo de Touro é o cultivo do talento, e a casa 11 é a casa das massas – qualquer coisa que tenha a ver com as massas e com os meios de comunicação de massa. Salvador Dalí foi um artista dotado de múltiplas habilidades e de grande talento, talento esse que foi estimulado desde tenra idade por seus pais. Alcançou o sucesso em vários meios artísticos, como a pintura, a fotografia, a escultura e o cinema, e chegou a ser reconhecido e apreciado pelas massas. Também reconheceu o talento alheio e colaborou com outros grandes artistas: todos os traços de Touro que "dão certo".

LUA EM ÁRIES NA **CASA 9**
A Lua representa nossas emoções, e muitas vezes o signo em que ela está indica o modo como percebemos ou percebíamos nossa mãe. Salvador Dalí era famoso por seus terríveis acessos de fúria, que são muito comuns em quem tem a Lua nesse signo. Áries explode mas depois rapidamente se acalma e então se pergunta por que todos foram embora. A casa 9 é a casa da cultura estrangeira, das viagens para outros países, da educação superior, da verdade e da espiritualidade (em alguns níveis) e, no espectro do que "deu errado", do farisaísmo e da ignorância. Dalí se meteu em encrenca na escola de artes quando declarou que nenhum de seus professores era bom o bastante para julgar seus trabalhos – atitude típica de uma pessoa talentosa, com a casa 9 destacada e com uma Lua explosiva dentro desta, em signo de fogo. A mãe e o pai de Dalí eram muito espiritualizados, mas não, talvez, num sentido muito saudável: levavam o jovem Dalí ao túmulo de seu irmão e lhe diziam reiteradamente que ele era a reencarnação do irmão. Parece provável que isso tenha tido um impacto significativo na vida dele. A espiritualidade, como qualquer outra coisa, pode "dar certo" ou "dar errado"!

SATURNO EM **AQUÁRIO** NA **CASA 8**
Saturno representa a autoridade em nossa vida, e precisamos aprender, com toda paciência, a dominar o signo em que ele está. A casa 8 revela nossas atitudes em relação ao poder, ao sexo, às drogas e ao rock 'n' roll (entre outras coisas). O pai de Salvador Dalí moldou suas atitudes em relação ao sexo desde a infância: sempre lhe mostrava fotos horríveis de pessoas que sofriam de doenças sexualmente transmissíveis para assustá-lo e afastá-lo do sexo em geral. Isso produziu nele uma atitude desapegada e voyeurística em relação ao sexo (traços bastante aquarianos, pois os aquarianos também são mestres dos relacionamentos virtuais e a distância). Ele permaneceu virgem até se casar, gostava de ver a esposa tendo relações íntimas com outras pessoas e, embora o tenha negado sempre, antes de conhecê-la apaixonou-se por um homem, coisa mais ou menos comum em pessoas com forte influência aquariana: frequentemente sentem atração por pessoas de ambos os sexos. Dalí era rebelde, irreverente, excêntrico e, na minha opinião, um gênio da arte, e talvez também estivesse no limite da loucura – características associadas com Aquário. (Decida por si mesmo quais dessas características "deram certo" e quais "deram errado".) Dalí

também parecia ter um dom para criar obras de arte quase proféticas. Atribuo esse traço a seu Urano em Sagitário (o signo da Verdade, também chamado de Profeta) ligado a Netuno (o planeta da Intuição), Saturno e Quíron em Aquário, o signo da consciência de uma dimensão superior.

EXERCÍCIO:
O TERNÁRIO MÁGICO

Um exercício rápido para você fazer. Ele o ajudará a começar a fazer interpretações sozinho e enfoca a identificação e a interpretação de três signos fundamentais. Você vai precisar da legenda dos símbolos dos signos e planetas e do mapa que quiser interpretar.

Encontre seu Ternário Mágico:

1. **Signo solar.** Ele lhe dará a visão da sua natureza íntima, indicará os desejos de seu ego e os traços positivos que você deve abraçar para contentar sua alma. Se você praticar os traços que "dão certo", abrirá espaço para que sua luz interior brilhe no exterior.

....
....

2. **Ascendente.** Este signo aponta o caminho de autodescoberta que você deve seguir, pois descreve sua personalidade e seu caráter e é o signo que define o seu exterior. (Para conhecê-lo, você precisa saber a hora em que nasceu, pois o Ascendente muda a cada duas horas.) Para identificá-lo, siga a linha que sai do centro do mapa até o ponto onde estaria o número 9 no mostrador de um relógio.

....
....

3. **Signo lunar.** Indica a inteligência emocional e dá pistas de como você reage à vida, além de mostrar como você deve atender às suas

necessidades emocionais e às das outras pessoas. Também revela como você vê ou via sua mãe e, se você for mulher, que estilo de maternidade adotará com seus filhos, se os tiver.

EXERCÍCIO: O QUE VOCÊ PRECISA "DOMINAR"?

Se você estiver no clima de aventura, pode fazer mais um exercício: descobrir qual é o signo que você deve "dominar" nesta vida. Para tanto, localize Saturno em seu mapa e identifique o signo em que ele está.

Leia mais sobre o planeta Saturno na p. 71 e depois vá ao capítulo "Os Signos" (pp. 95-263) para ler sobre o signo em que ele está. Se sabe a hora em que nasceu, poderá também saber em que casa Saturno está e consultar o capítulo "As Casas" (pp. 265-306) para saber mais sobre ela. Use a tabela abaixo para anotar o signo e a casa em que Saturno se encontra em seu mapa. Enquanto lê, você também pode tomar notas sempre que encontrar um ponto que lhe parecer especialmente verdadeiro. Depois, releia suas anotações e veja quais interpretações você pode fazer com base nelas, tanto do ponto de vista lógico quanto do intuitivo.

PLANETA	SIGNO	CASA
Saturno		

Agora você está pronto para partir em sua viagem de autodescoberta, interpretando seu próprio mapa para depois passar a interpretar o das pessoas que você deseja conhecer mais profundamente. Lembre-se que nada é fixo; o mapa é somente o esboço de um potencial, e é por isso que você não deve julgar ninguém com base nele. A pessoa pode ter transcendido seus traços que "dão errado" ou pode ter decidido ignorar os que "dão certo"; não podemos ter certeza. Porém, à medida que você adquirir mais habilidade na interpretação, sua própria intuição lhe dará ideias que não somente fazem sentido como também podem ajudá-lo na vida cotidiana.

Abri a porta da astrologia para muita gente e ofereço-lhe este livro como uma chave que você poderá usar para compreender o código secreto dos astros. Será que você conseguirá decifrá-lo? Acho que sim!

Este capítulo é dedicado a Alan Turing,
um dos maiores decifradores de códigos da história.

OS PLANETAS

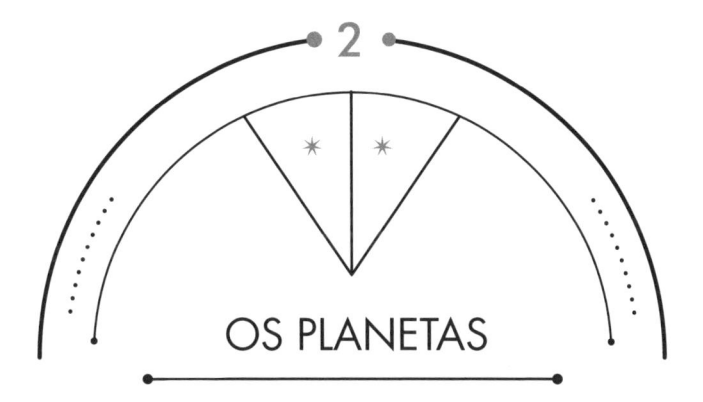

O primeiro passo em sua viagem estelar de autodescoberta envolve a compreensão do papel que os planetas desempenham em seu mapa. Na Astrologia Dinâmica, cada planeta representa uma faceta do seu ser. Chamo-a de "o quê", e a pergunta fundamental a ser feita é: "*O que* cada planeta representa e como ele me impacta?".

Para responder a essa pergunta, em primeiro lugar você precisa conhecer as áreas do caráter associadas a cada planeta; depois, terá de relacionar essas informações com os signos em que cada planeta está. Lembre-se: se o planeta é "o quê", o signo é o "como": "Como se desenvolverá esta área da minha vida?".

Se você quiser saber mais sobre o seu jeito de amar, por exemplo, estude o planeta Vênus (que incorpora nosso comportamento e nossas atitudes em relação ao amor romântico) e o signo em que ele se encontra em seu mapa: isso lhe dará pistas para interpretar o impacto de Vênus em sua vida. Para aprofundar sua compreensão do modo como você pensa e do que lhe interessa, estude Mercúrio (associado à mente, desde o intelecto até o estilo de tomada de decisões) e o signo em que ele se encontra em seu mapa; e assim por diante. (Se precisar se lembrar de como identificar os planetas e os signos correspondentes, examine o mapa de exemplo da página 22, em que conduzo você ao longo desse processo de forma mais detalhada.)

Os planetas de nosso sistema solar levam os nomes dos deuses da mitologia romana, os quais tinham personalidades muito diferentes entre si. Certos aspectos dessas personalidades informam nosso entendimento da astrologia. Assim, Júpiter, o maior planeta de nosso sistema solar, que pela última contagem tem sessenta luas em comparação com a Lua única que orbita a Terra, leva o nome do rei dos deuses. Júpiter é o planeta regente do signo de Sagitário, que tipicamente gosta de grandeza e exagero em todas as áreas. Urano, que rege os céus, é o planeta regente de Aquário, um signo de ar famoso por gerar ideias: os aquarianos estão, em geral, tão adiante do seu tempo que sentem que caíram dos céus à Terra. Plutão, também chamado Hades, é o rei do mundo inferior e rege o signo de Escorpião, cujos temas são o poder, a transformação, a profundidade – e, quando "dá errado", os lados obscuros da vida.

Todos nós temos todos os planetas em algum lugar do mapa. Alguns funcionam bem para nós, outros precisam de um pouco mais de disciplina para se comportar. Este capítulo traz todas as informações que você precisa conhecer a respeito deles, bem como as dicas práticas que lhe permitirão dominar a influência deles. Lembre-se que o primeiro passo é a consciência. Depois dela virá um plano de ação.

COMO TRABALHAR COM OS PLANETAS EM SEU MAPA

Os planetas são associados por natureza a um signo e a uma casa específicos – têm uma configuração-padrão, por assim dizer. Quando você ler as seções sobre os diversos planetas, verá que essa configuração-padrão está indicada em cada um. Afirma-se que o planeta é o regente de seu lar natural. A Lua, por exemplo (que é associada antes de qualquer coisa às emoções e ao bem-estar emocional), rege Câncer e a casa 4.

No mapa natal de muitas pessoas, os planetas – ou pelo menos alguns deles – se encontram na configuração-padrão, mas isso nem sempre acontece. Por exemplo, você talvez tenha a Lua em Escorpião na casa 7: teria assim uma necessidade emocional (Lua) de relacionamentos (casa 7) profundos e intensos (Escorpião), repletos de oportunidades de transformação (de novo Escorpião). Se você evitar relacionamentos rápidos e descompromissados (pois Escorpião não gosta de nada superficial), estará cuidando de seu bem-estar emocional (pois a Lua é fortemente associada ao modo como cuidamos de nossas necessidades emocionais). A Lua e todos os outros planetas se comportam de maneiras muito diferentes de acordo com o signo e a casa em que estão.

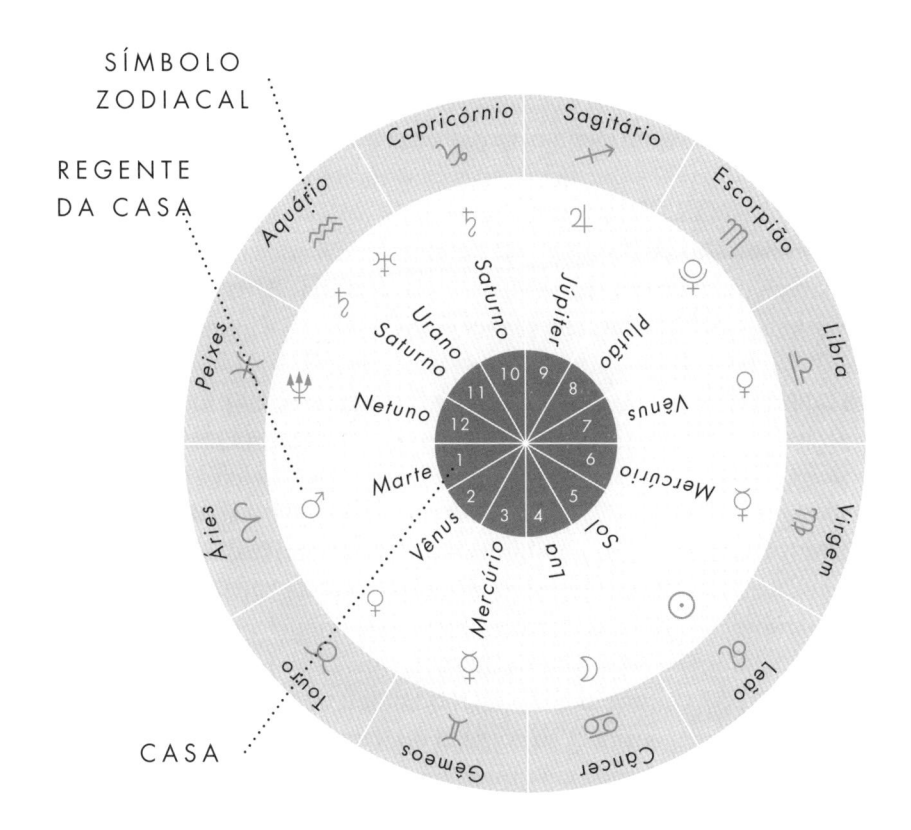

Se você imaginar que cada elemento de seu mapa – planetas, signos e casas – está posicionado em seu próprio mostrador de relógio, de vez em quando os três mostradores se sobrepõem de tal modo que os elementos permanecem juntos com seus familiares, mas, na maioria das vezes, não. Quando um planeta está em seu próprio signo, sua influência é, em geral, mais poderosa. Mas pode ser que no seu mapa ele esteja em outro signo. Por ora, vamos simplificar e apenas descobrir em qual signo e qual casa seus planetas estão.

Dê uma olhada no mapa de exemplo, acima. Você vê nele a Lua em Câncer na casa 4, sendo essa a sua configuração-padrão. A esta altura você já está mais familiarizado com o aspecto dos mapas natais, mas só para lembrar: os dois símbolos dentro de cada casa são o símbolo do planeta e o símbolo do signo, neste caso Lua e Câncer. A fatia do círculo é o que chamamos de casa, cujo número encontra-se no anel interno (neste caso, é a casa 4). E o símbolo do signo no anel externo do mapa mostra qual signo reside naquela casa específica.

Voltando agora para o seu mapa, vamos percorrer as etapas delineadas abaixo para identificar os principais planetas e seus signos em seu próprio mapa natal, para que você possa começar a interpretar as pistas que eles lhe dão. No final da seção sobre cada planeta há um espaço para que você tome notas e uma tabela em que pode fazer seu próprio resumo dos traços que "deram certo" e dos que "deram errado" de acordo com a colocação do planeta num determinado signo em seu mapa. Além disso, você deve tomar nota da casa em que o planeta está.

ETAPA UM. Usando a legenda de planetas na página 19, identifique todos os planetas no seu mapa e veja em que signo cada um deles está.

ETAPA DOIS. Leia as informações deste capítulo sobre o que os planetas representam. Preste atenção a quaisquer detalhes que lhe pareçam particularmente pertinentes. Tome notas!

ETAPA TRÊS. Vá ao capítulo "Os Signos" (pp. 95-263) e leia sobre o signo de cada um de seus planetas, tendo em mente o que você já sabe sobre o que aquele planeta representa. Tome nota das características (tanto as que "deram certo" quanto as que "deram errado") que lhe chamam a atenção.

ETAPA QUATRO. Veja em qual casa o planeta está. (Não se preocupe demais com as casas por ora. Trabalharemos com elas de forma mais detalhada no capítulo "As Casas" (pp. 265-306). Por enquanto, apenas tome nota do número da casa.)

ETAPA CINCO. Crie uma lista pessoal da influência de cada planeta em sua vida, preenchendo as tabelas com informações sobre as características que "dão certo" e as que "dão errado" que parecem estar se manifestando de acordo com o signo em que cada planeta está. Lembre-se que você só será capaz de entender se um planeta está dando "certo" ou "errado" depois de ler as respectivas características do signo em que ele está em seu mapa. A Lua, por exemplo, representa as emoções (entre outras coisas). Se ela estiver em Aquário no seu mapa, você terá de estudar Aquário no capítulo "Os Signos" (pp. 95-263), suas características que "dão certo" e as que "dão errado", e ver como elas se aplicam à sua vida emocional. Por outro lado, cada planeta tem uma energia própria, que funciona independentemente do signo em que ele está. Por isso, embora você tenha de combinar cada um deles com seu signo específico para compreender sua situação, podemos dizer que a Lua, por exemplo, quando "dá errado", *tende* a ser defensiva ou exageradamente emotiva. Quando "dá certo", *tende* a ser carinhosa e a ter inteligência emocional. Há certas pistas gerais que os planetas dão, mas elas demandam atenção quando são inter-relacionadas com as características associadas ao signo. Por ora, não se preocupe muito com isso. Comece a trabalhar e logo tudo ficará claro. Ouça sua intuição: ela lhe dirá quais características são mais importantes para você como pessoa.

ACESSO RÁPIDO AOS PLANETAS

Apresento agora um resumo de alguns temas proeminentes que os planetas representam em seu mapa. Observe que esta não é uma lista exaustiva de todos os elementos astrológicos que podem influenciar o comportamento e as escolhas de alguém, mas é suficiente para lhe mostrar um quadro bem completo do que seu mapa está tentando lhe dizer. Como eu já disse, três dos corpos celestes aqui listados (Sol, Plutão e Quíron) não são planetas do ponto de vista astronômico, mas, para simplificar as coisas, vamos continuar usando esse rótulo.

☉ SOL
Associado a: experiência do pai e paternidade; ego e identidade; caminho da alma.

☽ LUA
Associada a: características derivadas das vidas passadas (especialmente as negativas); emoções e necessidades emocionais; experiência da mãe e maternidade.

☿ MERCÚRIO
Associado a: a mente em geral, incluindo os interesses intelectuais; noção de tempo e *timing*; modo de pensar e se comunicar; inteligência.

♀ VÊNUS
Associado a: amor; estilo e aparência; expectativas; nosso aspecto feminino; como vemos o dinheiro e os prazeres materiais.

♂ MARTE
Associado a: sexualidade; atração; energia física; impulso e motivação.

♃ JÚPITER
Associado a: talentos e habilidades; lições de vida; exageros no comportamento e na vida.

♄ SATURNO
Associado a: karma das vidas passadas e lições de vida; atitudes em relação à estabilidade e ao compromisso; amadurecimento e envelhecimento.

⛢ URANO
Associado a: consciência, especialmente a autoconsciência; mudança e rebeldia; inventividade.

NETUNO
Associado a: *insight* e intuição; nossos medos mais profundos; perda; fé, esperança e sonhos; as coisas de que precisamos nos desapegar.

PLUTÃO
Associado a: poder – o nosso e a nossa relação com o poder de outras pessoas; motivações; transformações, incluindo o nascimento, a morte e o renascimento.

QUÍRON
Associado a: feridas profundas; espiritualidade; cura.

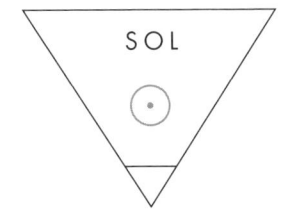

SOL

ASSOCIADO A: EXPERIÊNCIA DO PAI E PATERNIDADE; PRESUNÇÃO, EGO E IDENTIDADE; CAMINHO DA ALMA

PLANETA REGENTE DE: LEÃO, O CORAÇÃO VALENTE

CASA-PADRÃO: 5

O SOL QUE "DEU ERRADO" É: ARROGANTE, EGOÍSTA, EGOCÊNTRICO E NARCISISTA

O SOL QUE "DEU CERTO" É: GENEROSO, HUMILDE, AMOROSO, BENEVOLENTE E NOBRE

O Sol é tão grande que mais de 1,3 milhão de Terras caberiam dentro dele. Seus raios representam a fonte de energia para toda a vida terrestre: sem eles, não sobreviveríamos. Embora o Sol esteja no centro do nosso sistema solar, a maioria das formas de astrologia ocidental usa a Terra como centro e situa o Sol no céu para calcular os mapas.

O Sol leva doze meses para percorrer todos os signos. Durante esse período, ele vai iluminando a energia de cada signo em que se encontra, dando-nos a oportunidade de brilhar.

Como já vimos, o signo solar é o único elemento astrológico de que a maioria das pessoas já ouviu falar, e isso tem um motivo. Dado o papel absolutamente fundamental do Sol para a existência da vida na Terra, não surpreende que ele tenha uma presença altamente influente no mapa astrológico e na vida de cada um. Também é o ponto do qual partimos quando começamos a mergulhar mais fundo no papel dos planetas.

ASSOCIAÇÕES

1. PAI E PATERNIDADE

O Sol tem energia masculina e pode lançar luz sobre o relacionamento que temos com nosso pai ou com qualquer outra figura de autoridade do sexo masculino, tal como um avô ou um mestre influente. Muitas vezes, indica traços que herdamos de uma figura paterna. A pessoa que tem o Sol em Peixes, por exemplo, pode ter um pai muito intuitivo, artístico ou espiritual ou, alternativamente, um pai que de algum modo esteve completamente ausente. (Tanto a intuição afiada quanto a infeliz tendência a fugir das situações difíceis são traços piscianos.)

Meu pai espiritual, o falecido dr. Akong Tulku Rinpoche, que teve papel importantíssimo na difusão do Budismo Tibetano no Ocidente, tinha o Sol em Sagitário e era a própria definição do sagitariano que "deu certo". Era uma encarnação da "Verdade", que é um dos traços que definem o signo de Sagitário; e não falava muito, mas as poucas palavras que dizia penetravam a superfície e atingiam o âmago. Comandava inúmeros projetos sociais e programas de caridade pelo mundo afora, tantos que os próprios administradores quase não conseguiam dar conta deles. Quando Rinpoche morreu de repente, eles ficaram perplexos ao descobrir a amplitude de sua atuação. E ele sempre praticava o que pregava. Toda vez que me encontro numa situação difícil, pergunto-me: "O que Rinpoche faria?" e sigo a resposta. Não me lembro de nenhuma outra pessoa que tenha incorporado, no mesmo nível de Rinpoche, o "deu certo" do Sol em Sagitário. Tenho o Sol em Aquário na casa 8. Assim, minha experiência de pai é a de uma pessoa que trabalha pela humanidade (Aquário) com muitas associações de caridade (Aquário), e a casa 8 está relacionada a experiências transformadoras. Posso afirmar, sem medo de errar, que Rinpoche me despertou em algum nível (Aquário tem tudo a ver com o despertar), mudou minha vida e me colocou num caminho muito mais profundo.

2. EGO E IDENTIDADE

O Sol representa o ego no sentido daquilo que "pensamos ser" e da identidade que nos atribuímos. Quando falo de ego, as pessoas pensam, de início, numa espécie de pavão, mas o ego não se resume ao exibicionismo e à aquisição de carros velozes e casas grandes. O ego é algo que nos afasta do nosso potencial espiritual inato. Muitas vezes determina o modo como queremos que os outros nos vejam. Sempre digo que não há problema em cobiçar coisas boas e almejar o sucesso, mas de que vale o sucesso se não temos pessoas boas com quem o partilhar? Quando o sucesso é alcançado à custa de outros seres, ou mesmo à custa do nosso verdadeiro propósito, a busca obsessiva de *status*, beleza física ou dinheiro não é positiva de modo algum.

Você não precisa raspar a cabeça e renunciar a todos os prazeres materiais para diminuir seu ego, mas ser a versão mais autêntica de você mesmo e manter a atenção voltada para as coisas realmente importantes são aspectos fundamentais da jornada rumo à autoconsciência e do progresso na vida. Acredito que somos seres espirituais levando uma existência física, e levar uma vida puramente egoísta é o mesmo que não viver de modo algum.

Minha experiência, bem como a de outras pessoas que conheço, me diz que, quando o ego incha demais, o tapete sobre o qual a pessoa estava geralmente acaba sendo puxado. Dessa maneira, o ego volta ao lugar que lhe cabe. O Dr. Akong Tulku Rinpoche costumava dizer: "O ego é como uma erva daninha: por mais vezes que morra, sempre continua crescendo". Se não quiser ter o seu tapete puxado sem cerimônia, seja sábio: permaneça sempre humilde, pois essa é a característica máxima do Sol que "deu certo".

Para usar no máximo grau as qualidades positivas do Sol, temos de ter consciência do que nos atrasa a vida e nos impede de crescer e aprender mais sobre a nossa própria pessoa de maneira não egoísta. Por exemplo: o Sol indica como podemos brilhar na vida ao abraçarmos as qualidades positivas do signo em que ele está e indica o nosso modo de amar o próximo. É claro que, quando estivermos preparados para amar outra pessoa, estaremos preparados para pôr o bem-estar dela à frente do nosso. O amor-próprio é importante (o oposto implica uma falta de respeito por si mesmo, que evidentemente faz mal), mas não pode se transformar em narcisismo. O narcisismo é o cúmulo do Sol que "deu errado" e se manifesta de modo bem claro nas pessoas obcecadas por *selfies*, que parecem totalmente movidas pelo ego e motivadas pelo modo como "gostariam" de ser vistas.

O Sol que "deu certo" confere à pessoa a capacidade de brilhar com todos os traços positivos do signo em que seu Sol está. Do mesmo modo como a energia do Sol nos mantém vivos, assim também as pessoas com um Sol que "deu certo" são autoconfiantes, criativas, leves, divertidas e, independentemente de qual seja o seu signo solar, são indivíduos extremamente amorosos. Assim que entram numa sala, iluminam todo o ambiente; com sua natureza generosa e sua disposição jovial, fazem com que todos se sintam mais felizes.

3. CAMINHO DA ALMA

Nosso signo solar é um forte indicador de qual deve ser o caminho da nossa alma. O signo em que o Sol está nos dá pistas sobre como cumprir nosso propósito mais profundo na vida. Me ensinaram que, para realizar o potencial da alma e cumprir seu propósito mais profundo, precisamos abraçar os traços que "dão certo" do nosso signo solar antes de deixarmos esta vida para trás. Há certas "tarefas" que cada signo tem de cumprir aqui na Terra. Para conhecer as pistas, encontre o signo em que seu Sol está e leia mais sobre ele no capítulo "Os Signos" (pp. 95-263). Como ponto de partida, quando procurar as informações sobre o seu signo solar, repare no "nome" que lhe foi atribuído. Se você for sagitariano, por exemplo, deve se esforçar para se tornar "A Inspiração" (depois de encontrar sua própria fonte, naturalmente).

⊖ COMO ELE FUNCIONA ⊖

Para lhe dar um quadro mais completo de como tudo isso funciona, vamos examinar o exemplo de uma pessoa com o Sol em Touro na casa 2 (a casa natural de Touro, sua configuração-padrão). Quando esse posicionamento "dá errado", a pessoa é muito voltada para os bens materiais: o ego insiste em que ela precisa de bens tangíveis para se sentir valorizada, íntegra e importante. (Os taurinos são pessoas práticas e adoram construir e produzir coisas, mas, quando "dão errado", tendem a se concentrar demais em adquirir bens.) A lição mais profunda que ela tem de aprender é olhar para o que está construindo na vida, especialmente o modo como ganha dinheiro, e avaliar se isso a faz sentir-se produtiva. Por exemplo: uma pessoa com esse signo solar nessa casa não se contentaria, no âmbito da alma, em viver da renda dos investimentos de sua família. Ela própria teria de construir algo na vida para conhecer o próprio valor.

O Sol em Gêmeos na casa 9, por outro lado, indica uma pessoa que tem o potencial de brilhar na área da comunicação e é, em geral, inteligente, instruída e culta. Pode ter uma aparência quase profética em razão de sua sabedoria e sua capacidade de estabelecer vínculos com as outras pessoas e se comunicar com elas. (Todos esses traços são derivados da combinação de Sol, Gêmeos e casa 9.) Essa é a manifestação que "deu certo". Quando ela "dá errado", a pessoa precisa estudar e evitar a ignorância e o farisaísmo para chegar a seu pleno potencial.

O Sol em Escorpião na casa 3 indica alguém que tem poder e capacidade de empatia (Escorpião) e que tende a brilhar (Sol) na área da comunicação (casa 3). Quando as coisas "dão errado", a pessoa com essa configuração no mapa pode ser dissimulada, não costuma comunicar seus pensamentos a ninguém (os pensamentos e processos mentais são associados à casa 3), manipuladora e controladora (características típicas do Escorpião que "deu errado").

ESTE É SEU ESPAÇO

O estudo da colocação da Lua em seu mapa, por signo e por casa, pode lhe mostrar como brilhar na vida. Dominando a energia do seu signo solar e maximizando seus traços que "dão certo", você nutrirá sua alma e deixará de ser excessivamente movido pelas exigências inconscientes do ego.

Depois de encontrar o Sol em seu mapa, procure o signo relevante a ele no capítulo "Os Signos" (pp. 95-263) e leia tudo sobre seus traços que "dão certo" e que "dão errado", tendo em mente aquilo que você já sabe sobre o que o Sol representa. Use o espaço a seguir para anotar qualquer coisa que lhe chame a atenção. Você está à procura de coisas associadas à experiência que você tem de seu pai, à paternidade em geral, qualquer coisa associada ao ego e ao modo como você constrói seu senso de identidade e qualquer coisa que o vincule com o propósito maior da sua alma. Confie na sua intuição e deixe que ela o guie. Você também pode anotar, aqui, qual a casa em que o Sol está, para que possa fazer interpretações ao ler "As Casas" (pp. 265-306).

E mais um lembrete para seu aprendizado: o Sol que "deu certo" se define de modo muito simples pelo fato de se alinhar mais com os traços que "dão certo" do signo em que está, no quadro de um aspecto particular de seu caráter ou de sua vida. Não importa o signo em que ele está: não é verdade que Sol em Áries é "ruim" ou Sol em Gêmeos é "ótimo". Todos eles podem ser ótimos! O importante é que, ao examinar seu mapa em busca de pistas, você tente identificar com sinceridade as características que "dão certo" e as que "dão errado" do signo, comparando-as com suas experiências. Como sempre, não há regras fixas. É você quem decide quais são os traços que "deram certo" e quais os que "deram errado", pois é você quem controla a leitura e a intepretação dos seus signos. Trata-se de um método intuitivo que fica cada vez mais fácil na medida da sua prática e da sua sinceridade.

SOL QUE DEU ERRADO	SOL QUE DEU CERTO

LUA

☾

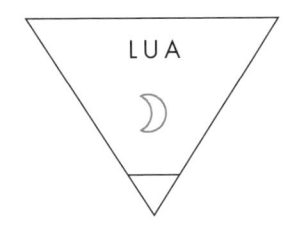

ASSOCIADA A: CARACTERÍSTICAS (ESPECIALMENTE AS NEGATIVAS) DAS VIDAS PASSADAS; EMOÇÕES E NECESSIDADES EMOCIONAIS; EXPERIÊNCIA DA MÃE E MATERNIDADE

PLANETA REGENTE DE: CÂNCER, O GUARDIÃO

CASA-PADRÃO: 4

A LUA QUE "DEU ERRADO" É: REATIVA, MESQUINHA, DEFENSIVA E EXCESSIVAMENTE EMOCIONAL

A LUA QUE "DEU CERTO" É: CRIATIVA, EMOCIONALMENTE INTELIGENTE, SENSÍVEL E BONDOSA

A Lua passa cerca de dois dias e meio em cada signo e se desloca um grau a cada duas horas, de modo que leva menos de um mês para percorrer todo o círculo do zodíaco. A Lua está relativamente próxima da Terra (somente cerca de 384 mil km), e é por isso que os astrólogos acreditam que ela tem um impacto profundo sobre nós.

Todas as culturas de todos os tempos acreditaram que a Lua influencia o comportamento humano. O termo "lunático" data do século XVI, quando se referia especialmente a uma forma de loucura que se manifestava na lua cheia e diminuía na lua nova. Em muitos países asiáticos, as luas cheias e novas, bem como os eclipses, são tidos como dias santos em que os resultados de nossos atos e palavras são intensificados. Por essa razão, muitos mosteiros budistas impõem aos monges um voto de silêncio nessas fases da Lua, a fim de limitar a geração de mau karma. Uma coisa é certa: a gravidade da Lua cria as marés em nossos oceanos e impacta todos os grandes corpos d'água. Ora, 60% do corpo humano adulto é constituído de água. A experiência me mostrou que a Lua tem uma influência crítica na astrologia.

ASSOCIAÇÕES

1. EMOÇÕES E NECESSIDADES EMOCIONAIS

Ao longo de toda a história, a Lua foi associada à energia das emoções e dos sentimentos. Sua posição no mapa é capaz de revelar muita coisa sobre suas necessidades emocionais e, em particular, sobre o que você precisa para se sentir seguro. Um exame do modo como a influência da Lua se manifesta em sua vida certamente será útil, pois você estará aumentando sua capacidade de acolher e nutrir a si mesmo e às outras pessoas.

Uma Lua que "deu certo" (seja qual for o signo em que esteja) tende a tornar a pessoa emocionalmente forte e estável, protetora e carinhosa. Esses são os traços planetários específicos da Lua, mas lembre-se que você só terá um quadro completo de como ela funciona para você quando acrescentar as importantíssimas características do signo em que ela está. É claro que a Lua que "deu errado" tende a se manifestar de forma contrária. No mapa, a Lua que "deu certo" também tende a indicar uma pessoa bondosa, com intensa inteligência emocional e forte intuição. Essas pessoas são, em geral, equilibradas, sintonizadas com os altos e baixos da vida e senhoras de suas emoções.

2. CARACTERÍSTICAS DE VIDAS PASSADAS

Alguns astrólogos são de opinião de que o signo lunar de alguém nesta vida era seu signo solar na vida anterior. Quer você acredite em vidas passadas, quer não, minhas experiências com meus clientes me deram a entender que o signo da Lua realmente indica certas tendências negativas. Se você tem a Lua em Aquário, por exemplo, é particularmente importante que se afaste daqueles traços aquarianos que "dão errado" e, nesta vida, ponha em ação sua memória dos traços aquarianos que "dão certo" (e que estarão, sem dúvida alguma, alojados em algum ponto do seu subconsciente).

3. MÃES E MATERNIDADE

A Lua evidencia o tipo de experiência que o indivíduo teve com a mãe ou com a pessoa do sexo feminino que cuidou dele. O primeiro relacionamento que qualquer um tem com uma mulher é o relacionamento com a mãe, e vale a pena ouvir cuidadosamente as descrições que as pessoas fazem de suas experiências e seu relacionamento com ela: o homem que tem questões mal resolvidas com a própria mãe pode ser uma pessoa difícil, pois pode ter ficado com medo das emoções: poderá ser frio e sem sentimentos ou ser incapaz de controlar as próprias emoções, como uma criança pequena.

A Lua que "deu certo" revela um relacionamento saudável com a própria mãe e uma atitude sadia em relação a ela. A Lua que "deu errado" muitas vezes indica um relacionamento difícil com a mãe, que pode produzir descontrole emocional e tornar a pessoa altamente reativa. As reações específicas são baseadas no posicionamento exato da Lua, mas vamos dar um exemplo: a mulher que assume uma aparência excessivamente sexualizada tem, em geral, uma Lua que "deu errado". O homem que tem fixação por peitos geralmente tem problemas com sua própria Lua, introduzindo dependência e expectativas irreais em seus relacionamentos. Para os homens, a Lua pode indicar quais características eles procuram na pessoa com quem pretendem se relacionar para toda a vida.

A Lua também dá pistas de como exercemos a função materna para com nossos filhos, quando os temos. Por exemplo, a pessoa com uma Lua em Áries que "deu errado" tende a exigir demais dos filhos e a ser extremamente competitiva, querendo que eles sejam os primeiros em tudo. Quando essa configuração "dá certo", ela simplesmente quer o melhor para a prole e, numa situação de perigo, lutará até a morte por eles – todos traços muitos arianos. Tenho a Lua em Capricórnio e, embora tenha sido mãe bem jovem, rapidamente implementei limites, estruturas e um horário fixo para dormir em nossa casa – todos traços capricornianos.

Aliás, se você estiver assustado por falarmos tanto dos traços que "dão errado", especialmente nessas áreas tão importantes e emotivas, lembre-se que o objetivo da Astrologia Dinâmica é aumentar sua consciência e lhe dar condições de implementar mudanças positivas em todas as áreas da vida que você quiser. Nos astros, não há nada escrito que não possa ser mudado! E é claro que nem todas as características vão se aplicar a você pessoalmente, embora algumas por certo se apliquem – se você for sincero!

COMO ELA FUNCIONA

Para que você tenha uma ideia de como a Lua funciona no geral, tomemos o exemplo de alguém com Lua em Libra na casa 10, a casa do *status*. Isso significa, muitas vezes, que essa pessoa necessita (lembre-se que a Lua indica as necessidades emocionais) de um relacionamento (Libra tem a ver com os relacionamentos: os librianos detestam se sentir sozinhos) que lhes dê honra e *status* (traços ligados à casa 10). É improvável que tal pessoa se contente com um relacionamento que não aumente seu status e não lhe dê algum tipo de destaque. (Provavelmente, todas nós temos uma amiga que teve inúmeros namorados parecidos com os modelos da Burberry e com quem ela adorava ser vista, embora eles não a tratassem bem – tudo isso tem muito a ver com Lua em Libra que "deu errado"!) A lição mais profunda que a pessoa com essa configuração tem de aprender é ajustar seu relacionamento consigo mesma e nutrir suas próprias emoções sem procurar validação externa.

A pessoa com Lua em Câncer na casa 4 (os três elementos astrológicos em sua configuração-padrão) é provavelmente sensível e bondosa (ou reativa, quando as coisas "dão errado"), carinhosa e totalmente dedicada a proporcionar segurança (traços de Câncer e da casa 4) para si mesma e sua família imediata. A família (fortemente associada à casa 4) deve ser muito importante para essa pessoa; se sua unidade familiar original ou imediata estiver desfeita, ela provavelmente procurará criar uma família alternativa a fim de satisfazer sua necessidade emocional de estar fortemente ligada a um clã. Ela tem uma necessidade premente de pertencer a um grupo, e essa necessidade pode ser útil ou nociva dependendo do tipo de pessoa a quem ela se liga. Chamo essa configuração de "Máfia": o importante aí é a "*famiglia*".

Se você não sabe em que casa sua Lua está (ou qualquer um dos planetas subsequentes), não se preocupe: ainda será capaz de obter muitas informações lendo sobre o planeta e o signo em que ela se encontra. A pessoa com Lua em Áries, por exemplo, não precisa saber em que casa a Lua está para entender que, se tal configuração "der errado", ela terá a necessidade emocional de competir com todos e ser a melhor. Conheço um homem com Lua em Áries que não consegue lidar com o fato de não ser o melhor em absolutamente tudo. Se ele perde, nem que seja uma partida de tênis, suas emoções entram em colapso. Sugeri que ele parasse de se dedicar a esportes de competição! Já quando essa configuração "dá certo", a pessoa é movida por uma necessidade emocional de ser o melhor que ela pode ser. Ela se torna uma pessoa dinâmica, de muita motivação interna.

ESTE É SEU ESPAÇO

O estudo da colocação da Lua em seu mapa, por signo e por casa, lhe dará pistas sobre como cuidar de seu bem-estar emocional e aumentar o nível mais profundo de sua intuição.

Depois de encontrar a Lua em seu mapa, procure pelo signo relevante dela no capítulo "Os Signos" (pp. 95-263) e leia tudo sobre seus traços que "dão certo" e os que "dão errado", tendo em mente aquilo que você já sabe sobre o que a Lua representa. Use o espaço abaixo para anotar tudo aquilo que lhe chama a atenção. Você está à procura de coisas associadas a seu bem-estar emocional e suas necessidades emocionais, à experiência que você tem de sua mãe, à maternidade em geral e a qualquer coisa que pareça estar ligada a uma associação negativa com uma vida passada. Você também pode anotar aqui em qual casa a Lua está.

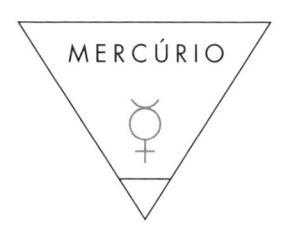

LUA QUE DEU ERRADO	LUA QUE DEU CERTO

MERCÚRIO

ASSOCIADO A: A MENTE EM GERAL, INCLUINDO OS PENSAMENTOS; O QUE LHE INTERESSA INTELECTUALMENTE; SENSO DE SINCRONIA; O MODO DE PENSAR E SE COMUNICAR; INTELIGÊNCIA

PLANETA REGENTE DE: GÊMEOS E VIRGEM, O MENSAGEIRO

CASA-PADRÃO: 3

MERCÚRIO QUE "DEU ERRADO" É: SUPERFICIAL,
CRÍTICO, IGNORANTE E DUAS CARAS

MERCÚRIO QUE "DEU CERTO" É: HÁBIL, ESPERTO,
ANALÍTICO E ELOQUENTE

Mercúrio é o menor planeta do sistema solar e o mais próximo do Sol. Isso significa que, no mapa, ele estará sempre no mesmo signo do Sol ou, no máximo, dois signos antes e dois depois. Meu professor de astrologia, o saudoso Derek Hawkins, chamava Vênus e Mercúrio de guarda-costas do Sol. (Depois de Mercúrio, Vênus é o planeta mais próximo do Sol.)

Mercúrio está completamente associado aos assuntos da mente, ao intelecto e aos processos do pensamento. A posição de Mercúrio no mapa mostra o modo como uma pessoa pensa, como se comunica e como toma decisões. Muitas vezes indica o que a interessa e preocupa.

Mercúrio (chamado de Hermes pelos gregos) era representado na mitologia romana como "mensageiro dos deuses" e era denominado "menino alado". Era filho do amor de Júpiter com uma ninfa e transitava à vontade entre os deuses e os mortais, fato que costumava ser apresentado como prova de sua natureza essencialmente escorregadia. As pessoas que manifestam o lado de Mercúrio que "deu errado" tendem a ser mentirosas e trapaceiras, seguindo assim os caminhos do "mensageiro de língua de prata". Assim como Mercúrio, são fluidas, livres, difíceis de qualificar e totalmente indignas de confiança. Por outro lado, um Mercúrio que "deu certo" sintetiza a flexibilidade de pensamento, a argúcia analítica e um dom natural para a eloquência.

Antes de seguirmos em frente, uma rápida observação sobre o famoso "Mercúrio Retrógrado". Essa configuração acontece três ou quatro vezes por ano e dura, em média, algumas semanas. Costuma levar a culpa por todos os tipos de caos, desde problemas em viagens até quebras de equipamentos, passando por períodos de pensamento nebuloso durante os quais não conseguimos ordenar nossas ideias. Como é possível que um planeta tão pequeno cause tamanhas perturbações? A resposta é simples: ele não as causa de modo algum.

Em primeiro lugar, Mercúrio não se movimenta para trás (não "retrograda"). Trata-se de uma mera ilusão de óptica. Em segundo lugar, esses problemas acontecem o tempo todo; por que pôr a culpa em Mercúrio?

Isso não significa que Mercúrio Retrógrado não tenha alguma influência. Meu professor dizia que é como estar num avião que está atrasado para decolar. Sabemos que uma hora ele vai partir, mas o melhor é ter paciência e ler um bom livro. Concordo com meu professor e dou risada quando ouço dizer que certas pessoas se negam a assinar contratos ou a comprar imóveis durante essa fase. É claro que as coisas estarão um pouquinho mais difíceis, mas não creio que essa fase astrológica deva nos impedir de viver a vida e fazer o que precisamos quando precisamos. Desculpas cósmicas! Talvez seja prudente fazer verificações e tomar cuidados adicionais nesses períodos, adotando uma atitude de paciência e reservando mais tempo para as viagens; mas, se você considera a possibilidade de assinar um contrato sem tomar precauções jurídicas em qualquer outro período que não o de Mercúrio Retrógrado, está à procura de problemas. O melhor é fazer nos outros períodos o que faz nesse. Simplesmente o faça com consciência.

ASSOCIAÇÕES

1. SINCRONIA

As pessoas cujo Mercúrio "dá certo" têm, em geral, um grande senso de sincronia. Falam com brilhantismo e sempre no momento certo, e essa sincronia se manifesta em todas as áreas de sua vida: fazem a coisa certa na hora certa. Quando Mercúrio "dá errado", a pessoa em geral não tem senso de sincronia: está sempre atrasada e muitas vezes diz a coisa errada na hora errada, ofendendo os outros desnecessariamente com sua falta de discernimento.

Se estas palavras parecem severas, me dê um voto de confiança. Pelo fato de Mercúrio reger elementos muito importantes de nossa personalidade e de nosso caráter, as repercussões de uma manifestação que "dá errado" podem ser muito sérias. Porém, como tudo o mais na Astrologia Dinâmica, até o Mercúrio mais selvagem pode ser domado – primeiro com a consciência, depois com paciência e esforço. Gosto de dizer às pessoas que "Ele é de Marte, ela é de Urano", para fazer com que todos nós nos comuniquemos e pensemos como pessoas de outros planetas. É por isso que o domínio de Mercúrio nos ajuda tanto. E esse domínio pode ser alcançado – eu o alcancei, assim como muitos de meus clientes. Volta e meia nós escorregamos, mas em geral acertamos!

Mercúrio tem tudo a ver com tempo e sincronia, e isso é algo que você precisa treinar. Coisas simples podem fazer uma grande diferença. Se você tende a dizer sempre a coisa errada ou a tomar decisões impulsivas, respire fundo uma vez antes de reagir e pergunte àquela voz baixinha que fala dentro de você (sua intuição) se você deve ou não dizer aquilo que tem em mente, mandar aquele e-mail ou ir embora daquela festa. A experiência me diz que muito pode ser melhorado quando você faz as coisas mais devagar e presta mais atenção.

2. COMUNICAÇÃO

As pessoas cujo Mercúrio "deu certo" são fabulosas com a comunicação e veem a interação interpessoal quase como uma forma de arte. Sabem o que dizer e quando dizer. Também sabem quando simplesmente ouvir. Muitas pessoas acham que é o saber falar que as torna boas comunicadoras, mas na minha opinião os melhores comunicadores são os bons ouvintes que pensam bastante antes de responder, em vez de dizer qualquer coisa. Também parecem saber quase instintivamente quando fazer propaganda de seus projetos ou quando chamar alguém para sair – e quando esperar!

Quando Mercúrio "dá errado", a história é outra. Nesse cenário, as pessoas falam incessantemente sobre assunto nenhum – apenas um monte de banalidades e fofocas superficiais, fazendo com que o caráter delas caia ao nível mais baixo possível. Todos nós conhecemos pessoas desse tipo, que parecem só dar valor à última moda ou às fofocas das celebridades.

3. INTELIGÊNCIA

A inteligência não é de maneira alguma um assunto simples, e é certo que nem sempre se reduz às notas que as pessoas tiram nas provas. Não é, em absoluto, um dado natural; pelo contrário, pode ser cultivada pelo estudo e pelo trabalho duro. (Nesta época em que a informação está por toda parte, não há mais desculpas para a ignorância.) Sempre achei que a curiosidade intelectual é um dos sinais mais importante da inteligência – o outro é a pessoa não ter medo de admitir que não sabe algo.

Nesse contexto, o Mercúrio que "deu certo", seja qual for o signo em que se encontre, é curioso, inteligente e esperto. As pessoas que têm essa qualidade gostam de pesquisar ideias e demonstram discernimento em suas opiniões; verificam os fatos que corroboram suas teorias antes de partilhá-las com o mundo.

O Mercúrio que "deu errado", por outro lado, exibe sua ignorância sem sequer perceber. Qualquer pessoa que insista num ponto sem apresentar quaisquer fatos ou provas em seu favor está certamente servindo de canal para o Mercúrio que "deu errado"! Acho que todos nós conhecemos esse tipo de gente. Já encontrei algumas pessoas que têm opiniões fortemente negativas sobre a astrologia, por exemplo, baseadas unicamente nos horóscopos diários publicados em tantos meios de comunicação. Não conhecem absolutamente nada sobre astrologia pessoal ou individual, mas isso não as impede de proclamar que a astrologia como um todo é uma grande bobagem. Já me acostumei tanto com elas que, hoje em dia, mal reajo. São casos clássicos do Mercúrio que "deu errado": fatos pequenos, grandes opiniões.

COMO ELE FUNCIONA

Como exemplo, Mercúrio em Capricórnio muitas vezes torna a pessoa prática e extremamente ambiciosa. As pessoas com Mercúrio em Capricórnio em geral têm tino para os negócios e jeito para criar estruturas e fazê-las funcionar. Às vezes são teimosas e obstinadas, por obra e graça do signo de Capricórnio. Em geral se interessam pelas coisas boas e refinadas e são muito sérias na maneira de se comunicar, bem como em seus interesses (a menos que também sejam impactadas pelos vizinhos Sagitário e Aquário, menos conservadores).

A lição mais profunda que têm de aprender é a de não se deixarem cegar pela necessidade de sucesso pessoal e profissional e de descobrirem o que realmente as interessa na vida. Além disso, têm de aprender a controlar a própria arrogância.

Mercúrio em Virgem na casa 6 está numa de suas configurações-padrão e, quando "dá certo", geralmente indica uma pessoa esperta, lógica, positiva e ponderada – tudo por obra do signo de Virgem. É também uma pessoa dotada de grande capacidade de cura, capaz de esforçar-se no trabalho (casa 6) e com um senso de sincronia fantástico (Mercúrio). Quando o astro "dá errado", são pessoas ansiosas e preocupadas, que sofrem de TOC e hipocondria e analisam demais todas as situações, o que as leva à autodestruição. Geralmente canto-lhes aquela canção do filme *Frozen* que diz: "Livre estou!".

⊖ ESTE É SEU ESPAÇO ⊖

O estudo da colocação de Mercúrio em seu mapa, por signo e casa, lhe dirá como aumentar seu poder de tomar boas decisões e de fazer as coisas na hora certa, bem como a sua capacidade de se comunicar de modo eficiente. Depois de encontrar Mercúrio em seu mapa, procure o signo dele no capítulo "Os Signos" (pp. 95-263) e estude seus traços que "dão certo" e os que "dão errado". Use o espaço abaixo para anotar tudo aquilo que lhe chama a atenção. Você está à procura de qualquer coisa associada ao modo como sua mente funciona – seja no modo de estudar ou de pensar, no estilo de tomar decisões ou em relação às questões que o fascinam. Tome nota da casa em que Mercúrio está para poder estudá-la depois.

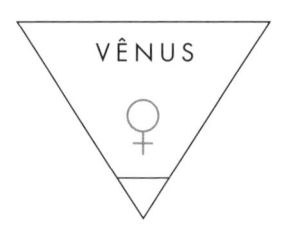

MERCÚRIO QUE DEU ERRADO	MERCÚRIO QUE DEU CERTO

▽ VÊNUS ▽
♀

ASSOCIADO A: AMOR; ESTILO E APARÊNCIA; EXPECTATIVAS;
O ASPECTO FEMININO DE CADA PESSOA;
COMO VEMOS O DINHEIRO E OUTROS PRAZERES MUNDANOS

PLANETA REGENTE DE: LIBRA E TOURO, O DIPLOMATA

CASA-PADRÃO: 7

VÊNUS QUE "DEU ERRADO" É: VAIDOSO, SUPERFICIAL, EXTRAVAGANTE E MATERIALISTA

VÊNUS QUE "DEU CERTO" É: BELO, GRACIOSO, CONCILIADOR E ARTÍSTICO

Vênus leva cerca de 225 dias para orbitar o Sol e é o planeta mais quente do nosso sistema solar. Já se aventou a hipótese de que Vênus tenha tido, no passado, oceanos como os nossos, os quais teriam evaporado em razão do calor. Três grandes cientistas que acreditam na mudança climática disseram há pouco tempo que, se não combatermos essa mudança, a Terra poderá se transformar numa Vênus. Não obstante, devemos dizer que as pessoas cuja Vênus "deu certo" são quentíssimas, como o planeta!

Vênus, a deusa romana do amor e da beleza, é o símbolo supremo da feminilidade. Era conhecida na Mesopotâmia antiga como Ishtar, que significa literalmente "estrela brilhante". Isso faz sentido, pois o planeta Vênus em geral é brilhante o bastante para ser visto a olho nu. Vênus (ou Afrodite na mitologia grega) era uma deusa que estimulava a competição não somente entre os deuses (como Ares, o deus grego da guerra, e Adônis), mas também entre os mortais. Diz-se que teve inúmeros casos amorosos e, em razão deles, vários filhos. É inegável que sua associação com todas as coisas ligadas ao amor, à beleza e à graciosidade em geral ainda faz com que seu nome seja sinônimo de feminilidade poderosa.

─⊖─ ASSOCIAÇÕES ─⊖─

1. AMOR

O planeta Vênus é todo ele ligado ao amor, e sua posição no mapa mostra como uma pessoa se expressa nos relacionamentos íntimos e nos assuntos do coração. Seu signo nos dá pistas sobre nossas expectativas nos relacionamentos – no casamento, por exemplo – e sobre o modo como abordamos o amor em geral e como nos comportamos quando estamos apaixonados.

Também oferece pistas sobre como podemos atrair o melhor parceiro íntimo e conservar sua atenção e seu afeto. Uma vez que Marte e Vênus representam nossos aspectos masculino e feminino, eles mostram também o ponto em que tendemos a ser atraídos (Marte) e a atrair (Vênus). (Como sabemos, os opostos se atraem.) Isso funciona para ambos os sexos. Se você tem Vênus em Câncer, por exemplo, será atraente para parceiros que procurem uma canceriana que "deu certo" (bondosa, carinhosa, criativa). Se você tem Marte em Câncer, vai se sentir atraído por uma pessoa segura e que transmita segurança, bondosa e dotada de inteligência emocional. Se tem Marte em Aquário, será atraído por uma pessoa maluca – posso fazer essa piada, pois eu mesma sou aquariana! É claro que tudo isso também pode dar errado. Se você tem um Marte em Câncer que "deu errado", frio e distante, poderá acabar atraindo uma pessoa reativa, instável e emocionalmente ferida até que você mesmo seja capaz de despertar as boas características cancerianas em você.

Quando "dá errado", Vênus pode ser bastante egoísta. Tende a apaixonar-se por aqueles que se apaixonam por ela primeiro, especialmente quando lhe oferecem uma vida de beleza e conforto. Sabe como dar prazer e fazer-se adorada e muitas vezes usa o corpo para chamar a atenção de seu alvo.

A paz, a harmonia e o equilíbrio são todas qualidades associadas à Vênus que "deu certo", a menos que uma rival no amor faça parte da equação. Nesse caso, Vênus se desdobra para conquistar o objeto de seus afetos e desbancar a concorrente – com força, se for preciso.

2. ESTILO E APARÊNCIA PESSOAL

Vênus rege o estilo, as roupas e a beleza física. Muitas das pessoas mais atraentes que conheço, ou autoconfiantes em matéria de estilo, de ambos os sexos, manifestam traços de uma Vênus que "deu certo". Bonitas de verdade por dentro e por fora, essas pessoas irradiam elegância e são capazes, com uma única palavra bondosa, de fazer com que você se sinta tão bonita quanto elas. Sinceras e verdadeiras, as pessoas cuja Vênus "deu certo" se distinguem pelo modo como fazem com que nos sintamos na presença delas. Mesmo depois de saírem do nosso lado, ainda sentimos que fomos tocados por uma presença angelical.

Quando "dá errado", por outro lado, Vênus pode se manifestar como vaidade e busca irrefreada dos prazeres, produzindo uma pessoa superficial e preguiçosa, motivada pela necessidade de admiração. O termo "vaidade", em seu sentido original, significa "vacuidade" ou "vazio". O vazio interior e a falta de profundidade são características típicas da Vênus que "deu errado".

3. EXPECTATIVAS

Vênus indica, em primeiro lugar, a expectativa que temos sobre como devemos ser enquanto pessoas e, em segundo lugar, as expectativas que os outros têm a nosso respeito. Esse tipo de expectativa geralmente é reservada às uniões íntimas, mas a Vênus que "deu errado" tem expectativas exageradas sobre todos, inclusive sobre os amigos. Vênus é uma deusa, e por isso suas expectativas são tão altas. Gosta de coisas refinadas e de ser adorada e papariçada, e isso pode ser difícil para quem não nasceu princesa nesta vida! (Trabalhei com uma princesa de verdade e suas expectativas eram imensas, beirando às vezes a irracionalidade.)

A pessoa com Vênus em Libra (configuração-padrão do planeta), por exemplo, tem expectativas superelevadas em relação ao amor. Em essência, quer ser tratada como uma deusa ou um deus. Ora, não há nada de errado em ter a expectativa de ser bem tratado, mas o problema de Vênus é que, quando "dá errado", esse planeta tem a tendência de se concentrar nas coisas mais superficiais da vida. Por isso, essa pessoa corre o risco de atrair parceiros igualmente superficiais que só se interessam por sua aparência física. Do mesmo modo, a pessoa com Vênus em Capricórnio tem a expectativa de que seu parceiro seja bem-sucedido e, de algum modo, melhore seu próprio *status*.

4. ASPECTO FEMININO

Tanto nas mulheres quanto nos homens, Vênus simboliza o lado mais suave da nossa natureza. Quando manifestamos uma Vênus que "deu certo" – tomemos como exemplo Vênus nos signos por ela regidos, Libra ou Touro –, temos a expectativa de que nossa vida seja naturalmente repleta de elegância e beleza. Quando um homem é muito afeminado, em geral ele se sintoniza mais com o signo de Vênus do que com o signo de Marte (que tem tudo a ver com a masculinidade). Como sempre, as coisas buscam o equilíbrio; assim, se um homem se sintoniza com a energia de sua Vênus, pode ser que atraia parceiros muito masculinos ou dominantes como forma de compensação, o que não tem nada de errado se os dois lados estiverem felizes. Segundo minha experiência, no entanto, o homem "venusino" muitas vezes precisa combinar as energias de Marte e Vênus, manifestando os traços mais positivos de ambos os planetas.

Quando examino os mapas de casais que se dão bem, muitas vezes constato que os traços que "deram certo" do signo de Vênus de um dos membros do casal se refletem no comportamento do parceiro. Assim, por exemplo, se um homem heterossexual tem Vênus em Câncer e está manifestando a energia boa desse signo, atrairá em sua mulher todos os traços positivos de Câncer (bondade, carinho, criatividade, sensibilidade).

5. DINHEIRO E OUTROS PRAZERES MUNDANOS

Além de indicar de modo geral nossas atitudes em relação aos prazeres mundanos, ao luxo e ao dinheiro, nossa Vênus oferece pistas sobre como devemos ganhar a vida. Quem tem Vênus na configuração-padrão – nos signos de Libra ou Touro – sentirá atração por um trabalho nos setores de beleza ou de moda, por exemplo, ou ainda na construção (Touro é o arquiteto). Se Vênus estiver em Peixes, a pessoa talvez aspire a ser uma *designer* ou artista. Quem tem Vênus em Capricórnio quer, em geral, ser seu próprio chefe.

COMO ELE FUNCIONA

Vamos lançar um olhar mais atento ao exemplo de Vênus em Câncer. Muitas vezes, essa configuração faz com que uma pessoa seja extremamente sensível em seus relacionamentos amorosos. (No geral, quem é de signo de água se magoa facilmente e se sente incompreendido.) A pessoa com Vênus em Câncer é, em geral, muito caseira. Gosta de arrumar e manter a casa em ordem e é movida pela necessidade de segurança nos relacionamentos. Busca a estabilidade no lar, com o parceiro e com a família. Quando "dá errado", essa configuração pode torná-la suscetível, exigente e ansiosa. A lição mais profunda que ela tem a aprender é a de não se deixar prender pelas mágoas do passado e pela insegurança, de manter sob controle seu desejo de segurança e de conservar a bondade e a generosidade de espírito.

Vênus em Aquário, por outro lado, precisa de muita liberdade e de espaço nos relacionamentos. Se você deixar a porta aberta e lhe brindar com sua confiança, será recompensado com a fidelidade dele; se o fechar numa prisão, entretanto, ele causará o caos em sua vida. Quando "dá errado", Vênus em Aquário torna a pessoa rebelde e fria quando é magoada no amor; também tende a ser distante e radical, até mal-humorada. Quando "dá certo", propicia uma pessoa compassiva, intuitiva, carinhosa e extremamente criativa. A lição mais profunda que essa pessoa tem de aprender é conhecer a compaixão e não ver o compromisso como uma prisão.

ESTE É SEU ESPAÇO

O estudo da colocação de Vênus em seu mapa, por signo e por casa, lhe revelará muitas coisas sobre como você funciona no amor, como usa seu lado feminino e como se sente em relação aos prazeres da vida.

Identifique Vênus em seu mapa, procure o signo dele no capítulo "Os Signos" (pp. 95-263) e estude seus traços que "dão certo" e os que "dão errado". Use o espaço abaixo para anotar tudo aquilo que lhe chama a atenção. Você está à procura de qualquer coisa associada à sua vida amorosa, ao modo pelo qual estabelece expectativas para si e para os outros, ao modo como expressa seu estilo e por aí afora. Como sempre, não se perca em análises; confie no instinto e na primeira coisa que lhe vier à mente para se orientar e procure ser o mais sincero possível.

VÊNUS QUE DEU ERRADO	VÊNUS QUE DEU CERTO

MARTE

♂

ASSOCIADO A: SEXUALIDADE; ATRAÇÃO; ENERGIA FÍSICA; IMPULSO E MOTIVAÇÃO

PLANETA REGENTE DE: ÁRIES, O PIONEIRO

CASA-PADRÃO: 1

MARTE QUE "DEU ERRADO" É: RAIVOSO, AGRESSIVO, COMPETITIVO

MARTE QUE "DEU CERTO" É: PIONEIRO, CORAJOSO, FRANCO E INDEPENDENTE

Marte era o deus romano da guerra e simboliza a energia masculina (e potencialmente agressiva) tanto nos homens quanto nas mulheres. O planeta Marte leva cerca de 687 dias para orbitar o Sol e passa cerca de seis semanas em cada um dos 12 signos. Quando Marte entra no mesmo signo em que se encontra em seu mapa, isso se chama, em terminologia astrológica, um "retorno de Marte"; o que acontece nessa época é que você ganha energia extra. Comparo esse trânsito a encontrar um oásis com água pura e fresca depois de caminhar quilômetros, sozinho e sedento, num deserto árido e desolado. Se já aconteceu de seu carro estar quase sem combustível e você encontrar milagrosamente um posto de gasolina, conhece a sensação de receber uma dose inesperada de energia, como acontece no retorno de Marte. Assim, se você tem Marte em Touro, isso significa que, quando Marte estiver em Touro no céu, você receberá um grande impulso energético em sua vida. Quando Marte "dá certo", a sensação é quase de euforia; quando "dá errado", porém, você enfrenta mais conflitos do que o habitual. Afinal, Marte é o deus da guerra! Se quiser se preparar para o retorno de Marte em sua vida, primeiro você terá de identificar o seu signo de Marte e depois usar a internet para descobrir quando Marte entrará novamente nesse signo. Você ficará surpreso com o acréscimo de energia e de poder de atração que sentirá. Use esse conhecimento com sabedoria.

Para resumir, Marte é o planeta da competição, da paixão, da atração e da energia. Quando nosso Marte recebe um impulso, estamos cheios de energia, sentimos mais atração pelos outros e os atraímos mais e, num nível muito básico, nossas necessidades sexuais aumentam, pois os níveis de virilidade são mais altos sob a influência desse planeta. Marte fortalece a energia do signo no qual está. Por isso, temos a oportunidade de tirar o atraso da nossa vida quando Marte entra em nossa arena.

ASSOCIAÇÕES

1. SEXUALIDADE

Marte nos dá energia e paixão sexual. Seu posicionamento por signo nos dá pistas sobre o tipo de parceiro sexual que atraímos e pelo qual nos sentimos atraídos. Para simplificar, uma pessoa com Marte em Libra, por exemplo, se sentirá atraída pela beleza física ou por alguém que tenha relação com as artes. Marte em Capricórnio quer um parceiro de sucesso ou um "troféu", ou talvez simplesmente alguém com forte impulso e desejo sexual.

Marte causa aquela espécie de arrepio que sentimos quando encontramos uma pessoa com quem temos compatibilidade sexual. Se você sente uma atração imediata por alguém (lembre-se que Marte é puro fogo!), é quase certo que os Martes de vocês têm alguma ligação. É possível, por exemplo, que um de vocês tenha Marte em Libra e o outro, Marte em Áries, que são signos opostos. Com muita frequência, os opostos se atraem e se complementam. A ligação entre os Martes significa que vocês estão destinados a ter uma experiência quente e intensa.

No entanto, em geral aconselho a meus clientes que exerçam a autoconsciência e usem de cautela no que se refere a Marte e ao sexo. Ele dá um impulso tão poderoso que, em certas configurações, pode se tornar excessivamente dominante. Se nos concentrarmos demais nesse aspecto para atrair um parceiro, é improvável que consigamos construir um relacionamento significativo. Se você procura um relacionamento de longo prazo, convém procurar outros pontos de contato entre os mapas de vocês, pois Marte tende a luzir com grande brilho e ardor, mas, quando a paixão morre ou a vida real entra em cena, todo esse fogo se apaga. É preciso uma relação entre os dois Saturnos para garantir que ambos trabalhem para manter a união e, de preferência, uma relação entre as Luas, para que os dois consigam trabalhar juntos no âmbito emocional.

2. ATRAÇÃO

O signo de Marte mostra que tipo de pessoas e situações você atrai. Se você tem um Marte em Gêmeos que "deu errado", por exemplo, poderá ter conflitos intelectuais com as outras pessoas. Por outro lado, poderá atrair pessoas espertas e inteligentes, tanto como amigas quanto como parceiras em potencial. Se tem Marte em Touro, é provável que prefira a boa aparência (Touro é regido por Vênus e ambos apreciam a beleza). Se você tem Marte em Leão, a lealdade e o bom humor têm importância crucial.

Para ter clareza sobre o tipo de pessoa por quem você tem atração e aumentar sua capacidade de atraí-las, estude os traços que "deram certo" do seu signo de Marte. As pessoas que têm essas características tendem a ser o seu tipo e, do mesmo modo, sentirão atração por você se você continuar desenvolvendo as mesmas características.

3. ENERGIA FÍSICA

A fim de manter os níveis de energia, você precisa garantir que esteja alimentando seu Marte com o combustível correto. Marte em Câncer, por exemplo, precisa de segurança e de uma base segura onde possa se recolher. Marte em Gêmeos precisa de estímulo intelectual e da capacidade de se desligar de tudo e relaxar. Marte em Touro precisa de exercício físico e comidas naturais ingeridas em pequena quantidade e com grande frequência. Marte é o seu motor – você precisa descobrir o combustível que o faz funcionar sem problemas.

4. IMPULSO E MOTIVAÇÃO

Marte aponta para aquilo que nos impulsiona e motiva, especialmente quando buscamos um parceiro ou uma carreira. Tenho Marte em Touro, por isso, embora seja aquariana e me oriente pelas ideias, tenho de tornar essas ideias tangíveis para satisfazer meu Marte. Também tenho atração por parceiros práticos e pé no chão para compensar todo o ar do meu mapa! Uma cliente minha tem Marte em Peixes; enquanto não parou para refletir, só atraía parceiros com um estilo de Peixes que "deu errado" (bêbados, infiéis e escorregadios). Quando passou a manifestar o lado mais suave de sua natureza, o tipo de homem que aparecia em sua vida mudou. Agora ela está com um companheiro gentil que toca violão e canta para ela quando eles discutem.

O Marte que "deu certo" dá à pessoa poder suficiente para encarar qualquer desafio e ganhar; fornece energia de realização e capacidade para tocar iniciativas. Não é difícil identificar essas pessoas. Elas irradiam energia e poder interior, geralmente têm uma competitividade sadia e muitas vezes têm uma sexualidade forte.

Quando Marte "dá errado", uma pessoa pode ficar viciada em atividade física. A pessoa com um Marte negativo será agressiva, de pavio curto, e estará pronta a atacar ao menor sinal de ofensa. Às vezes chega a ser violenta quando não consegue o que quer. Há casos em que a pessoa cujo Marte "deu errado" não manifesta ela própria esses comportamentos, mas atrai outras que os manifestam – sejam parceiros românticos ou sócios nos negócios.

COMO ELE FUNCIONA

A pessoa com Marte em Áries, por exemplo, é extremamente fogosa e assertiva. Não é capaz de ficar quieta por tempo suficiente para perceber que seu comportamento pode causar mal a ela e aos outros. Geralmente é obsessiva e dinâmica e gosta de exercer, em algum nível, a arte da guerra. Está sempre em conflito com alguém e muitas vezes é motivada por sua necessidade de vencer.

Assim, a lição mais profunda que a pessoa de Marte em Áries tem de aprender é a de garantir que não esteja afastando as pessoas mais tranquilas por causa de seu temperamento, ou, ao contrário, atraindo tipos passivo-agressivos. Tem de manter sob controle o desejo de ganhar a qualquer custo e de tratar os adversários com violência e tem de pôr seu entusiasmo pela luta e pela vitória a serviço de uma causa superior e não somente usá-lo para motivos egoístas.

Para ter outra ideia de como Marte pode se manifestar, considere o exemplo da pessoa com Marte em Virgem. Ela atrai (pois isso é o que Marte faz) todas as características de Virgem para sua vida. Quando o signo "dá certo": inteligente, puro, lógico e pragmático. Quando "dá errado": controlador, crítico e até cruel. Essa pessoa precisa de organização e ordem para administrar sua energia (a energia é regida por Marte) e assim atingir seu potencial. Conheço alguns médicos com essa configuração. Isso faz sentido, pois Virgem rege a saúde e a cura.

— ESTE É SEU ESPAÇO —

O estudo da colocação de Marte em seu mapa, por signo e por casa, lhe revelará muitas coisas sobre como você administra e controla sua energia para que ela flua na direção correta e sobre como deve trabalhar para atrair o que quer e se afastar do que não quer.

Identifique Marte em seu mapa, procure o signo dele no capítulo "Os Signos" (pp. 95-263) e estude seus traços que "dão certo" e os que "dão errado". Use o espaço abaixo para anotar tudo aquilo que lhe chama a atenção. (Lembre-se que, pelo fato de Marte representar a energia que você tende a atrair, seu posicionamento pode se manifestar não no seu comportamento, mas no de outras pessoas em sua vida.) Depois, anote as palavras que lhe parecerem particularmente significativas. Você está à procura de qualquer coisa associada à sua vida sexual e aos eventos e às pessoas que você atrai em sua vida, sobretudo quando parecem se repetir. Como sempre, seja sincero e confie no seu instinto.

MARTE QUE DEU ERRADO	MARTE QUE DEU CERTO

JÚPITER

♃

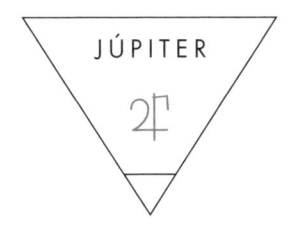

ASSOCIADO A: NOSSAS HABILIDADES, NOSSOS TALENTOS E CAPACIDADES; LIÇÕES DE VIDA; EXAGEROS NO COMPORTAMENTO E NA VIDA

PLANETA REGENTE DE: SAGITÁRIO, A INSPIRAÇÃO

CASA-PADRÃO: 9

JÚPITER QUE "DEU ERRADO" É: FARISAICO, JULGADOR, SEM INTELIGÊNCIA EMOCIONAL

JÚPITER QUE "DEU CERTO" É: ENTUSIASMADO, INSPIRADOR, OTIMISTA E GENEROSO

Na mitologia romana, Júpiter (chamado de Zeus pelos gregos) era o rei dos deuses. Acreditava-se que regia o mundo terreno e, naturalmente, os céus. (Talvez a antiga exclamação "Por Júpiter!" venha do fato de que nós, humanos, costumávamos perceber o relâmpago e outros fenômenos naturais como sinais do próprio Júpiter.) Júpiter era crítico, fingia-se de santo sem sê-lo e era notoriamente promíscuo. Sempre o comparo com um juiz sisudo mas benevolente, que gosta um pouco mais que o normal de beber um bom vinho tinto, comer demais (agora está começando a se parecer com Henrique VIII!) e entreter-se com meninas e meninos de boa aparência. Felizmente, Júpiter não sente necessidade de cortar a cabeça de ninguém – esse traço seria mais saturnino.

Júpiter leva cerca de doze anos para orbitar o redor do Sol e é o maior planeta conhecido de nosso sistema solar. Tem mais de trezentas vezes o tamanho da Terra e, pela última contagem, tinha 63 luas em comparação com a nossa única.

No mapa, Júpiter simboliza a expansão e o crescimento, mas tome cuidado; ele também estimula os exageros e excessos. Júpiter passa aproximadamente um ano em cada signo e, durante esse tempo, você pode ter a expectativa de que sua mente ou sua cintura se expandam, dependendo de como você lida com o crescimento! Quando o planeta Júpiter entra no mesmo signo em que se encontra em seu mapa, esse movimento se chama "retorno de Júpiter" na terminologia astrológica e causa uma mudança energética. Muitos astrólogos diriam que ele introduz um ano repleto de oportunidades, mas a experiência me diz que seu grande tema são as lições de vida, muitas vezes difíceis. Chamo Júpiter de "o grande mestre" e acredito que a vida nos apresenta as melhores lições nessas fases para que possamos expandir nosso conhecimento, nossa autoconsciência e nossa sabedoria. É certo que oportunidades fabulosas se apresentam, pois Júpiter é o planeta da sorte; mas não há dom melhor que a sabedoria.

ASSOCIAÇÕES

1. HABILIDADES, TALENTOS E CAPACIDADES

Júpiter nos mostra as áreas da vida em que temos talento. É um planeta bom de se conhecer. As habilidades por ele simbolizadas são inatas, e todos nós temos a capacidade de nos sintonizar com elas procurando com a máxima consciência possível os traços que "dão certo" associados ao signo em que Júpiter está em nosso mapa. Dado que Júpiter leva cerca de doze anos para orbitar o Sol e passa cerca de um ano em cada signo, o signo de Júpiter é o mesmo para todas as pessoas nascidas num período de cerca de doze meses. Assim, por exemplo, uma pessoa com Júpiter em Virgem pode ser o assistente pessoal mais organizado e inteligente do mundo; outra pessoa nascida no mesmo ano pode ser um neurocirurgião concentradíssimo nos detalhes. Ambos exibem características de Júpiter em Virgem. Agora, cabe a você encontrar as suas!

2. LIÇÕES DE VIDA

Muitos astrólogos acreditam que o Retorno de Júpiter (que acontece a cada doze anos, quando Júpiter torna a visitar o signo em que estava quando nascemos) é uma época feliz, e ela de fato pode sê-lo, mas só se você tiver plantado boas sementes em solo fértil. Júpiter vem para espiritualizar sua vida e ajudar você a se reconectar com o propósito da sua alma. Para muitos que levam uma vida baseada no ego e voltada para coisas superficiais, a volta de Júpiter a seu signo pode abalar as estruturas, obrigando as pessoas a começar a perceber o que é realmente importante na vida. Tive minha primeira oportunidade de aparecer na televisão quando do Retorno de Júpiter, e meu Júpiter está em Aquário (signo que tem tudo a ver com a conexão com as massas). Pelo lado das coisas que "dão errado", também atingi o auge do meu fanatismo astrológico durante o ano do meu Retorno de Júpiter.

3. EXAGEROS E EXCESSOS NO COMPORTAMENTO E NA VIDA

Por um lado, Júpiter nos mostra nossas habilidades; por outro, nos mostra a qual signo pertence a energia que usamos para ultrapassar as medidas, ou onde nos tornamos fanáticos (ambos são traços jupiterianos). Tenho uma cliente com Júpiter em Sagitário (a configuração-padrão do planeta) que é muito acadêmica, mas não tem inteligência emocional. Seus entes queridos e seus colegas a vem como uma pessoa farisaica, que gosta de apontar os erros dos outros, e ela sofre por isso. Ter tomado ciência desse fato foi uma revelação para ela, e agora ela está tentando (muito) melhorar. O problema é que ela geralmente tem razão (uma característica sagitariana) e, embora seu signo solar seja Virgem, é na energia sagitariana que ela exagera. Agora, ela está aprendendo a domar essa energia.

Um conhecido meu tem Júpiter em Gêmeos e, embora seja muito inteligente, não para de falar (um caso clássico de Gêmeos que "deu errado"). Um dia, tive de lhe dizer que já não aguentava ouvi-lo. Também conheço uma senhora com Júpiter em Virgem que é puro TOC (acho que todos nós conhecemos pelo menos uma). É hipocondríaca, tem todas as alergias possíveis e imagináveis e fala sem parar sobre trabalho, nutrição e boa forma (todas as quais são obsessões virginianas). Ora, é ótimo cuidar do corpo e quase todos os meus conhecidos gostam de fazer exercícios, mas também gostamos de nos divertir, esquecer o trabalho e frequentar os *pubs* e bares de Londres. Só que ela não nos acompanha, pois esses lugares são muito sujos!

Se existe algum comportamento – sério ou trivial – que parece estar ocupando um espaço muito grande em sua vida, procure enxergá-lo sob o ponto de vista do seu signo de Júpiter. Posso lhe garantir que a experiência será esclarecedora!

COMO ELE FUNCIONA

Um Júpiter em Aquário que "deu certo", por exemplo, geralmente significa que a pessoa é amistosa, social e está aprendendo sobre a humanidade em geral, sobre a compaixão e, em particular, sobre a consciência. Embora essas pessoas geralmente sejam muito conscientes, elas ainda precisam aprender a lidar com a consciência e dar-lhe bom uso. As pessoas fanáticas em relação às suas crenças (Júpiter também tem tudo a ver com as crenças) são perigosas e não se contentam em fazer isso em silêncio. Muitas vezes, querem converter os outros e recorrerão a medidas extremas para fazê-lo.

Num nível mais terra a terra, muitas pessoas com Júpiter em Aquário que conheço trabalham para organizações que incorporam uma visão, como instituições de caridade, e dedicam-se a boas causas, ao ativismo, ao jornalismo e, com efeito, a todo o setor de comunicação de massa. (Os *reality shows* não contam.)

ESTE É SEU ESPAÇO

O estudo da colocação de Júpiter em seu mapa, por signo e por casa, é fascinante, pois esse planeta está associado a muitas áreas cruciais que reagem muito bem quando concentramos nelas a nossa atenção. Quando aumentamos nossa consciência da influência de Júpiter, podemos aprender poderosas lições de vida, cortar nossos excessos e alimentar nossas habilidades inatas.

Primeiro, identifique Júpiter em seu mapa, encontre o signo onde ele está, consulte esse signo no capítulo "Os Signos" (pp. 95-263) e estude seus traços que "dão certo" e os que "dão errado". Você está à procura de qualquer coisa associada às habilidades que você acredita intuitivamente possuir (ou sabe que quer desenvolver), bem como de áreas da vida onde você comete excessos que deveria cortar, e, por fim, lições de vida que precisa aprender. Algumas das informações obtidas poderão incomodá-lo, mas o trabalho com Júpiter pode ser um poderoso catalisador da mudança: procure aguentar o desconforto e confie que a busca valerá a pena.

JÚPITER QUE DEU ERRADO	JÚPITER QUE DEU CERTO

SATURNO ♄

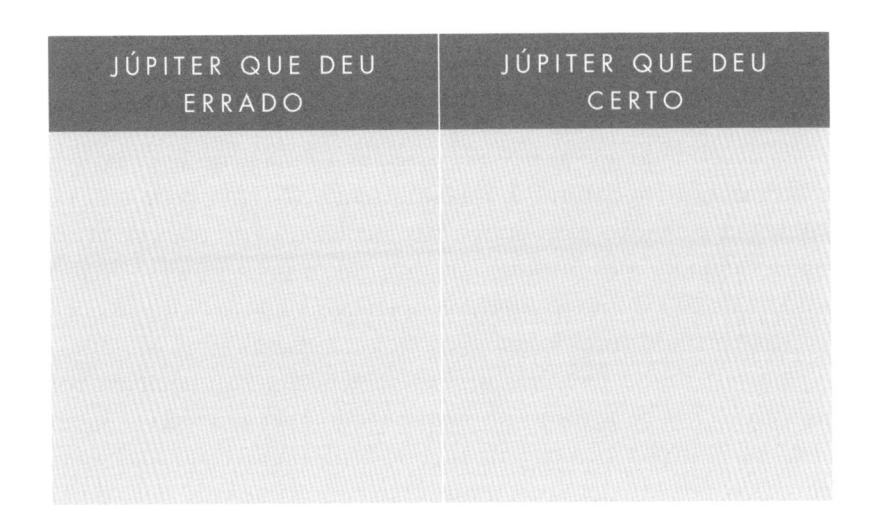

ASSOCIADO A: KARMA DE VIDAS PASSADAS E LIÇÕES DE VIDA; ATITUDES EM RELAÇÃO À ESTABILIDADE E AO COMPROMISSO; AMADURECIMENTO E ENVELHECIMENTO

PLANETA REGENTE DE: CAPRICÓRNIO, O MESTRE

CASA-PADRÃO: 10

SATURNO QUE "DEU ERRADO" É: FRIO, CALCULISTA, EMOCIONALMENTE TOLHIDO, AUTORITÁRIO, IMPIEDOSO

SATURNO QUE "DEU CERTO" É: DISCIPLINADO, RESPEITADO, PODEROSO, CHEIO DE AUTORIDADE

Segundo a mitologia romana, Saturno, chamado de Cronos pelos gregos, filho de Urano e Gaia, foi o pai de Júpiter e Vênus. Saturno e alguns de seus irmãos castraram o pai, então rei do universo, para tomar-lhe o poder. Do caos que daí se seguiu nasceu Vênus, a deusa do amor. Essa história sempre me atraiu, pois faz perfeito sentido. Todos quantos já se apaixonaram podem testemunhar que o amor muitas vezes nasce do caos ou é criado a partir dele.

Saturno leva 29 anos para orbitar o Sol e passa cerca de dois anos em cada signo, de modo que as pessoas nascidas a cada período de dois anos, mais ou menos, têm Saturno no mesmo signo. O signo pode não variar muito de um indivíduo para outro, mas a colocação do planeta nas casas continua variando imensamente. Por isso, vale a pena lembrar de prestar atenção à casa de Saturno (e dos demais planetas ainda mais lentos que vêm depois dele) quando você chegar ao capítulo "As Casas" (pp. 265-306).

O planeta Saturno tem uma atmosfera gélida, e isso combina com o efeito astrológico de Saturno no mapa. Onde quer que caia o signo de Saturno, ele mostra a área da vida em que desde muito cedo você se sentiu restrito. Dependendo do signo, mostra também o que você deve dominar nesta vida para ser bem-sucedido e feliz.

Nos círculos astrológicos, Saturno é a personificação do Tempo e de fato tem relação com o amadurecimento e o envelhecimento em geral. Mas, embora seja representado tradicionalmente como uma pessoa do sexo masculino, eu mudei isso e hoje o chamo de Rainha Saturno. Essa rainha governa seus súditos sempre levando as leis em consideração, presidindo os impérios e preocupando-se com o *status*, a tradição e o estabelecimento da ordem.

Quando Saturno "dá certo" (e lembre-se que ele pode "dar certo" ou "dar errado" independentemente do signo em que está), dá estabilidade e maturidade à pessoa, mesmo na juventude. As pessoas cujo Saturno está "dando certo" constroem estrutura a partir do caos e discernem o que pode dar certo na prática, e não somente o que gostariam que desse certo num mundo ideal. São pessoas práticas, disciplinadas, lógicas, honestas e com muito tino para os negócios.

As pessoas cujo Saturno está "dando errado" podem parecer, na melhor das hipóteses, figuras paternas/maternas autoritárias e, na pior, indivíduos frios, sérios demais e impiedosos.

ASSOCIAÇÕES

1. KARMA DE VIDAS PASSADAS E LIÇÕES DE VIDA

Na minha opinião, Saturno muitas vezes simboliza o karma que trazemos das vidas passadas, o resultado de nossas ações passadas. Precisamos superar os resultados dessas ações e, nesta vida, mudar padrões negativos de comportamento que estão profundamente enraizados em nosso ser. Quer acreditemos em vidas passadas, quer não, a maioria dos astrólogos concorda em que Saturno dá pistas sobre as áreas da vida que precisamos dominar. A pessoa com Saturno em Gêmeos, por exemplo, pode ter a necessidade de abraçar a profundidade – do conhecimento, talvez. Pode ter de aprender a estudar profundamente os assuntos em vez de colher informações esparsas ou formar rapidamente uma opinião.

Se a pessoa tem Saturno em Capricórnio, a resposta encontra-se no domínio do compromisso e na necessidade de evitar a ambição impiedosa. Os capricornianos têm a tendência de passar por cima dos outros para conseguir o que querem. Também correm o risco de repetir velhos padrões e ficar estagnados, sem progredir.

Quando Saturno "dá certo", em qualquer signo, ele fala de alguém comprometido com o aprendizado, com o crescimento e com o objetivo de ser um ser humano melhor.

2. ATITUDES EM RELAÇÃO À ESTABILIDADE E AO COMPROMISSO

O Saturno que "deu certo" mostra alguém que não tem medo de se comprometer com projetos, pessoas ou crenças. É estável, autoritário e não tem problema algum em fazer com que outras pessoas trabalhem para ele e para seus objetivos. Chamo Saturno de "o chefe", e um bom chefe sempre trabalhará com um Saturno que "deu certo". Quando Saturno está em sua configuração-padrão, no signo de Capricórnio, a pessoa tem grande potencial de realização, desde que aja com autoconsciência e integridade.

Como em tudo o mais na Astrologia Dinâmica, o que pode ajudar em alguns contextos pode prejudicar em outros. O Saturno que "deu errado" muitas vezes se manifesta na forma de uma tendência à frieza ou a comportamentos autoritários, mas também pode se manifestar num senso exagerado de responsabilidade, numa espécie de compromisso dogmático até em situações insalubres. Conheci uma mulher com Saturno no Ascendente (o ponto do mapa equivalente às 9 horas do mostrador do relógio, que indica o signo que governa sua personalidade) que sacrificou seu caminho pessoal para dedicar a vida a uma família ingrata. Perdeu oportunidades de amar e, nesse processo, tornou-se infeliz. Procurei lembrá-la que ela precisava equilibrar o senso saturnino de responsabilidade em relação aos pais e aos irmãos com seu compromisso consigo mesma. Ela, porém, decidiu não me escutar.

3. AMADURECIMENTO E ENVELHECIMENTO

As pessoas cujo Saturno "dá certo" são maduras desde a juventude. Portam-se com coragem e dignidade mesmo quando não têm idade para isso. Têm também uma atitude saudável e sustentável em relação ao envelhecimento e preferem serem vistas como sábias a parecerem dez anos mais novas. Aquelas cujo Saturno "deu errado" têm um medo terrível do envelhecimento e farão todo o possível para deter esse processo. Você provavelmente conhece o tipo – cara nova e sorriso congelado. Ser capaz de envelhecer não é uma bênção que todos nós recebemos, e aqueles cujo Saturno "deu certo" aceitam esse processo e abraçam os cabelos grisalhos que acompanham a experiência de vida.

COMO ELE FUNCIONA

Se você tem Saturno em Gêmeos, por exemplo, terá de dominar a arte da comunicação (fortemente associada com Gêmeos). Às vezes dou a essa posição o nome de "sombra". Ela pode ser extremamente desconfortável para quem a tem, pois a cada pensamento positivo que surge na cabeça dessa pessoa aparece também um júri para desconstrui-lo. As pessoas com Saturno em Gêmeos têm de aprender a domar seus pensamentos negativos e a se tornar mais hábeis na arte da comunicação, que inclui o modo como falam consigo mesmas.

Se você tem Saturno em Sagitário, precisará aprender a respaldar suas crenças com muito conhecimento e muitos fatos. Sagitário tem o forte impulso de procurar e declarar a verdade, o que é altamente benéfico em diversos contextos. Quando "dá errado", porém, tem a tendência a ser um sabichão que na verdade sabe muito pouco e a ser hipócrita, ignorante e pomposo. Quando "dá certo", essa posição é excelente: fala de uma pessoa veraz mesmo diante da perda, totalmente confiável, inteligente, lógica e decente. São pessoas que nos fazem bem, com o frescor de uma limonada bem gelada num dia quente. Sabem fazer limonada com os mais azedos limões da vida e o fazem sempre com otimismo e com uma atitude positiva.

ESTE É SEU ESPAÇO

O estudo da colocação de Saturno no mapa, por signo e por casa, pode ser assustador. Saturno é um professor rigoroso e uma presença severa; fala de lições a serem aprendidas e está ligado ao envelhecimento, o qual, naturalmente, é algo que muitos de nós não queremos encarar. As lições de Saturno podem ser particularmente profundas, pois estão ligadas a questões que vêm de outras vidas. Porém, se você prestar cuidadosa atenção às dicas que Saturno lhe dá, terá a oportunidade de limpar muita negatividade em sua vida, cuidando de seu comportamento e assumindo a responsabilidade por ele. Tudo isso produzirá um progresso profundo.

Saturno recompensa a diligência com pistas sobre como você pode introduzir mais autoridade e disciplina em sua vida. Em vez de encará-lo como um pai zangado e estraga-prazeres, vejo-o como um meio de estimular o poder e o comando e ensinar-nos a usar bem essas coisas.

Depois de identificar Saturno e o signo onde ele está, consulte esse signo no capítulo "Os Signos" (pp. 95-263) e estude seus traços que "dão certo" e os que "dão errado". Lembre-se que Saturno está sempre ligado ao aprendizado; assim, não tenha pressa e realmente se concentre em identificar quais são as lições que você precisa aprender. Como sempre, tome nota das palavras que lhe parecerem especialmente significativas. Você está à procura de qualquer coisa associada ao karma de vidas passadas ou às lições que precisa aprender, bem como às áreas da vida que sabe que precisa dominar e ao processo de envelhecimento em geral.

SATURNO QUE DEU ERRADO	SATURNO QUE DEU CERTO

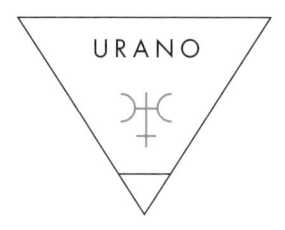

URANO ⛢

ASSOCIADO A: CONSCIÊNCIA, ESPECIALMENTE A AUTOCONSCIÊNCIA; MUDANÇA, REVOLUÇÃO E REBELIÃO; INVENTIVIDADE

PLANETA REGENTE DE: AQUÁRIO, AQUELE QUE ESTABELECE CONEXÕES

CASA-PADRÃO: 11

URANO QUE "DEU ERRADO" É: FANÁTICO, REBELDE SÓ POR SER, EXTREMISTA

URANO QUE "DEU CERTO" É: NÃO CONFORMISTA, IDEALISTA, INVENTIVO

Urano era o deus do céu e esposo da deusa Terra (Gaia). Na mitologia grega, nasceu de Gaia sem a participação de um pai e depois se tornou seu marido, o que parece estranho – mas quem somos nós para questionar a mitologia? Urano teve 12 filhos com Gaia, chamados Titãs. Alguns astrólogos aventam a hipótese de que os signos do zodíaco tenham se originado com eles. De qualquer modo, as relações familiares não eram boas, pois todos eles odiavam-se uns aos outros; no fim, Saturno, que era um dos titãs, decidiu apossar-se do poder imortal de seu pai (ver p. 71). Os mitos às vezes descrevem Urano como o criador supremo e o fundador do universo. Seu poder de criar a força vital não era igualado por nenhum dos outros deuses.

O planeta Urano leva cerca de 84 anos para orbitar o Sol e sua órbita é inclinada, diferentemente da dos demais planetas e estrelas, todos muito bem comportados. Foi descoberto por um astrônomo amador em 1781, na época em que várias revoluções estavam acontecendo. A França e a América do Norte estavam mergulhadas no caos, e a Revolução Industrial, que começou na Inglaterra por volta do final do século XVIII, inaugurou a brilhante era das fábricas poluentes e da produção em massa.

Urano influencia a revolução, a mudança e a rebelião e é conhecido como o "grande despertador" em razão de sua capacidade de nos despertar para as coisas de que precisamos ter consciência. Quando prestamos atenção ao que Urano diz, nossa consciência aumenta e nos libertamos das restrições que nós mesmos nos impomos.

Uma observação para aprofundar sua compreensão de Urano: por tratar-se de um planeta lento, ele leva bastante tempo para orbitar o Sol e, portanto, passa cerca de sete anos em cada signo. É o primeiro dos planetas mais lentos (os outros são Netuno e Plutão), chamados "planetas geracionais" na astrologia. Por isso, embora você ainda possa obter informações com base no signo em que ele se encontra, obterá tantas informações quanto, ou ainda mais, com base na casa que ele ocupa.

ASSOCIAÇÕES

1. CONSCIÊNCIA, ESPECIALMENTE A AUTOCONSCIÊNCIA

O Urano que "deu certo" fala de uma pessoa comprometida com o autoaperfeiçoamento por meio da autoconsciência e da divulgação de causas importantes. A maioria das pessoas que promoveram grandes avanços na área dos direitos humanos têm um Urano destacado no mapa natal. Nelson Mandela e Rosa Parks, por exemplo, como todos os demais membros de sua geração, tinham Urano em Aquário (sua configuração-padrão, que o torna ainda mais poderoso), e Parks, chamada de "mãe do Movimento Pelos Direitos Civis", tinha também Aquário como signo solar. Quando essa configuração "dá certo", as pessoas por ela influenciadas são humildes, observadoras e sempre prontas a reconhecer seus erros.

O Urano que "deu errado" são outros quinhentos. As pessoas influenciadas por ele são totalmente desprovidas de autoconsciência e podem passar a vida inteira adormecidas – a luz está acesa, mas não tem ninguém em casa!

2. MUDANÇA E REBELIÃO

Quando Urano cai em sua própria casa, ou seja, a casa 11, é mais provável que a pessoa seja ativista ou rebelde – uma pessoa que vira o jogo. Certas pessoas em cujo mapa a influência de Urano é forte cruzam uma linha tênue entre o gênio e a loucura. Quando "dão certo", são as ativistas que se rebelam contra as ideias convencionais ou o poder estabelecido para introduzir de maneira engenhosa a mudança e o progresso. São astuciosas e inventivas, transbordando de soluções para os problemas complexos que a humanidade enfrenta. Quando "dão errado", tendem ao fanatismo e ao extremismo.

Na verdade, o indivíduo cujo Urano está "dando errado" pode viver no limite da loucura, sendo uma pessoa muito difícil de se lidar. Com a mente a mil por hora e padrões erráticos de pensamento, se rebela simplesmente por se rebelar e está sempre tentando consolidar a reputação de ser "diferente". Do meu ponto de vista, as pessoas realmente diferentes não precisam se esforçar para isso: trata-se de algo inato, que não pode ser fingido. E é claro que a manutenção desse tipo de fingimento exige muita energia, a qual poderia ser melhor investida em outras coisas. No fim das contas, é um processo exaustivo.

3. INVENTIVIDADE

A singularidade e a capacidade de ir além do pensamento convencional são marcas registradas das pessoas cujo Urano "deu certo". É como se elas sequer vissem os limites que as rodeiam. Urano é o regente do vasto céu! Algumas beiram a genialidade. Sempre criativas, têm intuições que lhes vêm como raios e lhes dão inúmeras ideias com as quais podem, muitas vezes, ganhar dinheiro. Algumas não têm ambições materiais e preferem deixar esses pequenos lampejos de maravilhamento à disposição de toda a humanidade. Certa vez, trabalhei com um cara muito legal que tinha Urano na casa 1 (a casa do eu da autoexpressão), e seus lampejos de intuição nos deixavam perplexos. Ele tira ideias de sua mente como um mágico tira coelhos da cartola, é dono de uma empresa de inovação bem-sucedida e parece ter o toque de Midas, mas admite sem pestanejar que sua esposa virginiana o mantém em contato com a realidade e o impede de enlouquecer! Você também pode se sintonizar com sua inventividade interior se estudar seu Urano.

COMO ELE FUNCIONA

Embora Urano, como planeta geracional, esteja no mesmo signo para um grande número de pessoas durante um bom tempo, ainda é possível obter muitas informações com base no ponto onde ele se localiza em seu mapa. Urano mostra como você pode progredir na consciência, abraçando os traços que "dão certo" do signo em que ele está. E a consciência, como espero que você já tenha percebido, é na verdade a chave para um trabalho bem-sucedido com a Astrologia Dinâmica como um todo.

Imagine, portanto, que você tem Urano em Escorpião. Isso pode indicar que você manifesta algum tipo de poder (de preferência para o bem de todos) e aprende sobre a empatia – comportamentos associados a um Escorpião que "deu certo". Também indica que você está tomando consciência de sua sexualidade e do modo como a usa. Quando essa configuração "dá errado", a pessoa pode usar o sexo para obter o que quer ou pode fechar-se completamente para a sexualidade, a qual, então, pode vir a se manifestar de maneira inadequada. A questão, nesse caso, é que, qualquer que seja o signo em que Urano está, sua energia leva a pessoa a explorar esse signo (como também a casa onde ele está colocado) o máximo possível a fim de aprofundar não somente sua consciência do papel de Urano, mas também a autoconsciência em geral.

ESTE É SEU ESPAÇO

O estudo da colocação de Urano no mapa, por signo e por casa, pode lhe proporcionar intuições significativas caso você o aborde com honestidade, atenção e paciência. Ao concentrar-se na influência de Urano, você alimenta sua (auto)consciência, uma das áreas que fundamentam toda a prática da astrologia.

Identifique Urano no mapa, identifique o signo em que ele está, consulte esse signo no capítulo "Os Signos" (pp. 95-263) e estude seus traços que "dão certo" e os que "dão errado". Você está à procura de qualquer coisa associada à rebeldia e à revolução e está, de modo geral, em busca de pistas que o ponham num caminho de aperfeiçoamento da consciência. Se tiver alguma intuição, confie nela. Se prestar atenção a qualquer coisa que o atraia, isso lhe renderá dividendos.

URANO QUE DEU ERRADO	URANO QUE DEU CERTO

NETUNO

ASSOCIADO A: *INSIGHT* E INTUIÇÃO;
NOSSOS MEDOS MAIS PROFUNDOS E NOSSAS PERDAS
(EM ALGUMAS ÁREAS, DEPENDENDO DA CASA ONDE O PLANETA ESTÁ);
ESPIRITUALIDADE EM GERAL, INCLUINDO AS ESPERANÇAS,
OS SONHOS E A FÉ; AS COISAS DE QUE PRECISAMOS NOS DESAPEGAR
E AQUELAS EM QUE TALVEZ TENHAMOS DE FAZER
ALGUM SACRIFÍCIO PARA REALIZAR NOSSOS SONHOS

PLANETA REGENTE DE: PEIXES, A VISÃO

CASA-PADRÃO: 12

NETUNO QUE "DEU ERRADO" É: ILUDIDO, DISSIMULADO, EVASIVO, EXCÊNTRICO

NETUNO QUE "DEU CERTO" É: ALTAMENTE INTUITIVO,
SENSITIVO, CARINHOSO, ABNEGADO, INSPIRADOR

Netuno é outro planeta lento, ele leva 164 anos para orbitar o Sol. Passa cerca de catorze anos em cada signo; assim como Urano, sua influência se exerce sobre toda uma geração. Uma vez que o posicionamento nas casas pode fornecer uma grande riqueza de informações especialmente no caso desses planetas mais lentos, você talvez queira consultar a seção "Breve Explicação das Casas", na p. 273, para ter uma ideia das associações ligadas à casa onde Netuno está para você.

Netuno (chamado Poseidon pelos gregos) era o rei dos oceanos e mares e estava acostumado a bater com seu tridente na água para pôr em movimento uma grande onda de destruição quando as pessoas o aborreciam ou o perturbavam em sua vida subaquática. Há muitas luas, as pessoas dirigiam-lhe orações para viajar em segurança pelo alto-mar e os naufrágios eram atribuídos à sua ira.

Em nosso mapa, Netuno evidencia o poder da intuição e o fluxo dos instintos. Sua associação com as águas o situa em estreita relação com os signos de água (Câncer, Escorpião e Peixes), mas afeta a todos nós em maior ou menor medida. O suave ruído da água corrente é um calmante universal e pode nos ajudar a relaxar nossa mente atribulada e a entrarmos em sintonia com nossa intuição.

ASSOCIAÇÕES

1. *INSIGHT* E INTUIÇÃO

Quando Netuno "dá certo", geralmente confere a um indivíduo uma intuição intensa e a capacidade de ver e sentir coisas que os outros muitas vezes não percebem. No entanto, também pode transformar as pessoas em sonhadores que, em razão da névoa que povoa sua mente, nunca produzem nada de tangível. Dependendo da casa em que está, é preciso fortalecer sua intuição nessa área para realizar seus sonhos. Assim, se você tem Netuno na casa 5, por exemplo, provavelmente terá de usar a intuição nas áreas do amor, da criatividade e no que se refere aos filhos.

2. NOSSOS MEDOS MAIS PROFUNDOS E NOSSAS PERDAS

Netuno pode indicar nossos medos mais profundos. Se uma pessoa tem Netuno na casa 5, por exemplo – a casa dos filhos, da criatividade, das brincadeiras e diversões –, seus medos podem girar em torno dos filhos; pode acontecer também de ela ter sofrido perdas nessa área. Talvez tenha tido de fazer grandes sacrifícios pelos filhos. (Tenho Netuno na casa 5 e fui mãe na adolescência. Assim, de certo modo sacrifiquei meus anos de adolescência pela pessoa que hoje é o ser humano de quem mais gosto em todo o planeta!) Netuno na casa 2 indicaria talvez que alguém perdeu bens e teve de reconstruí-los para poder realizar seus sonhos (traços muito típicos de Netuno na casa 2).

3. FÉ, ESPERANÇA E SONHOS

Quando Netuno "dá certo", mostra alguém com um senso inato de espiritualidade e boa ética de vida. É uma pessoa quase etérea, gentil, espiritual e bondosa, com uma intuição que às vezes é extraordinária e quase sobrenatural. Muitos têm sonhos proféticos. As crianças nascidas a partir de 2012 (e durante os treze ou catorze anos seguintes) são particularmente capazes de sintonizar essas qualidades, pois têm Netuno em Peixes (sua configuração-padrão). Examinei os mapas de várias dessas crianças a pedido de seus pais curiosos e todas elas manifestavam uma capacidade fora do comum de ver e sentir coisas que estão ocultas para as outras pessoas. Muitas são sensitivas à disposição de ânimo e energia dos outros e são capazes de detectar quem está com problemas. Os pais se veem assim obrigados a fornecer-lhes ferramentas para administrar essa consciência intensificada. Uma menininha teve um sonho em que conversava com a avó falecida (e que ela jamais conhecera) e depois descreveu muitas coisas que poderiam ser classificadas como "sobrenaturais". Todos nós, porém, quando nos alinhamos com nosso Netuno, podemos ter fé numa visão superior e esperança de um futuro melhor.

4. AS COISAS DE QUE PRECISAMOS NOS DESAPEGAR

Netuno também mostra aquelas áreas da vida em que precisamos exercitar o desapego e ter um pouco mais de fé. Netuno na casa 1 geralmente é sinal de uma pessoa altamente intuitiva, inspiradora, artística e espiritual, mas, quando "dá errado", indica um sonhador excêntrico que jamais chega a realizar coisa alguma. Netuno na casa 3 seria sinal de uma pessoa que se comunica intuitivamente (quando "dá certo") ou de alguém que facilmente se perde nos próprios pensamentos. Netuno na casa 5 mostra uma pessoa que precisa se desapegar do seu ego (quando "dá errado") ou que abraça a ideia de que o amor é para todos (quando "dá certo").

COMO ELE FUNCIONA

Embora muita gente tenha Netuno no mesmo signo (visto que ele permanece no mesmo signo por cerca de catorze anos), ainda é possível aprender muito estudando a posição de Netuno por signo e casa, pois ela nos mostra como compreender nossos medos e a qual signo pertencem os aspectos negativos de que você mais precisa se desapegar.

As pessoas nascidas entre 1970 e 1984, por exemplo, têm Netuno em Sagitário. Precisam confiar em sua própria verdade e ter fé numa visão superior – ambas lições muito sagitarianas. Precisam encontrar seu próprio caminho longe das religiões tradicionais organizadas e aprender a encontrar a inspiração dentro de si mesmas.

Já se você nasceu entre 1984 e 1998, tem Netuno em Capricórnio. Esse posicionamento geralmente indica a necessidade de se desapegar de qualquer ambição doentia e egoísta e de desistir da necessidade de controlar tudo – dois traços do Capricórnio que "deu errado". As pessoas com esse posicionamento podem ser arrogantes, imperiosas e sabichonas; quando "dão certo", entretanto, têm discernimento e são sensatas, confiáveis, orientadas para a realização de suas metas e extremamente realizadas.

Se Netuno está na casa 1, a "casa do eu", essa pessoa (quando tudo "dá certo") muito provavelmente se tornará, de algum modo, um ser humano inspirador. Esse tipo de pessoa tem facilidade para motivar e confortar os outros. As pessoas com posicionamentos de Netuno que "deram certo" são os agentes de cura natos do Zodíaco e muitas vezes trabalham como enfermeiras e cuidadoras. Em resumo, aqueles que têm a tendência de ajudar os outros terão no mapa natal um Netuno que "deu certo". Quando esse planeta "dá errado", são grandes sonhadores que tendem a se perder num mundo de fantasia que eles mesmos construíram. Marilyn Monroe, que tinha Netuno em Leão na casa 1, cresceu cuidada por vários pais adotivos que, para tirá-la de casa, a mandavam ao cinema. Aos 5 anos começou a sonhar em ser atriz e, embora tenha tido uma existência trágica, continua intrigando e inspirando as pessoas muitos anos depois de sua morte. Encarava o amor de maneira idealista (Netuno = ideais, Leão

= amor) e sofreu muito nessa área da vida. Acabou se viciando em drogas para fugir à realidade (um gesto bastante típico de Netuno).

Netuno em Peixes (sua configuração-padrão, na qual a influência do planeta é particularmente forte) tem uma visão superior e ajuda a deslocar a vibração do planeta para nos afinar mais com o lado compassivo e espiritual da nossa natureza. (É claro que, quando Netuno "dá errado", essas pessoas incorporam todos os aspectos negativos de Peixes: sonham grande mas não têm foco!)

ESTE É SEU ESPAÇO

Quando esuda a posição de Netuno no mapa, por signo e por casa, você mergulha em temas bastante amplos: perdas, medo, fé, esperança e sonhos. Acima de tudo, sintoniza-se com sua intuição e põe seus *insights* em foco.

Assim, encontre Netuno no mapa, identifique o signo em que ele está, consulte esse signo no capítulo "Os Signos" (pp. 95-263) e estude seus traços que "dão certo" e os que "dão errado". Tome nota de quaisquer palavras que lhe pareçam especialmente significativas. Você está à procura de qualquer coisa que ressoe com suas ansiedades e seus medos, seu sentido religioso ou os sonhos que você mais acalenta. Como Urano, Netuno está fortemente associado ao *insight* e à intuição. Por isso, deixe de lado a necessidade de encontrar uma explicação para tudo e dê livre curso à energia desse planeta. Faça tantas anotações quantas precisar e lembre-se que vale a pena consultar os dados básicos da casa em que Netuno está.

NETUNO QUE DEU ERRADO	NETUNO QUE DEU CERTO

PLUTÃO

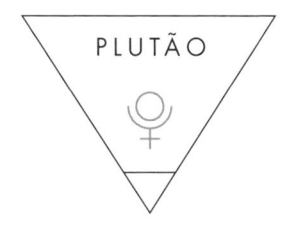

ASSOCIADO A: O PODER – O NOSSO E NOSSA RELAÇÃO COM OUTRAS PESSOAS; MOTIVAÇÕES; TRANSFORMAÇÕES, INCLUINDO O NASCIMENTO, A MORTE E O RENASCIMENTO

PLANETA REGENTE DE: ESCORPIÃO, O PODER

CASA-PADRÃO: 8

PLUTÃO QUE "DEU ERRADO" É: SEDENTO DE PODER, MANIPULADOR E CONTROLADOR

PLUTÃO QUE "DEU CERTO" É: TRANSFORMADOR, SEDUTOR, INFLUENTE

Segundo a ciência, Plutão é pequeno demais para ser um planeta. Foi rebaixado há pouco tempo e hoje é classificado como um "planeta anão". (O site da NASA nos informa que é menor que a nossa Lua.) Leva cerca de 248 anos para orbitar o Sol e permanece de catorze a trinta anos em cada signo. Sua influência, portanto, realmente se exerce sobre gerações inteiras.

Na mitologia, Plutão também é chamado Hades – o rei do mundo subterrâneo – e de "Ceifador da Morte". Muita gente vê a morte como uma força do mal, mas eu não penso assim: ela é simplesmente mais uma oportunidade de transformação – uma associação plutônica muito poderosa, que deriva da famosa história em que Hades rapta a deusa Perséfone e, assim, a escuridão rapta a luz. Depois de entrar em acordo com os outros deuses, ele concorda em mantê-la em seu reino subterrâneo, o reino dos mortos, por alguns meses a cada ano, e depois a libertar pelos meses restantes para que as plantas floresçam, sinalizando o início da primavera: a escuridão novamente torna-se luz.

Se você está se perguntando de que modo um mero planeta anão, uma formação de rocha relativamente pequena solta no espaço, pode ter algum tipo de poder na astrologia, lhe digo que Plutão tem tudo a ver com o poder, usado para o bem ou para o mal. Depois de ter estudado os trânsitos dos planetas (o impacto que o movimento deles tem sobre nós aqui na Terra), posso lhe garantir que ele não brinca em serviço. Um exemplo: em algum momento da nossa vida, aos trinta e tantos anos, Plutão no céu se conecta com Plutão no nosso mapa natal. Trata-se de uma quadratura entre Plutão e Plutão, e comecei a perceber que muitos novos clientes estavam sob essa influência, que pode ser devastadora: as pessoas abandonam o emprego e o companheiro ou a companheira numa tentativa desesperada de se transformar. Plutão é o limpa-trilhos do Zodíaco e tira do caminho tudo que já se estagnou. Inúmeras vezes já testemunhei seus poderosos efeitos. Geralmente peço às pessoas influenciadas por esse trânsito que se transformem internamente antes de tomar decisões que mudem sua vida no exterior. Há pouco tempo, aconselhei uma cliente a não trocar seu carro por um Porsche ou seu marido por um namorado mais novo antes de trabalhar em si mesma!

Os temas de Plutão são o nascimento, a morte, o renascimento, a transformação e a mudança. Não se deixe enganar: Plutão pode ter sido rebaixado, mas isso não significa que seu poder tenha diminuído.

ASSOCIAÇÕES

1. PODER

Se você conhece pessoas que têm uma capacidade incomum de ler a mente dos outros e depois usam o que assim aprenderam para manipular as outras pessoas e reverter as situações a seu favor, tenha certeza de que estão canalizando a energia de Plutão. São também manipuladoras e controladoras; só se movem para obter mais poder ou para tomar o poder de outra pessoa. Caso você veja alguém fazendo mau uso do poder, trata-se de um caso clássico de Plutão que "deu errado". Você poderá obter muitas ideias sobre como lidar com esse tipo de gente caso descubra qual o signo de Plutão no mapa delas.

Já Plutão que "deu certo" se sente à vontade com o poder e tem a capacidade de mudar a vida dos outros para melhor com sensibilidade. Conheço um milionário que investe em pessoas que, a seu ver, estão deixando uma marca positiva no planeta. Apresentei-lhe algumas pessoas, e é incrível vê-lo usando seu poder como uma força para o bem. O poder corrompe os fracos, mas os que se sentem à vontade com ele permanecem puros e são os motores do progresso de nós todos.

Encontre seu poder e assuma-o, aconteça o que acontecer!

2. MOTIVAÇÕES

Certa vez fiz uma pergunta a meu professor e ele me deu uma resposta que mudou minha vida. (Depois de algum tempo, já tinha colecionado muitas respostas desse tipo!) Ele disse: "Preste atenção em sua motivação em tudo o que você faz e diz". Essa frase ficou comigo desde que ele a pronunciou, há mais de dez anos. Segundo a compreendi, ela significa que, se formos honestos, saberemos quando estamos agindo com sinceridade e quando não estamos. Às vezes o que importa não é tanto o *que* fazemos ou dizemos, mas a atitude que está por trás (ou o objetivo que queremos alcançar); é isso que revela nossa verdadeira motivação. E às vezes essa motivação não é tão grande e tão pura quanto parece.

Plutão que "deu certo" tem a capacidade de penetrar a superfície de nossos medos e é facilmente capaz de motivar e confortar os outros.

3. TRANSFORMAÇÃO

Quando você enfrenta situações que literalmente o despem do ego e o obrigam a reconstruir-se, pode apostar todo o seu dinheiro que é Plutão quem o está impactando. Não que Plutão seja negativo – longe disso: seu impacto nos ajuda a nos libertarmos da rotina estagnada que criamos para nós mesmos. Alguns sinais de perigo se manifestam; quando os ignoramos, Plutão entra em cena e demole a infraestrutura atual para construir algo novo e melhor, baseado na humildade e não no ego. Aliás, via de regra, Plutão não gosta muito do ego.

COMO ELE FUNCIONA

Pelo fato de levar tanto tempo para orbitar o Sol, Plutão passa anos em cada signo. Assim, a variação de signos entre os mapas de diferentes pessoas é menor que a dos outros planetas. Porém, como também ocorre com os demais planetas geracionais, há espaço para a interpretação individual no que se refere a seu posicionamento por casa. Se Plutão está na casa 9, por exemplo, que é a casa das viagens longas e das culturas estrangeiras, é provável que a pessoa encontre seu poder num país estrangeiro. Me ocorrem os casos de dois clientes incríveis com quem isso aconteceu: um deles iniciou uma trajetória brilhante como ator de cinema assim que saiu do Brasil, seu país natal; o outro, que vivia à sombra do pai famoso, conheceu uma mulher americana, casou-se com ela em poucos meses, mudou-se para o país dela e construiu seu próprio império das artes.

Qualquer pessoa nascida entre 1939 e 1957 tem Plutão em Leão, e seu poder é o poder do amor. Quando o posicionamento "dá errado", tudo gira em torno do egoísmo.

Qualquer pessoa nascida entre 1957 e 1971 tem Plutão em Virgem e um discernimento poderoso. Quando o posicionamento "dá errado", essas pessoas tornam-se negativas e críticas e usam seu poder para ferir.

Qualquer pessoa nascida entre 1971 e 1984 tem Plutão em Libra e encontrará grande poder juntando forças com outras pessoas e promovendo a paz. Quando o posicionamento "dá errado", essas pessoas se dedicam a julgar os outros.

Qualquer pessoa nascida entre 1984 e 1995 tem Plutão em Escorpião: são pessoas altamente intuitivas e têm o potencial de exercer grande poder, pois Plutão rege Escorpião; então, é poder em dose dupla! Essas pessoas fazem parte da chamada "geração do milênio", que veio para abalar as estruturas.

As pessoas nascidas entre 1995 e 2008 têm Plutão em Sagitário: são motivadas pela verdade e são capazes de inspirar mudanças positivas e até transformar a sociedade.

Em novembro de 2008, Plutão entrou em Capricórnio: as pessoas com esse posicionamento não estão para brincadeiras e são extremamente ambiciosas! Têm o poder de infundir nova ordem nas estruturas e regras que já não fazem bem ao mundo.

Plutão permanecerá em Capricórnio até 2023 e depois entrará em Aquário, onde permanecerá até 2043.

ESTE É SEU ESPAÇO

A colocação de Plutão no mapa, por signo e por casa, tem muito a lhe dizer sobre como encontrar seu poder e usá-lo para seu bem e o bem dos outros. A influência de Plutão não costuma ser muito sutil (aquele limpa-trilhos de novo), mas seu impacto gera transformação. De certo modo, Plutão é o planeta da crise, mas isso apenas nos dá mais uma razão para aprendermos a lidar com ele.

Assim, primeiro encontre Plutão no mapa (ou use o ano de seu nascimento e as informações acima), consulte o signo dele no capítulo "Os Signos" (pp. 95-263) e estude seus traços que "dão certo" e os que "dão errado". Como sempre, tome nota de quaisquer palavras que lhe pareçam especialmente significativas. Você está à procura de qualquer coisa associada ao poder ou à transformação, incluindo morte e renascimento. Lembre-se de manter a cabeça bem aberta, pois nem sempre o nascimento ou a morte em questão são literais.

PLUTÃO QUE DEU ERRADO	PLUTÃO QUE DEU CERTO

QUÍRON

ASSOCIADO A: PROFUNDAS FERIDAS KÁRMICAS, ESPIRITUALIDADE, CURA

CORREGENTE DE: VIRGEM E PEIXES

CASA-PADRÃO: 6 E 12

QUÍRON QUE "DEU ERRADO" É: MOVIDO PELAS FERIDAS DO PASSADO; MÁRTIR; SEM ESPIRITUALIDADE

QUÍRON QUE "DEU CERTO" É: CURADOR, ESPIRITUAL, ABNEGADO

Quíron tem um período orbital de cerca de cinquenta anos e, pelo que sei, é uma espécie de enigma. Descoberto pela primeira vez em 1977, embora já apareça em imagens de 1896, Quíron foi classificado de início pelos astrônomos como um asteroide e depois como um planeta menor, mas tem um comportamento bizarro, semelhante ao de um cometa.

Na astrologia, Quíron é chamado de "curador ferido" em razão do papel que desempenhou no mito de Prometeu. Na mitologia, o centauro Quíron tornou-se um profeta, astrólogo e grande professor. Era imortal, mas sacrificou sua imortalidade para salvar Prometeu, que fora condenado pelos deuses a um tormento eterno por ter revelado à ingrata humanidade o segredo do fogo. Quíron foi ferido por uma flecha mergulhada no sangue da Hidra e essa ferida jamais cicatrizou; tornou-o, porém, um poderoso curador.

Há muita controvérsia acerca de quais são os signos mais influenciados por Quíron, mas a experiência me diz que são Virgem e Peixes. O posicionamento de Quíron é poderoso para todos nós, no entanto, pois indica as áreas em que estamos feridos e nas quais podemos nos curar por meio da consciência. Meu professor de astrologia, o falecido Derek Hawkins, costumava dizer que a compreensão de Quíron era a chave para encontrarmos as coisas que estão faltando na vida de cada pessoa.

— ASSOCIAÇÕES —

I. FERIDAS PROFUNDAS

O posicionamento de Quíron no mapa mostra onde estão as feridas profundas e como podemos saná-las, aprendendo mais sobre o signo e a casa onde ele está. O estudo das características do signo de Quíron revela muita coisa sobre nossas vulnerabilidades; e a casa onde ele está nos permite começar a ver onde essas vulnerabilidades tendem a se manifestar. Uma pessoa com Quíron próximo do Sol, por exemplo, pode ter uma ferida profunda relacionada à sua identidade e talvez uma experiência profundamente frustrante relacionada com seu pai ou com uma figura paterna; por outro lado, pode ter tido uma experiência de cura com o pai (ou a figura paterna) e pode ter, assim, herdado dele a habilidade de cura. Seja como for, a pessoa ferida é capaz de reconhecer as feridas dos outros e pode atuar como curador para aqueles que sofrem de feridas semelhantes.

2. ESPIRITUALIDADE

Quíron evidencia o potencial de alguém para a espiritualidade ao longo de toda a sua vida; revela, com efeito, como se tornar um ser humano melhor. A pessoa verdadeiramente espiritual não aceita bajulação: é dona do próprio poder e exerce com suavidade sua capacidade de cura quando ela é necessária, sem sentir a necessidade de se gabar do seu sucesso. A experiência me mostrou que há um grande número de gurus verdadeiros caminhando entre nós, mas eles são humildes; não contam vantagem. As pessoas cujo Quíron "deu certo" ensinam com generosidade o que aprenderam e partilham suas habilidades sem medo de que os outros se aproveitem delas. As pessoas verdadeiramente espirituais sabem que o karma nunca dorme: nenhuma boa ação se perde na vida; pelo contrário, todas são depositadas no banco de karma das boas obras. Dar com a expectativa de receber algo em troca não é uma doação pura; é apenas mais uma transação. As pessoas que sentem que nunca são recompensadas pelas boas obras e pelos atos de bondade em geral precisam trabalhar para purificar suas motivações e expectativas. É simples assim. Todos nós precisamos dar com mais generosidade e esperar menos em troca.

3. CURA

As pessoas cujo Quíron "dá certo" são, em geral, heróis anônimos: os bombeiros que arriscam a vida para salvar outras pessoas (muitos devem ter Quíron em Áries, um signo de fogo), as pessoas que se oferecem como voluntárias para ajudar quem passa necessidade – animais, crianças e adultos vulneráveis – e o fazem obedecendo a um impulso interno, não para ganhar reconhecimento. Há muito tempo me parece que Jesus é a imagem máxima do Quíron que "deu certo", pois era um curador poderoso que simplesmente exercia seus poderes para ajudar a quem precisasse. O amigo ou companheiro que simplesmente o ouve quando você está passando por uma noite escura da alma, sem julgá-lo nem esperar nada em troca, está manifestando um Quíron que "deu certo".

COMO ELE FUNCIONA

Vamos examinar alguns exemplos. Se você tem Quíron em Câncer, leva em si uma ferida (ou, se quiser, uma vulnerabilidade) na área dos relacionamentos familiares ou da sensação de segurança. Precisa trabalhar para curar sua sensibilidade, sua insegurança e seus problemas familiares. Quando Quíron em Câncer "dá errado", a pessoa é reativa e se determina a fazer tudo o que puder para encontrar segurança neste mundo instável. Quando "dá certo", é uma pessoa criativa que permanece boa, sincera e generosa mesmo diante das adversidades da vida.

Se você tem Quíron em Áries, sua ferida atinge a área da autoafirmação. Tenho um cliente de temperamento difícil que tem Quíron em Áries na casa 4; assim, seus acessos de raiva atingem sobretudo sua família (a casa 4 é a casa da família) e as pessoas que ele considera como família. Tenho outra cliente com a mesma configuração, mas ela é famosa por sua agressividade passiva; ou seja, esse corpo celeste, como todos os outros, funciona de diferentes maneiras.

Quíron na casa 10 é sinal de uma ferida na área dos compromissos e da carreira. Segundo a minha experiência, as pessoas que têm Quíron na casa 7, a casa dos relacionamentos, são vulneráveis nessa área. Precisam curar seu relacionamento consigo mesmas antes de entrar numa união séria com outra pessoa.

─⊖─ ESTE É SEU ESPAÇO ─⊖─

A posição de Quíron por signo e por casa oferece muitas lições sobre como podemos curar nossas feridas mais profundas e aliviar nossas piores dores. Fazendo esse trabalho – que pode ser muito difícil – não somente curamos a nós mesmos como também nos transformamos em agentes de cura capazes de dar alívio a quem sofre de problemas semelhantes.

Assim, primeiro encontre Quíron no mapa, identifique o signo em que ele está, consulte-o no capítulo "Os Signos" (pp. 95-263) e estude seus traços que "dão certo" e os que "dão errado". Consulte também, se possível, as suas associações com as casas. Tome nota das palavras que lhe pareçam especialmente significativas. Você está à procura de qualquer coisa que ressoe com os eventos mais dolorosos e as feridas mais profundas de sua vida; essa tarefa pode ser difícil, mas sempre vale a pena. Depois de terminá-la, você sentirá um alívio especial.

QUÍRON QUE DEU ERRADO	QUÍRON QUE DEU CERTO

OS SIGNOS

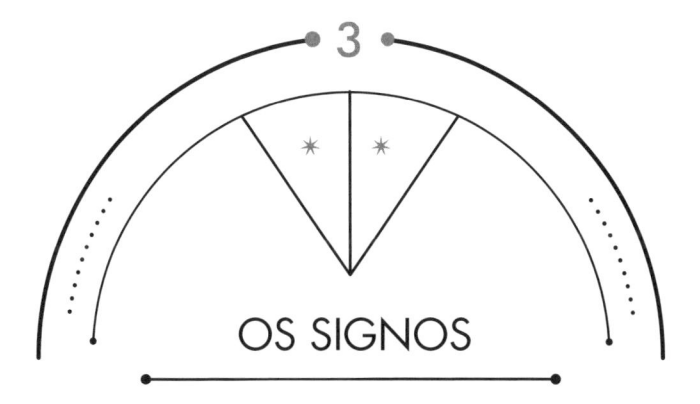

Neste capítulo você encontrará tudo o que precisa saber sobre os doze signos do Zodíaco e talvez um pouco mais. Talvez tenha pulado diretamente para esta parte do livro depois de ler a introdução, para ler sobre seu signo solar e depois parar. Se é esse o seu caso, seja bem-vindo! Eu sempre pretendi que o leitor pudesse usar este livro do modo que quisesse e não tenho dúvidas de que você aprenderá muito sobre seu signo solar ou sobre os signos solares das pessoas a quem quer conhecer melhor.

Porém, se quiser mergulhar um pouquinho mais fundo, há muito mais a ser descoberto. Lembre-se que além do Sol, que indica nosso signo solar, há muitos outros planetas a serem descobertos em seu mapa completo, e todos eles trazem pistas interessantes a serem desvendadas. Assim, se outro planeta além do Sol estiver em determinado signo, tudo o que você ler sobre as características desse signo se aplicará às áreas da sua personalidade indicadas por esse planeta.

Os signos serão apresentados em sua ordem natural, começando com Áries, o primeiro, e terminando com Peixes, o décimo segundo. Cada seção é um minirretrato do signo: o que ele tem de bom, de ruim e de feio! O foco são as características que "dão certo" e "dão errado" em cada signo e o modo como elas impactam sua vida. Além de seções sobre o amor, a carreira e a saúde, o mais útil de tudo talvez seja o resumo de dicas e sugestões práticas para você aumentar a energia positiva do signo e diminuir a negativa. Chamo essa sessão de "Conserto".

Você pode ler toda a seção sobre o signo de Virgem, por exemplo, e tomar notas sobre os segmentos que mais lhe chamarem a atenção. Pode também ir direto ao fim da seção e ler o "Conserto" sobre como administrar o impacto e maximizar o potencial do signo.

Se você chegou aqui depois de ler os dois capítulos anteriores, já sabe que todos nós temos um pouco (ou muito!) dos doze signos em nosso mapa natal. Por isso, vale a pena ler sobre todos os signos para ver quais são os que mais "falam" com você. Pode acontecer de não ser o seu signo solar. Se for esse o seu caso, isso significa que há outro signo desempenhando um papel de destaque em seu mapa. Pode ser, por exemplo, que você tenha Júpiter (o planeta que significa nossas habilidades e nossos talentos, mas também aquelas áreas em que cometemos excessos e exageros) no signo de Virgem, inteligente mas controlador. Nesse caso, se você nunca parou para pensar em Virgem pelo fato de seu signo solar ser Leão, sem dúvida perceberá que vários traços virginianos se manifestam com força em você. Na maioria das vezes, o signo que você mais ama ou mais desgosta em outras pessoas é aquele que aparece com destaque no seu próprio mapa. E é assim que a trama vai se formando.

Se você veio a este capítulo para começar a interpretar seu mapa natal, correlacionando os planetas aos signos onde estão, vai acabar lendo todos os signos que constam neste capítulo e combinando-os para obter pistas. Vai se viciar nesse processo à medida que as pistas forem sendo encontradas. Se alguma característica de um signo lhe chama a atenção quer em você mesmo, quer em alguma pessoa conhecida, pode ter certeza de que o signo em questão aparece com força no seu mapa ou no dessa pessoa. Quando morava nos Estados Unidos, eu costumava apostar nisso e nunca perdia. Se você tiver fascínio por Áries, é possível que ele seja seu Ascendente, que representa a sua personalidade; se Câncer lhe chama a atenção, talvez isso ocorra porque seu namorado tem a Lua (vida emocional) em Câncer (lar e família), o que explica porque ele gosta de conforto e segurança e detesta sair de casa.

Qualquer que seja o seu caso, o principal objetivo deste capítulo é lhe dar informações sobre as características dos signos – as que "dão certo" e as que "dão errado". Só lembrando: os signos representam o "como" em nosso mapa: "Como determinado planeta se manifesta?" Os signos só podem ser corretamente interpretados em sua relação com o planeta que opera dentro deles. Só você pode responder a perguntas como "Estou maximizando da maneira mais positiva possível o incrível poder de Júpiter?". E, para respondê-la, você precisa conhecer o signo em que ele está em seu mapa.

A Astrologia Dinâmica consiste em você construir um entendimento de como os planetas, os signos e as casas se combinam em seu mapa e, depois, usar esse conhecimento para ajustar seus comportamentos a fim de manifestar melhor a energia que "deu certo" e diminuir a que "deu errado". Desejo que você aceite, abrace e depois reduza a sombra e que sua luz brilhe!

ÁRIES
O PIONEIRO
♈

SIGNO DE FOGO

OPOSTO DE LIBRA

PRIMEIRO SIGNO DO ZODÍACO

CASA 1

REGIDO POR MARTE

Áries que "deu certo" é com certeza o mais dinâmico e empolgante de todos os signos. As pessoas nascidas sob o signo de Áries penetram em territórios inexplorados, descobrem novidades e, de forma geral, fazem acontecer coisas originais, deixando todos nós comendo a poeira que alegremente levantam atrás de si.

Billie Holiday, compositora e cantora de jazz, nasceu sob o signo de Áries, e sua vida demonstra muitas características e associações desse signo. Ela alcançou o auge da fama numa época em que os Estados Unidos viviam sob um regime de segregação racial e o racismo era visto como coisa natural. Pedia-se aos músicos afrodescendentes que usassem a porta dos fundos e o elevador de serviço nos hotéis onde tocavam – mesmo que fossem os astros do espetáculo. Assim, o fato de Billie ter transformado o poema "Strange Fruit", que falava sobre linchamento e era controverso para sua época, numa música de imenso sucesso foi não somente um ato de gênio como também um ato de coragem. Billie era pioneira e lutou contra todas as adversidades para seguir sua paixão – uma característica típica de Áries que "deu certo". Áries está sempre aprendendo sobre batalhas e conflitos (é regido por Marte, o deus da guerra), e encontrar a paz interior é uma das lições que eles têm de aprender na vida (lição essa que compartilha com Libra, seu signo oposto). Billie teve pouquíssima paz na infância e enfrentou constantes problemas e adversidades até encontrar uma paixão (algo fundamental para Áries). Entrou num conjunto musical aos 14 anos e começou a canalizar para a música sua prodigiosa energia. Era considerada um "gênio da improvisação no jazz". Pode não ter sido a melhor cantora de sua época, mas, se você já a ouviu cantar, certamente concordará em que sua voz chama e retém a atenção até que ela tenha terminado.

O lado de Áries que "deu errado" consiste no fato de os arianos também poderem ser muito velozes e furiosos, muito raivosos, movidos pela necessidade de ter novas experiências e, às vezes, simplesmente agressivos. Os arianos têm muito a aprender sobre a relação entre a paz e o progresso: a energia do ariano tem o poder de mudar as coisas quando ele está em paz consigo mesmo, em sintonia com sua paixão e seguindo o próprio caminho. Precisa aprender a canalizar sua poderosa energia para mudanças positivas e terá de cultivar a lealdade e a integridade para ser feliz no âmbito da alma.

ÁRIES
QUE "DEU ERRADO"

AGRESSIVO

As pessoas que não conseguem controlar a raiva sempre têm um planeta em Áries "dando errado" em algum ponto do mapa. A raiva de Áries tende a ser monumentalmente destrutiva. Você tende a explodir em acessos de raiva: como o diabo-da-tasmânia, provoca o caos ao redor de si e depois se pergunta para onde foram todos ou por que as pontes estão pegando fogo. Atrai a agressividade ativa ou passiva, mesmo que você mesmo não a manifeste. Os mais covardes não conseguem abraçar seu potencial de dinamismo e, por isso, procuram tornar infelizes todas as pessoas ao redor, pois sentem, lá no fundo, que jamais conseguirão realizar o que querem. Isso os faz explodir interna ou externamente. Áries tende a ser reativo e briguento, quer na cara das pessoas, quer pelas costas. E declara guerra contra aqueles que percebe como inimigos. Qualquer guerra serve; basta que ela o impeça de ter de fazer um exame profundo e sincero de si mesmo.

O APRENDIZADO

Se você tem uma influência ariana forte no mapa, provavelmente já tem ciência dos danos que seu temperamento pode causar, pois é certo que já sofreu rompimentos de relacionamento, quer na família, quer no trabalho. Uma das mais importantes lições globais que você tem de aprender é a da paz, em todos os sentidos: como apreciá-la, cultivá-la e praticá-la para o seu bem e o bem de todos. O primeiríssimo passo para viver em paz consiste em perceber que ela começa no interior. Você precisa parar de correr; precisa sentar-se e ouvir a sua voz interior. Talvez a conexão com um mestre espiritual ajude, ou alguma outra fonte de calma: experimente meditação ou yoga. Não será fácil, mas, como tudo o mais na Astrologia Dinâmica, o primeiro passo consiste em reconhecer que algo precisa mudar. As soluções virão em seguida. A raiva pode ser domada, como tudo o mais, mas para isso é preciso honestidade, trabalho duro e autoaceitação. O primeiro passo, e o mais fundamental, é perguntar o que alimenta a raiva. A Astrologia Dinâmica pode ajudar muito nesse quesito, pois dirige um olhar sincero para todos os traços que "deram errado" e estão compondo nossa sombra – quer se trate de uma tendência à raiva, à culpa, à competitividade, ao ressentimento ou seja o que for.

Depois, você precisa aprender a administrar as energias reprimidas. Não engula nada, pois isso resulta numa agressividade passiva e transforma você numa panela de pressão pronta para explodir a qualquer momento. Exercícios físicos vigorosos são muito eficazes, pois você dá vazão a parte desse fogo. Pode ser uma aula de *spinning* na academia, futebol de salão ou correr de manhã – qualquer coisa que lhe seja conveniente, desde que seja realmente enérgica! Também existem várias técnicas de gestão da raiva, e muitas lhe darão os instrumentos de que você precisa para dominar as chamas da ira.

Uma técnica muito simples para conter os acessos de raiva no momento em que eles acontecem consiste em fazer uma pausa e respirar bem fundo algumas vezes (a respiração deve ser profunda mesmo, pois assim ela ativa o nervo vago e estimula a calma). O ato de se afastar fisicamente da pessoa ou situação difíceis também pode ser útil. A prática da meditação é muito eficaz: ela treina a mente, mas é uma estratégia de longo prazo e requer paciência. Se você é iniciante, uma sessão com um praticante de meditação pode ser um bom começo; talvez haja algum centro de meditação no local onde você mora. Se quiser explorar sozinho essa prática, há aplicativos que podem ajudá-lo. Um dos que mais gosto é o Headspace, cujo criador aprendeu a meditar com monges budistas. O objetivo último é ser capaz de meditar sozinho em qualquer tempo e lugar. Não há solução rápida, mas tudo isso pode ajudar. Você também precisa praticar todos os dias a arte de pensar antes de falar e de respirar fundo até que a raiva comece a passar. Com o tempo, isso se tornará natural.

Se você vive ou trabalha com um ariano, pode acabar se tornando alvo de ataques desagradáveis e hostis. Uma mulher que conheço, com Mercúrio em Áries (Mercúrio simboliza a mente e o modo como nos comunicamos), tem um péssimo humor. Embora eu lhe diga sempre que ela precisa assumir a responsabilidade por seu mau humor e aprender a controlá-lo (e, caso não o faça, corre o risco de terminar sozinha), também sugeri às pessoas que a amam que procurem não se colocar na linha de fogo quando ela se enfurece. Geralmente a fúria é forte, mas dura pouco. Quando ela fica com raiva, eles devem se afastar dela até que, como uma criança, ela aprenda a parar de feri-los.

Se você está diante de uma pessoa assim, não enfrente fogo com fogo. Quando a raiva triunfa, não há vencedores. Fale com a pessoa quando ela estiver mais calma e for mais capaz de assumir a responsabilidade sobre o modo pelo qual suas explosões fazem você se sentir. Não a culpe, mas fale com calma e firmeza. Procure não ter medo dessa pessoa, mas é claro que, se você se sentir ameaçado, deve afastar-se. Depois, telefone, escreva uma carta ou mande um e-mail. Mantenha sua motivação sempre pura: não use o problema dela para tentar levar qualquer tipo de vantagem sobre ela. Ajude-a a melhorar usando a autoconsciência. Ninguém é perfeito.

EGOCÊNTRICO E COMPETITIVO

O ariano é capaz de ser extremamente egoísta e egocêntrico; nunca para por tempo suficiente para entender o impacto de suas ações. Pode ser também um mercenário, que luta em favor de quem lhe paga mais ou fica do lado da pessoa cuja vitória lhe parece mais provável. Movido por seus desejos e suas paixões, você se move para satisfazer seus impulsos sem prestar a menor atenção nas pessoas que, nesse processo, poderão se machucar. O ariano é um líder nato e, por essa razão, você pode se enganar pensando que não precisa de ninguém, mas os humanos são animais sociais e todos nós precisamos de pessoas boas ao nosso redor. As pessoas egoístas raramente atraem indivíduos autênticos, que fiquem ao lado delas em qualquer situação. Por que ficariam?

Você também sente a necessidade de vencer a qualquer custo, o que só serve para desencadear conflitos inúteis e afastar as pessoas boas que, antes, você gastou tanta energia para atrair. A competitividade incansável fala de alguém que nunca é capaz de gozar do sucesso, mesmo quando vence. O ariano que "deu errado" está sempre pensando no que vem depois, e danem-se as pessoas que se machucam no caminho.

O APRENDIZADO

Se a influência de Áries é forte no seu mapa, você precisa parar por tempo suficiente para começar a entender quanto o seu ritmo acelerado faz mal a você e aos outros. Se for sincero consigo mesmo, reconhecerá que às vezes é egocêntrico e egoísta; sendo assim, acorde e faça algo para melhorar. Faça um esforço para ouvir as pessoas à sua volta; não considere as questões delas como triviais. Você precisa aprender a progredir na vida, pois o progresso o sintoniza com o verdadeiro propósito da sua alma. Ponha as necessidades dos outros adiante das suas sem exigir reconhecimento. Procure praticar, a cada dia, um ato de desapego e altruísmo: deixe alguém ganhar ou ter a última palavra, dê uma refeição a um sem-teto, pare de correr e dê apoio a quem precisa de ajuda, de uma palavra amiga ou simplesmente de um pouco do seu precioso tempo. Sua recompensa será a satisfação e a alegria que vêm quando fazemos parte de uma comunidade maior.

Você precisa dar bom uso a sua veia competitiva: compita com a pessoa que você era ontem para ser uma pessoa melhor hoje. Viva com leveza e sempre ria de si – no instante em que você ficar muito sério, tudo estará terminado e o dia terá "dado errado"! Dê crédito aos outros pelo papel que eles desempenharam no seu sucesso. Ignorar o papel deles é a mais absoluta falta de cortesia e um impedimento severo ao desenvolvimento do seu caráter. Quaisquer recompensas que você ganhar serão superficiais e de curta duração.

Se você tem de lidar com esse tipo de comportamento ariano no trabalho, provavelmente ele vem de um chefe ou de um colega extremamente competitivo. Há várias maneiras de lidar com isso, dependendo dos resultados que você quer alcançar e de quanto está disposto a correr riscos. Você não deve entrar em conflito, mas simplesmente confiar em suas próprias habilidades. Procure apelar à mente superior da pessoa (todos nós temos uma!), reaja com gentileza e evite se aborrecer ou vitimizar-se. Você também pode tentar fazer-lhe perguntas profundas com o objetivo de despertar a consciência. Acima de tudo, tenha compaixão por essa pessoa: está claro que ela queria ser como você.

Tenho uma amiga que manifesta os comportamentos arianos que "deram errado", e costumo usar o humor para desanuviar o ambiente. Digo algo como: "Ok, já prestamos atenção em você, agora vamos voltar a prestar atenção em mim!". Ela ri e pede desculpas. Se o bom humor não for apropriado na situação, tenha em mente o objetivo de despertar a consciência e, quando uma decisão egoísta for tomada, pergunte: "Está certo, mas o que o restante da equipe pensa sobre isso?" ou "Devo notificar Fulano a respeito disso?". Nunca seja agressivo nem chame os outros membros da equipe para lhe darem respaldo: esse tipo de intervenção, para o ariano que "deu errado", equivale a uma declaração de guerra – ele começará a montar um exército e a alinhar seus canhões antes mesmo de você terminar o almoço. Se o perpetrador for uma pessoa de alto escalão na empresa, você talvez perca o emprego; mas talvez valha a pena enfrentar esse desafio em nome do seu crescimento e da sua integridade. Será uma lição de vida.

Quer você trabalhe, more ou tenha um relacionamento afetivo com um ariano, sempre comece suas intervenções dizendo: "Sei que você não tem a intenção de parecer tal coisa, mas...". Áries segue em frente sem olhar para trás e muitas vezes não tem ideia de estar impactando outras pessoas de modo tão negativo. Se você não quiser que isso aconteça, é preciso fazê-lo tomar consciência com muito amor e cuidado.

Faça o possível para resolver os problemas com calma e abertura, sem usar os rótulos que viemos usando aqui: é provável que o ariano exploda assim que os ouvir. Peça que ele leve suas necessidades em consideração e explique como você se sente quando ele não atende a esse pedido. Verifique bem a pureza da sua motivação e determine-se a basear suas ações na vontade de ajudar essa pessoa a crescer. Fazendo isso, você poderá ser assertivo e defender seu território sem medo.

INQUIETO

Áries tem uma energia imensa e gosta de fazer as coisas. Entedia-se facilmente, no entanto. Por isso, embora comece muitas coisas, deixa que os outros as terminem. O ariano é ótimo para motivar as pessoas e pôr projetos em movimento – e é realmente dedicado no começo –, mas quando as coisas se complicam ele não costuma perseverar até o fim.

O APRENDIZADO

Se você tem uma influência ariana forte no mapa, precisa aprender a terminar o que começou e, como já vimos, aprender as lições sobre paz e tranquilidade. Nesse contexto, parece-me útil comparar Áries com Libra, seu signo oposto. Libra também precisa aprender sobre paz e tranquilidade, mas do ponto de vista oposto: o libriano muitas vezes compromete seus princípios para manter a paz e depois se sente ressentido pelo fato de suas necessidades serem insatisfeitas ou ignoradas. O ariano, por sua vez, não pensa o suficiente sobre as próprias ações para permitir que a paz se instale: ou ele explode num acesso de raiva ou parte em busca dos próximos projeto, pessoa ou desafio.

Se você se reconhece nessas palavras, poderá beneficiar-se de qualquer coisa que queime sua energia ariana. Os esportes muitas vezes são uma solução, e exercícios intensos podem resolver muitos problemas. Demonstrou-se que o exercício físico produz, ao final, uma sensação de energia tranquila. Por isso, ele mata dois coelhos com uma cajadada só para o ariano, tornando-o menos reativo e explosivo.

Também lhe será útil trabalhar a capacidade de permanecer numa situação ou trabalhar numa tarefa mesmo depois que lhe vier o desejo ariano de largar aquilo e seguir em frente. Você não é, por natureza, daquelas pessoas que sempre terminam o que começam, mas às vezes todos nós precisamos nos obrigar a trabalhar em algo até o fim para termos a sensação de ter realizado algo. A chave consiste em tomar consciência de que você tem essa característica e depois, bem devagar, ir trabalhando a vontade de fazer as coisas até o fim.

Se você vive ou trabalha com um ariano inquieto, procure ajudá-lo a parar por tempo suficiente para compreender o que está fazendo. Ajude-o: saia para correr com ele e, no fim, faça-o tomar consciência de quão relaxado se sente. Vale a pena ajudá-lo a descobrir meios de relaxar. Vocês podem explorar vários métodos juntos, tais como exercício, meditação, ouvir ou tocar música, preparar uma refeição e por aí afora. Se você trabalha com um ariano, ajude-o a adquirir o hábito de pôr as tarefas numa lista e ir marcando o que já terminou; assim, ele ficará encorajado a terminar o que começa. Se ele for realmente brilhante e produtivo em outras áreas, procure destacar alguém para lhe dar apoio. Experimente nomear para essa função um colega com um elemento taurino forte no mapa.

ÁRIES
QUE "DEU CERTO"

DINÂMICO

Áries que "deu certo" é apaixonado, comprometido, empolgante e inspirador. Os arianos são motivados e dinâmicos, extremamente atraentes e apaixonados, cheios de entusiasmo e absolutamente irresistíveis! Velozes e furiosos, dinâmicos e eficazes: os mais conscientes entre eles sabem que, quando param por tempo suficiente para observar o quadro geral, grandes coisas podem acontecer... e realmente acontecem!

O APRENDIZADO

Você precisa aprender que, embora a velocidade e a agilidade sejam cruciais às vezes, fazer pausas para ganhar inspiração e cuidar dos detalhes é igualmente importante. E cuidado com sua tendência a sofrer acidentes. Seu costume de correr para cá e para lá em alta velocidade pode levá-lo ao hospital se você não tomar cuidado.

INOVADOR

Você tem capacidade para pôr projetos e empreendimentos em movimento e em geral não vê problema em começar algo do zero ou dar apoio a algo novo e inovador. Suas ideias são abundantes e você trabalha numa vibração naturalmente progressista, que motiva as pessoas a entrar no seu time. E, em geral, você sabe muito bem como levá-las a fazer exatamente o que você quer.

O APRENDIZADO

Os arianos estão aqui para ser inovadores e pioneiros, mas precisam trabalhar em projetos que tenham valor e concentrar-se em fazer com que esses projetos, bem como os relacionamentos saudáveis com as pessoas, durem mais tempo. A lição mais importante que você tem a aprender é a de dirigir sua imensa energia para atividades que ajudem não somente você mesmo, mas também os outros.

CORAJOSO

O ariano é corajoso e combativo e não tem medo de comprar as brigas dos oprimidos. É um tremendo aliado e pode ser um amigo, parceiro e líder forte, valente e corajoso. Sente-se à vontade correndo riscos, não tem medo de contrariar as convenções e combate regimes obsoletos ou regras tolas com um sorriso, uma equipe e um plano.

O APRENDIZADO

O ariano pode ser um grande líder, mas somente quando domina a arte de "liderar pelo exemplo". Por isso, tomar consciência das necessidades e opiniões dos outros é algo que você deve fazer ao longo de toda a vida, o que lhe permitirá realizar coisas ainda maiores.

Tomemos como exemplo Mark Zuckerberg, o fundador do Facebook. Ele tem Mercúrio (a mente e o modo como se comunica) em Áries e uma personalidade altamente competitiva. Jamais repousa sobre os louros conquistados. Está sempre superando seus limites na área digital e esforçando-se para melhorar o Facebook. Também é famoso por priorizar sua equipe, sendo essa a marca de um general que marcha à frente do batalhão. Num lado mais negativo, Áries pode querer ir à guerra e lutar pela posição de comando. Desde a concepção do Facebook, Zuckerberg esteve envolvido em conflitos jurídicos com os gêmeos Winklevoss, que afirmam que a ideia foi deles. Quando Eduardo Saverin, cofundador do Facebook e seu primeiro investidor, não conseguiu encontrar novos investidores, foi posto para fora a pontapés e decidiu mover uma ação contra Zuckerberg. Saverin tem a Lua em Escorpião, e é difícil para os escorpianos aceitarem a derrota sem lutar. É hoje um bilionário que renunciou à cidadania americana com o objetivo de evasão fiscal, segundo se afirma – acusação que ele nega. Zuckerberg, resumindo, não se notabiliza por partilhar de bom grado a posição de liderança. Pode-se dizer que Áries é supercompetitivo e gosta de lutar, mas também atrai a competição e o combate dos outros.

NO AMOR

No amor, o ariano que "deu certo" é simplesmente fabuloso. Faz com que o parceiro se sinta a pessoa mais especial do mundo, põe suas necessidades acima de tudo o mais e ganha tranquilo de qualquer competidor. É entusiasmado e espontâneo, sempre pronto a largar tudo para tomar um avião e ir explorar a selva ou mergulhar no oceano. É generoso e adora cobrir o parceiro de afeto e presentes.

Os arianos têm, em geral, forte impulso sexual e gosto pelo contato físico. São amantes aventureiros e fantásticos e, quando sua energia é correspondida pelo parceiro, são leais e fiéis. No entanto, também nessa área é bom que eles acalmem um pouco. Se você é um ariano do tipo veloz e apaixonado, procure introduzir um pouco de paciência e sensualidade em seu jeito de ser.

No começo, Áries tende a ser aquele que procura o parceiro; quando "dá errado", porém, tende a tornar-se difícil de agradar, pois se entedia facilmente. Tem a tendência de valorizar o novo e descartar o velho assim que a atração inicial se esvai. Ou foge assim que se vê diante da necessidade de trabalhar duro ou age de modo a afugentar o parceiro, diminuindo assim a sua sensação de culpa pessoal. Para resolver isso, o ariano precisa atrair um parceiro multifacetado e profundo e deve tentar, sempre que possível, aprofundar ainda mais os laços com ele, em vez de deixá-los envelhecer e perder o encanto. É prudente saber que temos lições a aprender na vida e lembrar que, quando ficamos entediados ou inquietos, a grama não é necessariamente mais verde do outro lado da cerca. Procure regar o gramado que você já tem. Converse com seu parceiro e procure encontrar soluções em vez de pular fora.

Um cliente meu, com Sol, Mercúrio e Vênus em Áries, casou-se com uma geminiana que sempre o mantém alerta (como é necessário) com sua inteligência e seu humor astuto. Ele é fiel a ela e comprometido, e sua paixão mantém também o interesse dela. No caso, ambos os signos têm de combater a maldição do tédio; por isso, a combinação funciona.

Se você se relaciona com um ariano, precisa se esforçar para acompanhá-lo em todos os níveis. Ele gosta de se sentir como um caçador que ganha um grande prêmio; por isso, não seja muito fácil, do contrário ele poderá perder o interesse. Se uma pessoa parece valer a pena, ele permanecerá com ela e lutará pelo relacionamento; se, por outro lado, ela parecer unidimensional, ele não se importará ou rapidamente ficará entediado e se fechará, ou mesmo será infiel. Para se contrapor a essa tendência, mantenha abertas as linhas de comunicação, planeje atividades de alta energia pare vocês fazerem juntos e se concentre em manter viva a paixão entre vocês.

CARREIRA

No trabalho, o Áries que "deu certo" é dinâmico e poderosamente persuasivo. Os arianos podem fazer acontecer coisas com que os outros signos apenas sonham. Os mais felizes entre esses arianos trabalham para si mesmos ou, no mínimo, dentro de um ambiente progressista. Se sentem atraídos com muita frequência pelo gerenciamento de projetos. Gostam de lançar novas tendências e cumprir metas. Ambiciosos e enérgicos, querem vencer e estão dispostos a correr riscos calculados para ganhar muito. O lema dos arianos poderia ser "Quem quer ganhar precisa competir" ou "A sorte favorece os corajosos".

Em geral, os arianos precisam de independência e autonomia. Por serem donos da própria iniciativa, trabalham melhor em posições que lhes dão liberdade, a possibilidade de inovar e o potencial de liderar pelo exemplo.

Se as circunstâncias da vida tirarem de você a possibilidade de seguir uma carreira desse tipo e você acabar sentindo-se frustrado, abra um negócio paralelo e construa seu projeto lentamente, quer se trate de uma empresa, uma marca ou uma ideia.

Por falar em liderança, você está sempre em busca de novos desafios e projetos e, ao longo do caminho, vai inspirando e motivando outras pessoas. É, em geral, um líder corajoso e prefere ter carta branca para fazer tudo o que pensa ser necessário para garantir o seu progresso e o da empresa.

Por outro lado, seus impulsos agressivos podem ser desastrosos para sua carreira e representar um pesadelo para todos com quem você trabalha. Quando as coisas "dão errado", você não sabe perder e pisa nos pés das pessoas sem sequer perceber. Está sempre disposto a guerrear contra supostos inimigos e não se interessa pela paz – uma atitude que, no fim, não é produtiva. Se não for capaz de liderar, pode acabar desenvolvendo uma agressividade passiva.

Um cliente com quem eu trabalhava estava sempre em guerra contra alguém. Quando comecei a trabalhar com ele, entendi seus conflitos internos e sugeri que ele introduzisse um pouco de paz em sua vida. Seus problemas advinham do fato de ele ter se sentido impotente na infância em razão da prepotência do pai; agora, recorrendo a seu *status* e seu dinheiro, ele move ações judiciais contra todos os que se interpõem em seu caminho e é tão agressivo quanto possível: solteiro, sem filhos e sem um único amigo sincero, sua infelicidade permanece. Procurei ajudá-lo a perceber que esses conflitos sempre começam dentro de nós e que às vezes precisamos nos desapegar das batalhas, confiar no universo e seguir em frente. Ele pagou meus últimos honorários pela metade e parou de falar comigo. Isso é Áries que "deu errado".

Outro cliente e bom amigo ariano é um verdadeiro superstar: cineasta e diretor de programas de televisão premiados, nunca tem medo de correr riscos. Usa seu próprio dinheiro para pesquisar, criar e financiar projetos e depois procura vender seus filmes, sempre reveladores, a empresários endinheirados. Depois de passar muitos anos batendo em portas fechadas, as coisas finalmente deram certo e ele vem ganhando inúmeros prêmios. Quando as pessoas comentam sobre quanto ele é sortudo, tanto ele quanto eu damos risada. Sorte? Chamo isso de tenacidade, coragem de seguir uma paixão, visão e valentia para correr riscos, fazer sacrifícios e gentilmente recusar-se a aceitar a palavra "não". Meu amigo é puro Áries que "deu certo", e sua obra é um exemplo disso.

SAÚDE

Áries que "deu errado" precisa parar um pouco. Você vive no limite, mental e fisicamente, e corre o risco de um dia passar desse limite – com graves consequências. Se teve a sorte de ainda não ter sofrido problemas de saúde, isso geralmente indica que os elementos terra ou água são fortes em seu mapa; eles têm um efeito calmante, por assim dizer. Mas não espere que isso vá funcionar para sempre.

Você talvez seja um pouco apressado e suscetível a acidentes. Isso significa que precisa fazer as coisas mais devagar e pensar antes de agir. A pressa o desconecta da voz da razão e da estratégia e o prende aos comportamentos reativos, que a longo prazo não fazem bem a ninguém.

Quando tudo "dá certo", você gosta de atividades que o mantêm em perfeita forma, mas também sabe que precisa de ajuda para fazer uma pausa e se dedicar a jogos de estratégia, como o xadrez, e jogos mentais, como o sudoku. É claro que você gosta de esportes competitivos, mas o ariano que "deu certo" sabe perder e gosta do sabor de qualquer competição, jogo ou campeonato.

A meditação é boa para todos, mas é especialmente importante para os signos de fogo, como Áries, que precisam de mais terra, calma, estabilidade e regularidade em sua vida.

O CONSERTO PARA ÁRIES

1. **Vá mais devagar.** Você precisa abrir espaço em sua agenda e em seu cérebro para pensar nos rumos que está tomando na vida. Cuidado com a superficialidade de uma vida sempre ocupada!

2. **Faça exercícios regularmente** e se dedique a esportes energéticos ou competitivos, como *spinning*, tênis, futebol de salão, *netball* ou artes marciais.

3. **Aprenda a relaxar.** Estude meditação e pratique a arte de parar sem antes exaurir-se. Seja mais bondoso consigo mesmo: se estiver sempre correndo, perderá a magia que se encontra no momento presente.

4. **Encontre sua paixão** e siga-a, mas não transforme isso em mais uma competição. Você não precisa ser a próxima Billie Holliday, mas fazer algo positivo que o entusiasme ajudará a canalizar sua energia de forma útil.

5. **Concentre-se em terminar as coisas.** Isso fortalecerá sua aura (o campo energético protetor que nos rodeia) e lhe dará mais sensação de realização.

6. **Administre sua energia.** Se você fica bravo facilmente, faça algo para melhorar antes que isso arruíne a sua experiência de vida e afaste as pessoas mais gentis. Há muitas maneiras de controlar a raiva, mas admitir que se tem um problema é sempre o primeiro passo. Além disso, não continue ativo até cair de cansaço, pois isso acaba por se tornar um mau hábito e pode ser prejudicial para a sua saúde a longo prazo.

TOURO
O ARQUITETO

♉

SIGNO DE TERRA

OPOSTO DE ESCORPIÃO

SEGUNDO SIGNO DO ZODÍACO

CASA 2

REGIDO POR VÊNUS

Touro que "deu certo" é generoso, perseverante, prático e um dos seres mais talentosos na face da Terra. Os taurinos têm uma capacidade tremenda de encontrar soluções, consertar e construir coisas e atrair recursos. Todas as pessoas de múltiplos talentos que conheço têm um signo de Touro forte em seus mapas.

Não há melhor exemplo disso do que Leonardo da Vinci, famoso por ser uma das pessoas com habilidades e talentos mais diversificados de todos os tempos. É reconhecido principalmente por suas pinturas, como a *Mona Lisa* e *A Última Ceia*, mas seus cadernos contêm belos e complexos desenhos científicos que estavam muito adiante do seu tempo, e atribui-se a ele a "invenção" do tanque de guerra, do helicóptero e do paraquedas. Da Vinci também ajudou a formar muitos alunos, o que é típico de um taurino que "deu certo". Os taurinos tendem a sentir-se à vontade com os próprios talentos e a apoiar e promover os talentos alheios – características muito taurinas!

Por outro lado, os taurinos podem ser teimosos, materialistas, gananciosos, possessivos e tão desconectados da sua realidade interna que acabam não reparando no profundo anseio de sua alma por experiências verdadeiras e pessoas sinceras e autênticas.

O signo de Touro tem uma conexão profunda com a natureza, e alguns astrólogos acreditam que a função dos taurinos é a de atuar como guardiões e zeladores da Terra. Qualquer que seja sua opinião a esse respeito, a experiência me diz que os taurinos geralmente encontram na natureza uma grande fonte de cura. A Mãe Terra é uma das chaves para Touro encontrar a felicidade autêntica. E a autenticidade em todos os ramos da vida é essencial para o crescimento dos taurinos.

Alguns creem que Buda era do signo de Touro. Ele deixou para trás os apegos terrenos para encontrar soluções para o sofrimento e buscar o sentido da vida. Desiludiu-se tanto com a pompa superficial que caracterizava sua vida no palácio do pai que abandonou tudo e começou a buscar a causa do sofrimento humano. Chegou à conclusão de que a Iluminação era o único caminho para transcender o sofrimento. Assim, sentou-se teimosamente sob uma árvore e meditou até encontrar as respostas.

Antes de começar a examinar os traços taurinos que "dão certo" e os que "dão errado", eis um rápido lembrete sobre como eles devem ser interpretados. Talvez você não esteja manifestando tudo o que "deu errado" (tampouco tudo o que "deu certo", embora as pessoas estejam, em geral, muito mais dispostas a reconhecer esses traços nelas mesmas). Pode ser que você esteja atraindo para a sua vida pessoas que manifestam essas qualidades negativas. De um jeito ou de outro, as características que "deram errado" são a sua sombra, e o reconhecimento desse fato o ajudará a progredir rumo ao que "deu certo". Como eu sempre digo, não tenha medo da sombra. Todos têm uma sombra. Mostre-lhe a luz!

TOURO
QUE "DEU ERRADO"

GANANCIOSO E MATERIALISTA

Os taurinos adoram ter experiências prazerosas e apreciam as coisas refinadas. Você talvez esteja pensando que não há nada de errado nisso, e você tem razão; porém, quando falta perspectiva a um taurino, esse fato pode ter algumas consequências desastrosas. A primeira não é grave, mas pode ser problemática: você não gosta muito de compartilhar e por isso prefere que as pessoas não usem seus aparelhos, não peguem suas roupas emprestadas e não comam da sua comida. Os taurinos costumam se apegar às suas coisas e – o que é mais grave – aos seus relacionamentos. (Sua natureza generosa em geral prevalece, e você acaba comprando um aparelho para a pessoa para que ela não tenha de usar o seu.)

O problema fica um pouco mais sério quando sua necessidade de ter mais e mais objetos materiais o leva a associar o valor de uma pessoa (inclusive o seu próprio) aos bens que ela possui. Touro que "deu errado" é ganancioso de forma geral, e os taurinos têm a expectativa errônea de que um excesso de comida, bebida e coisas materiais poderá fazê-los felizes. Essa atitude pode impedi-los de ter acesso a seu eu verdadeiro e reduz o potencial que eles têm de atrair boas pessoas e experiências felizes para sua vida. A simplicidade é melhor para Touro. A atração pelas coisas materiais também pode tornar o taurino unidimensional, a ponto de ser trivial ou tedioso. Na pior das hipóteses, ele corre o risco de levar uma vida vazia, movida pelo materialismo e pela inveja. Desnecessário dizer que isso pode acabar afastando as pessoas.

O APRENDIZADO

Se você tem uma influência taurina forte em seu mapa, em vez de ceder à cobiça pelos equipamentos mais tecnológicos e as roupas e os sapatos mais caros, o melhor é sair para dar uma volta descalço pelo jardim ou pelo parque. É um jeito muito mais saudável de alegrar seu coração! Lembre-se que as maiores lições que você tem de aprender estão ligadas à autenticidade e ao poder que a natureza tem de realinhá-lo com sua mais elevada energia. Saia de casa e afaste-se do concreto. Vá para o campo – quanto mais selvagem, melhor. Até uma visita ao parque local na hora do almoço o fará sentir-se muito melhor.

Se você vive ou trabalha com um taurino, a tendência dele à ganância, a não compartilhar suas coisas e a priorizar a matéria pode lhe aborrecer ou entediar a ponto de levar-lhe às lágrimas, dependendo da sua própria configuração astrológica. Mas há muito que você pode fazer para ajudar a si mesmo e ao taurino de quem você gosta.

A maioria dos taurinos sente forte atração pela Mãe Terra. Às vezes, simplesmente precisam de um lembrete de que há lá fora um mundo natural imenso e belo (e gratuito!) a ser explorado, que vai muito além dos alimentos, dos carros luxuosos e das compras instantâneas pela internet. Saia com ele para passear a pé pelo campo.

Houve época em que trabalhei com um homem muito materialista. Ele tinha Júpiter em Touro (Júpiter mostra qual o signo que tendemos a levar ao extremo). Era um sujeito muito agradável, mas o que o motivava era o amor por equipamentos eletrônicos e carros nada econômicos. Eu costumava lhe mostrar as estatísticas sobre mudança climática, mas ele me ignorava. Um dia, depois que seu primeiro filho nasceu, lhe mostrei as estatísticas mais recentes. Anos depois, sua esposa me contou que ele trocou os automóveis da família por carros híbridos. "Temos de fazer nossa parte", disse ele. Levou alguns anos, mas ele chegou lá! As coisas muitas vezes funcionam assim com os taurinos: temos de plantar as sementes e ter paciência. Não os force!

Se os aspectos negativos já chegaram ao auge e levaram o taurino a ter inveja da vida e dos bens das outras pessoas, você terá de ter muita paciência e ser muito astuto. O taurino é teimoso, mas adora resolver problemas. Assim, o primeiro passo consiste em levá-lo a reconhecer essa questão como um problema e, depois, trabalhar com ele para achar o conserto. A partir daí, tudo se resume a aproveitar a sensibilidade realista dele para encontrar soluções que funcionem.

EGOÍSTA E INGRATO

O taurino gosta de conforto, prazer, beleza e refinamento, como seria de se esperar de um signo regido por Vênus, mas esses gostos podem desencaminhá-lo. Aqueles taurinos que só valorizam a beleza externa ou o dinheiro nos parceiros românticos e sexuais, por exemplo, geralmente acabam atraindo pessoas totalmente superficiais e não conseguem se conectar com o potencial autêntico e substancial do caminho do Touro. Esse tipo de taurino não reconhece o próprio valor, não compreende o que é de fato valioso e pode ser extremamente avarento. Alguns creem que, quanto mais têm, mais felizes serão; acabam assim deixando de fazer pequenos atos de generosidade e esmagando as esperanças e os sonhos de outras pessoas. Na busca egoísta de seus desejos imediatos, Touro pode atropelar quem estiver pela frente. Movido pela necessidade inconsciente de acumular patrimônio para compensar sua suposta falta de valor pessoal, ele muitas vezes se equivoca por completo.

O APRENDIZADO

Se você tem uma influência taurina forte no mapa, precisa praticar a contenção de seus desejos a fim de liberar espaço para ter experiências mais profundas e significativas na vida. A busca desenfreada por bens e prazer é algo que você terá de controlar sempre que lhe vier à atenção, quer em você mesmo, em seus entes queridos ou nos negócios que empreende. Procure encontrar o prazer nas coisas simples, na humanidade e na generosidade das pessoas boas. Dê apoio aos outros e ponha-se em segundo lugar, como a casa à qual seu signo está associado.

Se você vive ou trabalha com um taurino, procure respeitar os limites dele, mas explique-lhe que os atos de ajudar e compartilhar suas coisas com outras pessoas também o farão sentir-se bem. Reconheça a vitória quando ele controlar a cobiça e o egoísmo e lembre-lhe de quanto o altruísmo dele faz com que você, a família ou a equipe se sintam bem.

IMPLACÁVEL E TEIMOSO

O taurino é capaz de passar uma vida inteira sem perdoar; é rígido quando alguém se opõe a ele e culpa os outros por qualquer adversidade ou desafio que tenha de enfrentar. Como as pessoas fortemente influenciadas por Escorpião (o signo oposto a Touro), os taurinos às vezes não conseguem se esquecer das injustiças de que foram alvo. Isso é perigoso, pois leva a uma acumulação de ressentimento; quando isso acontece, não é agradável ficar perto do taurino. Mais ainda, pode tolher gravemente sua felicidade e sua capacidade de crescer.

O APRENDIZADO

Se você tem uma influência taurina forte no mapa, vale a pena lembrar que a transformação é uma das palavras-chave desse signo (como também de Escorpião). Escorpião desencadeia a transformação, e Touro precisa acolhê-la. A falta de consciência pode deixar o taurino paralisado numa vida cheia de rancores baseados no ressentimento, na inveja e no ciúme – tudo isso determinado pela falta de autoestima e pelo fato de ele valorizar as coisas erradas. Aqueles que se aferram a percepções e juízos limitados, que engessaram a própria mente, correm o risco de se tornarem rígidos também no corpo. A rigidez no pescoço e no ombro é um dos males que afetam comumente os taurinos que fazem isso.

Conheço um homem com Saturno em Touro (Saturno e o signo em que ele está mostram qual é o signo cuja energia precisamos trabalhar duro para dominar, ver "Os Signos", pp. 95-263) que costumava culpar o mundo inteiro por tudo o que dava errado em sua vida. Gritava com outros motoristas no trânsito e passava a vida elaborando listas de queixas; também tinha problemas terríveis no pescoço e nas costas. Um dia, sua neta de 5 anos veio visitá-lo. Quando ele lhe disse que estava com saudades, ela retrucou, inocente: "Mas o senhor vive sempre tão bravo com todo o mundo que prefiro brincar com minhas bonecas!". Ela o despertou. Ninguém gosta de ficar perto de uma pessoa negativa, e a atribuição de culpa é um jogo de perdedores que afasta as pessoas que amamos.

Você precisa aprender a deixar de lado o rancor e aceitar a responsabilidade por seus erros. É muito melhor ter compaixão pelos que o injustiçaram e lembrar que todo ato mau ou palavra maldosa geram um karma negativo, do qual é impossível escapar. (Isso se aplica não somente ao comportamento dos outros, mas também à teimosia com que você se aferra a seus rancores!) Perdoando a si mesmo e aos outros, ficará livre para trabalhar para ser uma pessoa melhor, por meio da honestidade consigo mesmo, e será mais feliz.

Sua teimosia precisa se transformar em tenacidade, que é uma característica valiosa em qualquer situação e é especialmente compensadora quando você trabalha para alcançar metas difíceis mas positivas, como uma visão superior ou uma boa causa.

Se você vive ou trabalha com um taurino, a principal coisa que precisa compreender é que ele não faz isso de propósito; faz parte do seu jeito de ser. Não que a ignorância seja desculpa para o mau comportamento, mas você deve encará-la com compaixão e paciência. Se estiver lidando com um taurino implacável, que guarda rancor, você pode ajudá-lo. Lembre-se que, além de se tratar de um comportamento repulsivo, é gravemente nocivo para ele próprio. Com determinação, o perdão pode ser dado até nas piores circunstâncias. Quando tenho um cliente que está com dificuldade para perdoar, peço que pense no exemplo de Nelson Mandela. Quando ele foi finalmente libertado depois de passar 27 anos na prisão, um repórter lhe disse: "Você deve sentir ódio pelos responsáveis por sua prisão". Ele respondeu: "Não, não sinto ódio, pois se sentisse ainda estaria preso".

INVEJOSO E CIUMENTO

Touro padece de ambos os males. Como Escorpião, seu signo oposto, o Touro que "deu errado" é muito assediado pelo monstro de olhos verdes: o ciúme. Infelizmente, além deste ele tem de enfrentar a inveja. Os taurinos não somente tendem a sentir ciúmes em seus relacionamentos e a ser possessivos em relação ao tempo, ao afeto e à atenção do parceiro como também tendem a invejar as realizações e aquisições das outras pessoas.

Lembre-se que, mesmo que o ciúme e a inveja não se manifestem em seu próprio comportamento, é possível que você os esteja atraindo nas outras pessoas. É quase certo que terá de lidar com isso a certa altura e, possivelmente, durante toda a vida. Uma das suas maiores lições de vida é a de aprender como transformar o ciúme e a inveja.

O APRENDIZADO

Se você tem uma influência taurina forte no mapa, poderá se ver diante de muitas oportunidades de aprender a transformar a inveja e o ciúme por meio do poder da aceitação, do amor-próprio e do amor ao próximo.

Se sofre de inveja, deve se afastar da pessoa ou situação que a desencadeia e trabalhar a sério consigo mesmo. Alguns signos sentem inveja (Leão e Escorpião, que é o signo oposto ao seu), mas para você ela se manifesta como ressentimento. Para começar, seja honesto consigo mesmo e assuma a responsabilidade por sua própria vida. Não compare sua situação com a dos outros. Sempre haverá pessoas mais bem-sucedidas, mais bonitas e mais abençoadas: isso ocorre pelo bom karma delas e, mesmo que pareçam não o merecer, não cabe a você julgar. O melhor é limpar sua atitude: fique feliz por elas e grato por tudo o que você mesmo já tem.

Se você vive ou trabalha com um taurino aprisionado pela inveja ou pelo ressentimento, pode ter bastante dificuldade para lidar com ele. Pela minha experiência, essa dificuldade advém ou do fato de ele mesmo ser indigno de confiança e acusar você para poder ter alguém em quem lançar a culpa, ou de ser profundamente inseguro. Num caso como no outro, não se sinta tentado a se tornar o terapeuta dele. Ao contrário, encoraje-o a assumir o próprio comportamento e procurar ajuda profissional. O ciúme e a inveja podem destruir uma vida e por isso devem ser levados a sério. A principal chave para vencê-los é a honestidade.

Algumas outras situações são menos graves, embora ainda sejam incômodas. Procure ser paciente. Quase sempre vale a pena! Procure encorajar o taurino em questão a despertar, dando-lhe oportunidades para se abrir e falar com sinceridade sem ser julgado.

Certa época, eu tinha um amigo taurino que secretamente tinha muita inveja de mim, e eu costumava atiçar o monstro de olhos verdes dentro dele porque era nova, maldosa e estava farta do comportamento dele. Mas não é assim que se faz! O melhor é perguntar-lhe diretamente se quer aquilo que você tem e procurar encorajá-lo a encontrar algo semelhante (é claro que isso não dará certo se o que a pessoa quer é o seu marido ou sua esposa!). De um jeito ou de outro, não aceite o comportamento dessa pessoa: resolva-o gentilmente, com amor.

TOURO
QUE "DEU CERTO"

TALENTOSO E SOLIDÁRIO

Touro tem tudo a ver com o talento. O taurino é capaz de fazer quase tudo e é particularmente hábil em resolver problemas e consertar coisas que se quebraram. Os mais bem-sucedidos parecem ter talento para reconhecer o talento alheio e alimentá-lo com generosidade, proporcionando valiosas orientações, estrutura, apoio e recursos.

A combinação de praticidade, confiabilidade, paciência e versatilidade que caracteriza o signo de Touro faz dos taurinos a melhor fonte de apoio para amigos, familiares, amantes e colegas. Touro é o amigo com que todos nós sonhamos: genuinamente disposto a ajudar e fiel até o fim. O taurino é capaz de ouvir alguém por horas e depois apresentar uma solução prática e genial.

Sempre me sinto atraída por pessoas com Lua em Touro, que são as que melhor cuidam de mim e são, em geral, cozinheiras incríveis! Também tenho um amigo com Júpiter em Touro e ele é uma das pessoas mais hábeis que conheço: compõe música, faz vídeos para acompanhar suas canções e é o melhor cabeleireiro que já conheci. Minhas amigas e eu temos de atraí-

-lo para nossas casas oferecendo-lhe um jantar caseiro e depois implorar para que ele corte o nosso cabelo.

O APRENDIZADO

É importante que você cultive seus talentos, pois isso aumentará de forma garantida sua satisfação na vida. Se não tiver a sorte de poder usá-los no trabalho, procure torná-los realidade de alguma outra maneira. Se for um grande cozinheiro, dê jantares e chame os bons amigos; se faz música, compartilhe-a de graça na internet. Alimentar os talentos das outras pessoas é algo que o faz sentir-se bem em muitos níveis. Além disso, deposita uma grande quantidade de mérito kármico na sua conta bancária pessoal. Por isso, não perca essas oportunidades.

PRÁTICO E VERSÁTIL

Os taurinos são naturalmente produtivos e prosperam quando realizam sonhos e conceitos, deles ou de outras pessoas. Em geral, você se sente mais à vontade em tarefas práticas do que em meio a ideias elevadas: se não consegue ver o valor de algo, tende a recusar a associar-se com essa coisa. Quando assume algo, entretanto, ficará até o amargo fim, enfrentando todas as tormentas para completar a tarefa ou manter sua palavra. (A famosa teimosia taurina realmente tem utilidade quando se transforma em tenacidade.) Habilíssimo em assuntos práticos, o taurino também tem um excelente senso estético e é capaz de dar beleza a tudo o que constrói. Atinge sua melhor forma quando constrói as coisas lentamente, sempre tendo em mente o usufruto: daí o título "o arquiteto".

O APRENDIZADO

Você precisa de um plano sólido para poder transformar qualquer coisa em realidade. Explique esse fato às pessoas e peça-lhes que façam a sua parte. Quando você cria ou constrói algo, o produto geralmente será durável, pois é sempre construído sobre alicerces firmes. As coisas que levam tempo em geral dão certo para você: as modas passageiras e os fogos de palha não satisfazem suas necessidades.

CULTIVADORES DA VIDA, DA ENERGIA E DO AMBIENTE

Quando os taurinos tomam consciência de como usam sua energia, passam a ser os grandes cultivadores do Zodíaco. Boa parte deles passa seu tempo pacientemente cultivando sementes até que elas deem frutos, muitas vezes em sentido literal, pois a jardinagem é uma atividade taurina. Se você é taurino, a terra em suas mãos é como uma bênção do céu, ao passo que a paciência e o amor necessários para criar e manter um jardim são sinais de um signo de Touro que "deu certo". Mesmo que não tenha muito espaço fora de casa, você pode ter plantas que crescem dentro de casa ou cultivar ervas numa jardineira junto à janela.

O APRENDIZADO

Touro está nesta Terra para defender a natureza, cultivá-la e aproveitar o poder dela. As pessoas taurinas ou em cujo mapa o signo de Touro é forte precisam sair regularmente de casa para reabastecer-se de energia telúrica. Muitas delas se enganam e rodeiam-se de concreto ou sofrem o constante bombardeio elétrico dos mais caros equipamentos eletrônicos. Nada disso jamais poderá proporcionar-lhes um conforto verdadeiro; com o tempo, essas pessoas acabarão ficando ressentidas, irritadiças e tristes.

Os taurinos que não têm atração pela jardinagem precisam encontrar outra atividade que lhes permita construir algo a partir do zero. Pode ser qualquer coisa, desde uma escultura até uma trilha de bateria para uma música, uma bela obra arquitetônica ou uma refeição deliciosa. O velho ditado "De pequenas bolotas crescem grandes carvalhos" descreve Touro em sua melhor forma. Aqueles taurinos que ajudam a nutrir o planeta e os outros seres irradiam uma energia que tem o poder de atrair tudo o que necessitam.

NO AMOR

Touro que "deu certo" é um parceiro confiável, leal, generoso e comprometido, que permanece fiel a seu amor nos bons e nos maus momentos. Você valoriza as necessidades da sua cara-metade mais do que as suas próprias e é o mais solidário de todos os signos. Traz em si todos os ingredientes necessários para constituir uma união duradoura, baseada no respeito e na confiança. Os taurinos são amantes fantásticos, que gostam de contato físico, emanam sensualidade e a apreciam. Atenciosos, sensuais e gentis, apreciam o seu próprio prazer e o das pessoas que amam.

Os taurinos preferem resolver os problemas de relacionamento a admitir a derrota. Quando o signo de Touro "dá certo", o taurino será o último a abandonar o barco, tamanha é sua determinação de resolver o problema e seguir em frente. Touro aprecia a tradição e valores morais sólidos. Não se motiva por associações fugazes e geralmente prospera quando é um parceiro, amante e genitor dedicado.

Na verdade, relacionamentos que se instalam depressa demais não são particularmente bons para Touro. Você precisa construir sua união de modo lento, gradual e seguro, sobre alicerces firmes. Por isso, o melhor é quando você conhece um parceiro em potencial antes de assumir compromissos sérios ou fazer promessas que podem ser violadas: você detesta violar promessas.

Os problemas podem surgir em razão da sua tendência ao enrijecimento. Quando suas expectativas não são atendidas, você pode se tornar obstinado e difícil e desenvolver ressentimento em relação ao parceiro. Quando isso chega ao auge, as coisas podem ficar muito feias. O taurino pode ser o mais ciumento e possessivo no amor e tem uma dificuldade tremenda de partilhar. Tem inveja das amizades do parceiro e, quando se sente ameaçado, chega a separá-lo dos amigos. Tudo isso nasce da falta de autoestima.

Uma cliente minha e seu ex-parceiro eram ambos taurinos; amavam e brigavam com paixão. Ela vinha de uma família muito rica e ele crescera na pobreza; ela tinha muitos amigos e ele tinha poucos. Eles permaneceram juntos no amor durante muitos anos, e ela fez de tudo para apoiá-lo, até que a falta de autoconfiança dele e sua insegurança diante do vasto círculo social dela e de sua origem diferente o tornaram tão agressivo, ciumento e possessivo que o amor acabou morrendo e ela acabou se afastando. Se ele tivesse trabalhado o ciúme, é possível que eles tivessem tido uma chance. Ele é um exemplo clássico do taurino que "deu errado" no amor.

A lição a ser aprendida é a de perceber o próprio valor. Você precisa trabalhar as coisas que não gosta em si mesmo a fim de criar valores sólidos. Aprenda a construir os relacionamentos devagar e faça de tudo para não ser possessivo. Se permanecer confiante e confiar nos outros, tudo dará certo. Se alguém trair essa confiança, isso talvez signifique apenas que há uma pessoa bem melhor para você em algum lugar; mantenha o coração sempre aberto e dê ouvidos à sua suave intuição em vez de acreditar na paranoia. Se seu parceiro estiver desencadeando sentimentos de possessividade em você, diga-lhe o que está acontecendo e dê-lhe uma oportunidade de se explicar e, depois, de alterar seu comportamento (supondo-se que seu pedido seja razoável, feito com uma motivação sincera e não por ciúme excessivo).

Se você se relaciona com um taurino, deve lhe dar bastante afeto. Ele precisa de contato físico e de sensualidade por parte do parceiro, especialmente quando tem Vênus ou Marte em Touro.

Se o parceiro ficar obstinado, use de um bom humor tranquilo e raciocine com ele para levá-lo a abandonar o hábito. A pior coisa que você pode fazer é procurar obrigá-lo a mudar; isso só o fará aferrar-se ainda mais a seu comportamento. Ao contrário, você deve plantar as sementes e deixar que as coisas se desenvolvam no ritmo delas. E por falar em ritmo, o taurino precisa de tempo para se adaptar às mudanças. Por isso, o melhor para todos é dar-lhe o tempo de que ele precisa.

Por fim, quando estiver em dúvida, alimente-o! Ele precisa de boa comida e nutrição. Se você conseguir fazer tudo isso, será recompensado com uma lealdade que resiste à prova do tempo.

CARREIRA

De todos os signos, Touro é o mais talentoso, solidário e versátil; quando os taurinos "dão certo", geralmente são capazes de fazer com que qualquer ideia se torne realidade. São pacientes, dedicados e muito versáteis e sabem recrutar a pessoa certa para cumprir uma tarefa quando não possuem eles próprios a habilidade necessária. Decompõem os processos em pequenas etapas e sua praticidade lhes permite ver os problemas antes mesmo de eles surgirem. Não ficam satisfeitos até terem resolvido o problema, e isso os faz brilhar em qualquer campo que exija concentração e tenacidade.

Um cliente meu é um produtor musical prendado e humilde, que já produziu vários discos de platina. Trabalha com bandas e artistas solo que precisam de desenvolvimento, ritmos e arranjos. Já o vi trabalhar num disco até deixá-lo perfeito. Ele não desperdiça nada: seu carro tem dez anos, pois ele prefere usar seus bens para desenvolver artistas e aperfeiçoar músicas já compostas. Este é o taurino que "deu certo": usa seus talentos e recursos o melhor possível e nunca desperdiça nada, respeitando o planeta.

Quando "dá errado" no trabalho, Touro é um pesadelo. Não tem paciência e é irritadiço e irritante. Muitos vivem sob o jugo da inveja e lutam teimosamente contra qualquer mudança ou ideia nova. Quando é ameaçado por alguém que parece mais talentoso, o taurino pode tornar a vida dessa pessoa difícil; além disso, o taurino sabe provocar e intimidar.

Se você está se comportando dessa maneira, precisa aceitar a responsabilidade e tentar mudar. Antes de cair na inflexibilidade, pergunte-se qual é a sua motivação: é no projeto que você está pensando? Está querendo proteger seu cliente ou sua empresa? Ou só está pensando nas suas necessidades? A consciência é sempre o primeiro passo, mas, quaisquer que sejam as causas, você precisa olhar bastante para as suas características que "dão certo" a fim de lançar mão de energias diferentes.

SAÚDE

O taurino precisa trabalhar com o corpo e cuidar do pescoço, dos ombros e das costas. Você leva o peso do mundo nos ombros e muitas vezes fica tão estressado que o corpo não aguenta.

Você adora comer, mas deve comer pouco e com frequência. Os ingredientes devem ser tão nutritivos e naturais quanto possível para que você dê um sustento saudável para seu ser tão sensível. Seus níveis de energia e estados de humor são uma manifestação direta do que você consumiu.

O conforto é algo de que você precisa, e os taurinos precisam de beleza para recarregar as baterias. No entanto, o combustível de que você necessita só pode ser encontrado fora do ambiente construído pelo homem. Os exercícios físicos são importantes para todos os signos, mas o taurino deve fazer de tudo para entrar em contato com a natureza livre: deve caminhar, correr e, claro, meditar como o Buda – de preferência sob uma árvore!

O CONSERTO PARA TOURO

1. **Saia de casa.** Saia de casa, do escritório, do carro, do trem, do ônibus e do avião e, em vez disso, vá caminhar. Sente-se no parque para almoçar e sintonize-se com a Mãe Natureza, que vai curar seu coração e rejuvenescer sua energia.

2. **Perdoe e aceite.** Perdoar não significa que você precise deixar que os perpetradores entrem de novo em sua vida, mas permitirá que você siga em frente e liberte a eles, e a si mesmo, de uma vida inteira de negatividade e maus sentimentos, que não adiantam nada para ninguém. Aceite o que já aconteceu e acolha o que vier. Siga adiante com elegância!

3. **Construa algo.** Você não precisa ser arquiteto para fazer isso: qualquer coisa que você construa a partir do zero poderá curá-lo de maneira maravilhosa. Cozinhe comida fresca e cultive plantas.

4. **Trabalhe a inveja.** Se você é invejoso, enfrente a situação e procure examinar as causas desse sentimento. Depois, eleve sua vibração e adote uma atitude positiva, ciente de que, em algum nível, a outra pessoa merece a sorte que tem. Se você é ciumento, examine seus medos, trabalhe-os e procure ajuda. Se quem é ciumento é seu parceiro, seja generoso, mas aconselhe-o a procurar ajuda na medida do possível.

5. **Coma alimentos de boa qualidade.** Você precisa comer pouco, várias vezes por dia, e nutrir-se com alimentos não processados. Refeições pesadas e ingredientes agressivos afetam sua saúde e drenam sua energia, tornando-o irritável e impaciente.

> **6. Confira seus valores.** Não dê muita importância a coisas que não importam. O que realmente importa? O amor, a saúde, a família e os amigos – não objetos inanimados e besteiras materiais.

GÊMEOS
O MENSAGEIRO
♊

SIGNO DE AR

OPOSTO DE SAGITÁRIO

TERCEIRO SIGNO DO ZODÍACO

CASA 3

REGIDO POR MERCÚRIO

Os geminianos que "deram certo" são as pessoas mais interessantes do Zodíaco. Você está constantemente em busca de experiências e conhecimento e é um pensador e um filósofo por natureza, mas também é divertido e leve. Tem a mente aguda e é um comunicador habilíssimo. É ainda um estrategista e um negociador nato, capaz de convencer as pessoas a comprar mais areia mesmo que já sejam donas de um deserto. A proximidade com um geminiano é uma dose de euforia para os mortais mais tranquilos, e não surpreende que os geminianos vivam rodeados por fãs que os adoram. Fazem várias coisas ao mesmo tempo, são muito espertos, têm a mente rápida e são os reis e rainhas do comentário inteligente e do debate vivaz. No conjunto, são deslumbrantes.

Não há exemplo melhor do brilho e da popularidade de Gêmeos do que John F. Kennedy, cujo carisma é legendário. As pessoas o amavam em sua época e ele é até hoje, mais de cinquenta anos após sua morte trágica e prematura, um dos mais populares presidentes norte-americanos de todos os tempos. JFK passou a maior parte do tempo em que esteve no cargo negociando com a União Soviética para evitar o perigo de guerra atômica; ele também debateu e entrou em conflito com o Congresso para aprovar a Lei dos Direitos Civis, que foi finalmente aprovada em 1964, no ano seguinte ao da morte dele.

Infelizmente, Gêmeos que "deu errado" tende a se entediar rapidamente e é propenso à superficialidade e à mentira. O caso de JFK também é esclarecedor sob esse aspecto: até o diretor do FBI teve de se envolver quando os casos extraconjugais do presidente chegaram ao conhecimento do público – em particular, sua suposta relação com Marilyn Monroe (que, por sinal, também nasceu sob o signo de Gêmeos).

GÊMEOS
QUE "DEU ERRADO"

IGNORANTE, DISPERSO E SUPERFICIAL

A sombra de Gêmeos é o oposto da espirituosidade, do brilho, do debate bem informado e da negociação hábil. Gêmeos que "deu errado" é fofoqueiro, ignorante e até dogmático. Pode parecer que estou sendo agressiva, mas já vi isso acontecer muitas vezes: quando os geminianos não estão trabalhando com o lado positivo de sua natureza, se fecham para todo o seu potencial de brilho e se contentam com opiniões preguiçosas e preconceitos convenientes.

Gêmeos que "deu errado" é volúvel e não consegue se concentrar. Não tem falta de ideias, mas se entedia facilmente. Tem a tendência de começar um projeto atrás do outro, embora quase nunca os termine. Quando suas ideias não se tornam realidade, desenvolve malícia e hostilidade para com qualquer pessoa bem-sucedida e que consiga fazer as coisas acontecerem.

Conheço uma mulher que trabalha para uma agência de publicidade. Ela tem Marte (energia) em Gêmeos e nunca lhe faltaram ideias para as marcas dos clientes, mas seu maior desejo era escrever um livro. Anos se passaram e ela ainda não conseguiu. Procuro encorajá-la, mas a cada poucos meses suas ideias para o livro mudam e ela só consegue escrever uns poucos capítulos antes de perder o pique. Felizmente, ela não desenvolveu a malícia característica dos geminianos que "deram errado", mas sua falta de concentração a impede de realizar seu sonho, e isso é uma pena.

Os geminianos farão de tudo para evitar uma verdade inconveniente. (Pense no corretor de imóveis que inventará qualquer mentira para vender uma propriedade – ainda que as madeiras estejam comidas de cupim por dentro.) Se você é desse tipo, não gosta de se instruir e não consome nada exceto revistas de celebridades, *reality shows* e programas de auditório. Não liga para os fatos nem para a humanidade. Pesquisa o mínimo possível, analisa superficialmente os raciocínios e adota ideias confusas, baseadas em banalidades e opiniões pessoais. Depois, rodeia-se de pessoas que funcionam no mesmo nível de superficialidade. Em consequência, toda sutileza e toda profundidade passam-lhe despercebidas. É como se teimosamente se recusasse a deixar entrar em sua vida qualquer tipo de sentido mais profundo, com medo de que tal coisa o desafie a ir além de suas concepções limitadas e percepções míopes. O mais trágico é que se trata de uma grande oportunidade perdida. Você tem o encargo de ser o comunicador do Zodíaco; por isso, trabalhe para alcançar seu estonteante potencial.

O APRENDIZADO

Se você tem uma influência geminiana forte no mapa e reconhece algum desses traços que "deram errado", lembre-se que meu objetivo não é manchar sua reputação. Você não é uma péssima pessoa simplesmente porque tem características geminianas difíceis e, de qualquer modo, tenho certeza de que você não tem todas elas. Mas precisa reconhecer as que de fato tem para poder mudar suas experiências aqui na Terra, antes de tudo para o seu próprio bem.

Muitas vezes penso que o Gêmeos que "deu errado" tem medo da própria inteligência e do próprio potencial e, por isso, segue o caminho mais fácil. Porém, quando você descer além da superfície e começar a estudar de verdade, descobrirá sua curiosidade e uma aptidão incrível para o aprendizado, que você nem sabia que existia.

Como a informação é o motor do seu progresso, você precisa garantir que as informações a que tem acesso sejam inspiradoras e factuais. Como disse o político e estadista norte-americano Daniel "Pat" Moynihan, "Toda pessoa tem o direito de ter suas próprias opiniões, mas não tem o direito de ter os seus próprios fatos". (Ele tinha o Sol em Peixes e Ascendente em Gêmeos.) Nesta época de informação livre, qualquer pessoa pode estudar sozinha *on-line* ou encontrar um professor que a ajude a desenvolver suas habilidades. Encontre algo que lhe desperte a curiosidade e comece já. Daqui a pouco você terá descoberto que o estudo faz seu coração cantar de alegria.

Se você vive ou trabalha com um geminiano e ele o deixa louco com sua recusa a pesquisar fatos, ler os documentos que você lhe mandou antes da reunião ou conferir as letras miúdas de um contrato, procure despertar a consciência dele mencionando as expressões "superficial" e "banalidade". Explique-lhe que ele próprio está se emburrecendo e perdendo sua considerável inteligência na medida em que se recusa a abraçar a profundidade, a aprender e a crescer. Caso se trate de uma pessoa aberta, sente-se com ela e apresente suas ideias de maneira lógica; depois, ofereça uma solução.

⊖ FOFOQUEIRO E DOGMÁTICO ⊖

Vocês, geminianos, têm uma excelente "lábia", mas, quando o signo "dá errado", isso se transforma num amor pela fofoca. A fofoca avilta sua vibração energética e rebaixa o espírito da pessoa que infelizmente está lhe ouvindo. Caso você seja assim, o mais provável é que seja também tagarela. Adora ouvir o som da própria voz e nunca deixa o interlocutor falar. Blá-blá-blá – e lá vêm a conversa fiada e as contas de telefone altíssimas.

Discutir? É claro que o geminiano que "deu errado" adora discutir. O debate é para os inteligentes; a discussão, para Gêmeos que "deu errado". Todos nós conhecemos esse tipo de pessoa que devora as revistas de celebridades e depois se torna juiz e júri de tudo e todos.

O geminiano que "deu errado" precisa contar quantas vezes passa vergonha e fazer algo de positivo para impedir que isso aconteça de novo.

O APRENDIZADO

Se você tem uma influência geminiana forte no mapa, precisa aprender a deixar de lado as discussões e a formação de opiniões até ter estudado o suficiente para não passar por imbecil. Como eu disse, deixar de lado as revistas de fofocas e encontrar algo mais interessante que as banalidades do dia são coisas que o ajudarão a despertar a agilidade mental do signo de Gêmeos que "deu certo".

Você também precisa redescobrir sua capacidade de ouvir em vez de falar. Por isso, acostume-se a pensar antes de abrir a boca e a fazer perguntas às outras pessoas em vez de impedir que elas falem.

Você descobrirá que, quando se abrir para o crescimento, atrairá pessoas que terão muito a lhe ensinar. A pessoa mais inteligente sabe que o que ela sabe é na verdade muito pouco. Além disso, as pessoas inteligentes também se rodeiam de pessoas mais inteligentes e com mais conhecimento do que elas.

Se você vive ou trabalha com um geminiano do tipo frívolo, fofoqueiro e gritão, não entre em discussões com ele. Mesmo se você lhe apresentar fatos, razões e argumentos lógicos, ele não mudará de ideia. O melhor é dizer com tranquilidade: "Nunca vamos chegar a um acordo neste ponto. Está claro que você já tem a cabeça feita nesse assunto e não sou eu que vou mudar isso". Se ele o obrigar, exponha os fatos que você tem; e, toda vez que ele reagir, lembre-o que foi ele quem pediu a sua opinião.

Caso se trate de uma pessoa fofoqueira, mude rapidamente de assunto ou ponha fim à conversa. A fofoca reduz a energia do planeta e, por isso, faz mal a todos nós. Geralmente digo: "Isso é conversa de vibração baixa. Vamos mudar de assunto". Se você não quiser ser tão franco, apenas mude de assunto. Quando isso acontecer um certo número de vezes, a pessoa captará a mensagem. Afinal de contas, mensagens são o departamento do signo de Gêmeos!

DESONESTO

Gêmeos que "deu errado" dá pouca importância à verdade. Não há como dizê-lo de um jeito educado: o geminiano em seu modo negativo mente facilmente, muitas vezes tem duas caras e é aproveitador. É aquele que só conversa com uma pessoa numa festa até chegar outra pessoa mais interessante ou influente. Muda de ideia de acordo com a conveniência e ficará do lado de qualquer pessoa ou coisa que possa beneficiá-lo. A meu ver, Gêmeos no modo "deu errado" é como um vendedor que pouco se importa com o planeta, a humanidade ou os compradores. Só o que vale são a venda, o negócio e, é claro, o dinheiro. As pessoas que manifestam um

Gêmeos que "deu errado" enchem a própria vida de bobagens superficiais e podem ser trapaceiros sem nenhuma sinceridade.

O APRENDIZADO

Se você tem uma forte influência de Gêmeos no mapa e isso que eu disse ressoa em você, é sinal de que você tem consciência – uma excelente notícia. Use esse toque de despertar para crescer e melhorar. Geralmente, o que o leva a mentir é o medo ou o automatismo com que responde a ideias contrárias às suas. Por isso, faça uma pausa e fique à vontade para admitir que não sabe algo, em vez de inventar uma mentira. E caso isso o faça se sentir melhor, saiba que há uma distinção entre as mentiras maliciosas ou nocivas e a espécie de liberdade para com a verdade que pode tornar a vida um pouco mais divertida. Por que deixar que a verdade estrague uma boa história? Tudo o que é necessário é que você restrinja suas mentiras aos casos absurdos que você conta, em vez de criar histórias completamente forjadas que minam sua credibilidade e destroem a fé e a confiança que as outras pessoas têm em você.

As mentiras maliciosas fazem muito mal. Há alguns anos, comecei a conversar com uma senhora que precisava de ajuda para fazer compras. Ela perguntou a minha idade e, quando respondi, informou-me que aquela tinha sido a idade da qual mais gostara: era velha o bastante para saber o que estava fazendo e nova o suficiente para não se importar muito. Eu, de minha parte, lhe perguntei o que mudara desde que ela tinha minha idade. Nunca me esquecerei do que ela disse: "Hoje em dia, mentir é comum. Mas, quando eu era nova, um mentiroso era um pária e as pessoas realmente se horrorizavam com a mentira".

Se você vive ou trabalha com um geminiano e está farto da tendência dele de fugir da verdade, sente-se e peça para ter com ele uma conversa sincera. Pergunte-lhe por que ele sente a necessidade de mentir ou evitar a verdade. Diga-lhe que você o acha interessante o suficiente tal como ele é e apresente alguns exemplos para confirmar esse fato. Se não quiser enfrentar esse problema diretamente, dê pistas para que a pessoa conclua que você sabe que ela está exagerando ou dizendo inverdades.

Caso o mentiroso seja seu parceiro, deixe claro que você o ama e tem disposição para trabalhar se ele pelo menos fizer a parte dele. A maioria dos geminianos aceitará essa sugestão se ela for feita de boa-fé. Se ele não aceitar e continuar mentindo até chegar ao grau da malícia, você pelo menos terá feito sua parte para melhorar o karma da humanidade. Nessa situação, se eu fosse você e a pessoa em questão fosse meu amigo ou companheiro, eu me distanciaria da relação caso a pessoa não conseguisse fazer um esforço sincero para mudar. Há alguns relacionamentos em que a confiança é tão fundamental que uma violação dessa confiança não tem volta. É difícil construir a confiança; caso ela seja destruída, sempre haverá sequelas. Se alguém é dono do seu coração e não está disposto a ser digno de confiança, talvez você deva pegar seu coração de volta.

Donald Trump, atual presidente dos Estados Unidos, tem Sol em Gêmeos, Lua em Sagitário e Ascendente em Leão. Trata-se de uma combinação interessante. Ora, o presidente Trump nega obstinadamente a mudança climática, muito embora os principais cientistas do mundo tenham confirmado várias vezes que o problema existe e é causado pelo homem. Será que o fato de ele ter múltiplos investimentos em empresas de combustível fóssil tem algo a ver com isso? Gêmeos que "deu errado" é o vendedor para quem a verdade pouco importa. Seu signo oposto é Sagitário, cuja especialidade é declarar a verdade; e a Lua do presidente nesse signo dá a entender que ele tem uma grande lição a aprender nesse quesito. Além disso, Leão que "deu errado" é propenso a adotar um comportamento egoísta que, nos casos extremos, beira o narcisismo. Trump tem Leão no Ascendente, que é fortemente associado à personalidade.

GÊMEOS
QUE "DEU CERTO"

ESPIRITUOSO, ÁGIL E ANALÍTICO

Os pontos fortes do signo de Gêmeos nascem dos traços associados ao planeta que o rege: os geminianos são brilhantes, espertos e pensam rápido (pois Mercúrio é o planeta de todas as coisas mentais e intelectuais) e comunicadores fantásticos (Mercúrio também é o mensageiro dos deuses).

Objetivos e sensatos, os geminianos pensam profundamente sobre as coisas e passam com facilidade de assunto em assunto, capturando a atenção de quem quiserem. Geralmente são capazes de ver ambos os lados de uma discussão e de pôr em cena a lógica e a racionalidade temperadas com leveza e espirituosidade. Interessantes e interessados pelas outras pessoas e por muitos assuntos, são sensatos, inteligentes, engraçados, charmosos e donos de uma mente brilhante. São também os estrategistas do Zodíaco e têm a missão de publicar as mensagens do universo.

Entusiasmados e otimistas, recusam-se a se perder nos detalhes e sempre olham para o quadro maior. Suas habilidades analíticas só são rivalizadas pelo analítico signo de Virgem e pelo inventivo Aquário, o qual, com sua agilidade mental e suas ideias, também é um signo de ar. Uma das minhas melhores amigas é uma geminiana que "deu certo". Ela é uma pensadora de verdade, de cabeça fria, altamente instruída e inteligente, que não tem medo de debater com pessoas dogmáticas ou fazer campanha pela verdade. Já a vi em ação: a especialidade dela era vencer discussões com gente ignorante que aborrece os outros.

O APRENDIZADO

Se você tem uma influência geminiana forte no mapa, precisa se lembrar que sua sede de conhecimento, sua memória vívida e sua capacidade natural para o aprendizado podem intimidar os outros. Lembre-se de usar de sensatez e consideração nas suas interações com as outras pessoas. Segundo me diz a experiência, essa questão é especialmente importante no que se refere às crianças geminianas, cujos professores às vezes têm dificuldade para lhes dar o apoio de que precisam. As crianças geminianas precisam ser alimentadas com conhecimentos corretos e educadas desde cedo para alcançar seu mais elevado potencial. Se você tem um filho ou uma filha de Gêmeos, fique atento a esse fato.

─⊖─ IMAGINATIVO, ORIGINAL, EXPRESSA BEM SEUS PENSAMENTOS ─⊖─

Os geminianos têm uma imaginação incrivelmente fértil. Quando "dão errado", o fruto disso pode ser a mentira; no modo "deu certo", eles transbordam de originalidade e ideias ecléticas. Os geminianos são os melhores contadores de histórias que existem. Conheço muitas pessoas criativas, mas as mais espetaculares sempre têm uma forte influência geminiana. Gêmeos e Aquário são os signos capazes de pensar coisas que ninguém mais pensa.

Quando tudo "dá certo", você, geminiano, também tem curiosidade intelectual e reserva tempo para fortalecer seus dons inatos por meio do estudo e da arte de ouvir, tão esquecida. É hábil no debate, na lógica e no raciocínio e muitas vezes parece ter respostas sensatas a qualquer pergunta que lhe é feita.

Os geminianos que "dão certo" são comunicadores hábeis e ouvem tanto quanto falam para absorver e processar informações e depois elaborar um plano de ação para executar as ideias que lhes são apresentadas. Gêmeos é o mensageiro do Zodíaco e está aqui para divulgar mensagens que inspiram e encorajam ou curam o planeta e os demais comuns mortais.

Duas das minhas melhores amigas são casos clássicos de Gêmeos que "deram certo". São as melhores estrategistas que conheço e sempre me dão conselhos excelentes. Pensam profundamente sobre tudo e emitem uma opinião ponderada. Adoro me sentar com uma delas, em específico, para tratar de inúmeros assuntos fascinantes de manhã até de noite. Ela partilha seu conhecimento e conta histórias incríveis que me estimulam e inspiram!

O APRENDIZADO

Se você tem uma influência geminiana forte no mapa, desenvolva sua capacidade de comunicação e use-a no lugar onde ela terá mais valor. Os geminianos têm o dever de comunicar mensagens aos demais seres humanos, e o melhor para sua alma é você encontrar o contexto mais positivo para cumprir essa tarefa. Procure causas que o inspiram e oportunidades de comunicar uma mensagem na qual você realmente acredita.

Até os comunicadores que melhor formulam e expressam suas ideias podem se beneficiar de falar menos e ouvir mais. Quando trabalho para interpretar o mapa de um cliente e me vejo diante de uma questão delicada, sempre me pergunto: "Devo mencionar isto?". Me imagino "subindo ao andar de cima" para pedir o conselho da minha intuição. Sugiro que você faça um esforço concentrado para ouvir mais e não ceda à tentação de preencher o silêncio com uma tagarelice banal ou nervosa. Trabalho com uma atriz que costumava fazer isso depois dos testes. A tagarelice roubava o poder de sua atuação. Pare, ouça e espere até que seja hora de falar. O segredo consiste em tornar mais lentas as suas respostas e treinar a intuição.

NO AMOR

Em sua melhor forma, o geminiano é o amigo e amante mais interessante e empolgante do Zodíaco. É genuinamente fascinado pelo parceiro e altamente motivado a descobrir como se comunicar com ele de modo eficaz. É também uma companhia gostosa e traz ao relacionamento uma energia leve, fabulosa e divertida. Um de seus pontos mais fortes é não se levar muito a sério, e mesmo os geminianos que admitem ser um pouco superficiais são tão espirituosos e engraçados que é fácil perdoá-los.

O geminiano precisa de um parceiro multifacetado e interessante para despertar sua paixão, um parceiro que estimule sua mente e o excite no âmbito intelectual. Se não encontrar essa pessoa, seu lado mais volúvel pode dar as caras. Para que o geminiano permaneça fiel e comprometido, precisa de alguém que consiga prender sua atenção por mais que uns poucos dias. Lembre-se que o geminiano tende a se entediar facilmente. Se você é geminiano e está começando a pensar que a grama do vizinho é mais verde, lembre-se que essa ideia tem mais a dizer sobre você do que sobre a outra pessoa ou sobre o relacionamento. Antes de abandonar tudo, talvez seja melhor desenvolver de novo a curiosidade sobre seu parceiro. Caso contrário, vai transitar de união em união, machucando as pessoas ao longo do caminho.

O geminiano que "deu errado" manifesta seu lado superficial das mais diversas maneiras. Muitas vezes, se interessa mais sobre a impressão que um potencial parceiro passa para o mundo ou pelo que ele pode fazer para ajudá-lo a progredir do que por uma união profunda e significativa. Não se concentra em ninguém – exceto em si mesmo – por tempo suficiente para conhecer bem a pessoa. Pensa então que está entediado e passa ao próximo relacionamento breve e insatisfatório.

Tenho uma cliente geminiana que só aceita se relacionar com homens muito ricos. Ela admite esse fato e é tão engraçada que nos sentimos obrigados a perdoar sua superficialidade. É claro que ela nunca teve um relacionamento prolongado (sua média é um ano) e logo sai de cena quando os jatinhos e os sapatos Jimmy Choo somem de vista.

Mas não é necessário que as coisas sejam assim. Um dos casais mais inspiradores que conheço é formado por duas pessoas que combinam de modo fabuloso. Ela é de Gêmeos e ele, de Aquário. Ele passou anos tentando chamar a atenção dela e agora tem de mantê-la sempre interessada com suas tiradas inteligentes e seu jeito divertido. Para que um geminiano ou uma geminiana permaneça num relacionamento, precisa de injeções regulares de inteligência e bom humor. Ele também tem Júpiter em Gêmeos, que faz uma conexão brilhante com o signo solar dela. Os dois se animam mutuamente e são engraçados e espirituosos, inteligentes e versáteis o suficiente para manter vivos o interesse e a paixão. E os dois acabam de acrescentar mais um pequeno aquariano a suas vidas: até seu filhinho é hilário.

Se você se relaciona com um geminiano e as coisas vão indo bem, ele o faz se sentir a pessoa mais importante do mundo, e isso pode se tornar viciante. No entanto, nem sempre é fácil mantê-lo interessado, a menos que você tenha tantas camadas quanto uma cebola. O geminiano gosta de leveza e não tem boa tolerância à veemência, ou à intensidade: se você está acostumado a levar a vida muito a sério, o melhor é ficar mais leve e se divertir (desde que você se sinta bem e isso não acarrete perda de integridade).

CARREIRA

O geminiano precisa de variedade na carreira. Quando isso não acontece, ele dorme, se entedia e sai em busca de banalidades para preencher as lacunas. "Variedade" é a palavra-chave para Gêmeos em todas as áreas da vida. Por isso, se você é geminiano, o melhor é escolher uma profissão que o ponha diante de muitas tarefas e situações diferentes e em que você possa pôr em prática seu amor pela comunicação. Sua capacidade de contar histórias não tem igual, e por isso você pode ser um escritor fantástico.

Os geminianos também são ótimos para se relacionar com pessoas. São charmosos, joviais e tão verazes que brilham como um farol. Sua veracidade, no entanto, não se assemelha à de Sagitário, o signo oposto. Os sagitarianos nos batem com a verdade na cabeça, ao passo que os geminianos são mais ponderados: tomam cuidado com o modo pelo qual comunicam uma informação. Estudam e fazem pesquisas sobre o assunto e muitas vezes são especialistas em vários campos. Também dão os melhores advogados, pois absolutamente nada lhes passa despercebido. Tendem a passar de investimento em investimento e a ganhar muito dinheiro com isso, pois são amigos dos números.

Conheço vários cabeleireiros e cabeleireiras nascidos sob esse signo e eles adoram conversar e contar histórias, o que pode ser ótimo – ou péssimo, caso você queira ficar em paz! Como eu já disse, os geminianos gostam de estar com as pessoas, e quanto mais pessoas, melhor; mas alguns manifestam o outro lado de Gêmeos, que é mais silencioso e pensativo, como o escritor que passa muito tempo sozinho, com seus prazos a cumprir à base de café frio. Gêmeos tem influência sobre tudo o que diz respeito às mensagens e à comunicação. Você tem a capacidade de decompor informações ou conceitos complexos e tornar tudo simples o bastante para que qualquer pessoa o entenda.

Uma das minhas melhores amigas é agente de vários artistas de primeira linha e mora nos Estados Unidos. É geminiana e teve uma longa carreira na qual cuidou com sucesso de inúmeros projetos, clientes e artistas. Seu senso de sincronia não tem igual (mais um traço de Gêmeos que "deu certo"), e ela se desloca sem esforço algum entre países, clientes e formas de arte. Que olho ela tem! Gêmeos que "deu certo" é capaz de cuidar de várias coisas ao mesmo tempo e sempre faz com que cada pessoa com quem se relaciona seja sua máxima prioridade.

Gêmeos que "deu errado" no trabalho procura o caminho mais fácil, trabalha com informações superficiais e conta "mentiras inocentes" para fechar um negócio ou obter o que quer. A qualquer pessoa que esteja lidando com um geminiano num contexto de trabalho, aconselho que procure identificar se o geminiano está manifestando os traços do signo que "deram certo" ou os que "deram errado" e verifique pessoalmente os detalhes de qualquer acordo. Gêmeos que "deu errado" venderia a avó para fechar um negócio.

SAÚDE

Quando "dá certo", Gêmeos é calmo, centrado e estável – uma mente rápida abrigada num corpo tranquilo. Cuida da mente, que por sua vez cuida de todo o seu ser.

No entanto, o geminiano muitas vezes passa tempo demais correndo para cá e para lá. Tende a trabalhar demais e precisa aprender a se desligar de todas as atividades. Também tende a mentalizar demais as situações, como Aquário, outro signo de ar. Analisa demais as coisas, a ponto de chegar à loucura repassando acontecimentos em sua cabeça. Tem um sistema nervoso altamente desenvolvido e por isso, precisa encontrar meios naturais para combater o estresse e diminuir a ansiedade, que pode ser um problema recorrente (como para os virginianos, também regidos por Mercúrio). Você precisa se afastar dos aparelhos que facilitam a comunicação. Saia de casa e olhe para o céu!

Mais ainda que a maioria das pessoas, você não nasceu para ter excesso de peso. Precisa permanecer magro e ágil; caso contrário, corre o risco de sobrecarregar seus órgãos. Em vez de empanturrar-se de comida e vinho, conversas irritantes e programas imbecis de TV, você precisa se alimentar de informação e conhecimento.

O CONSERTO PARA GÊMEOS

1. **Alimente a mente.** Leia livros que matem sua sede de conhecimento. Estude temas que ponham em cheque suas opiniões, lhe ofereçam fatos concretos e estimulem sua curiosidade. Procure se concentrar em um assunto de cada vez para que sua mente não perca o contato com a terra.

2. **Fale a verdade.** Uma coisa é mudar um pouquinho a verdade para preservar os sentimentos de alguém ou evitar a Terceira Guerra Mundial; outra coisa é quando a mentira se torna um hábito. O melhor é falar a verdade ou não dizer nada, e isso fortalecerá seu caráter.

3. **Evite pessoas superficiais.** Elas roubam seu otimismo e muitas vezes o deixam com sentimentos de desespero. Procure não se envolver demais nas discussões ou na política de outras pessoas, pois estas poderão aproveitar suas habilidades de raciocínio e comunicação para vencer.

4. Deixe sua luz brilhar. Sua leveza e sua espirituosidade são brilhantes e ajudam a dar alegria e conforto às pessoas ao seu redor. Aproveite esse seu lado, mas associe-o à sinceridade.

5. Relaxe a mente. Você tende à superestimulação, que pode exauri-lo mentalmente e drenar sua vitalidade. Tente praticar meditação ou qigong.

6. Pare de correr. Procure, de vez em quando, ficar em casa e relaxar. Sua energia precisa ser protegida, e o excesso de distrações o impede de enxergar o quadro maior.

CÂNCER
O GUARDIÃO

SIGNO DE ÁGUA

OPOSTO DE CAPRICÓRNIO

QUARTO SIGNO DO ZODÍACO

CASA 4

REGIDO PELA LUA

De todos os signos, Câncer é o mais bondoso, sensível e protetor e tem um dom verdadeiro para a criatividade e a intuição. É um signo de água e, pelo fato de ser regido pela Lua, tem tudo a ver com a emoção – mais ainda que Escorpião e Peixes, os outros dois signos aquáticos. Os cancerianos têm forte sintonia com as emoções, tanto as suas próprias quanto as de outras pessoas. São também genuínos, sinceros e generosos num grau quase excessivo. A maioria tem um bom humor natural devido em grande parte à influência dos signos vizinhos (Gêmeos e Leão). Sabem como proteger as pessoas para lhes dar a oportunidade de crescer e geralmente gostam de fazer isso. Os cancerianos também são pessoas caseiras que veem o lar como um refúgio. Tanto os homens quanto as mulheres são muito voltados para a família, e a maioria tem ou quer ter filhos. Buscam rodear-se de crianças e as cobrem de atenção e afeto.

Câncer que "dá errado" pode se manifestar na forma de insegurança e sensibilidade excessiva. É fácil fazer um canceriano mudar de ideia. Por isso, as grandes lições que eles têm de aprender dizem respeito ao autodomínio, à segurança interior e a como equilibrar suas próprias emoções e as de outras pessoas.

Não há melhor exemplo das características de Câncer do que o da falecida Diana, Princesa de Gales, que declarou: "Não sigo o livro de regras... Não lidero com a cabeça, mas com o coração". Milhões de pessoas a adoravam em razão do tamanho da sua compaixão, de suas obras de caridade e de sua total dedicação aos filhos. Sua vida sintetizou a atitude canceriana de pôr a família em primeiro lugar e o gênio instintivo desse signo para ajudar os outros. Ela própria levava os príncipes à escola e determinava sua agenda com base na agenda deles – coisa que nunca acontecera na casa real até aquela época. Seu trabalho com os doentes de aids teve uma influência imensa: ela abraçava os pacientes, quebrando os estigmas e aumentando a consciência.

Por outro lado, não era preciso conhecê-la bem para saber que era movida pelas emoções, talvez num grau doentio. Isso pode ser um traço positivo ou negativo, mas, na minha opinião, quando as emoções tomam o comando e usurpam o lugar da lógica, as coisas podem acabar muito mal. A lição que os cancerianos têm de aprender é a de unir as duas coisas. Vale a pena parar e pensar antes de tomar atitudes irreversíveis.

CÂNCER
QUE "DEU ERRADO"

EXCESSIVAMENTE SENSÍVEL E INSEGURO

Câncer é regido pela Lua, e seus estados de humor são mutáveis. Ele é o espelho do zodíaco: os cancerianos refletem as energias e os estados de humor das pessoas ao redor. O problema é que sente as coisas com tamanha intensidade que precisa tomar cuidado para não ficar perto de gente negativa. Caso contrário, seu estado de espírito vai descambar e será difícil sair do buraco negro em que vai acabar entrando. As pessoas em quem a influência canceriana é forte costumam passar por períodos de depressão, e tudo isso porque não se protegem contra as energias nocivas e a negatividade.

Se você tem uma influência forte de Câncer no mapa, é assediado pela insegurança e no geral sente que deveria ser melhor do que é, mas isso não o ajuda em nada. Aceitar a si mesmo é um jeito muito mais positivo de viver a vida! Também tende a levar tudo para o lado pessoal e a entrar rapidamente num modo defensivo. Precisa ser constantemente reasseguardo de seu próprio valor e pode ser reativo, explosivo ou, em casos extremos, até maldoso e amargo, desgastando-se e exaurindo todos à sua volta.

É possível que você tenha muitos medos. Todos nós sofremos de medo em alguma medida, mas o medo pode estragar a vida do canceriano. Esse medo pode ser causado pelas coisas mais diversas, mas muitas vezes se apresenta como um medo de não se sentir seguro, de não ter dinheiro suficiente ou de não ter à sua volta uma rede de segurança formada por pessoas confiáveis.

O APRENDIZADO

Se você tem uma influência canceriana forte no mapa, entra em tal sintonia com o sofrimento alheio que chega a sentir quando as outras pessoas se sentem mal e, nesse caso, fará qualquer coisa para que elas se sintam melhor, muitas vezes à custa de grande sacrifício pessoal. Tende a levar as coisas muito a sério e para o lado pessoal. Se você é canceriano, interioriza as coisas rápido demais e permite que uma situação ou um comentário negativo estrague todo o seu dia. Procure se lembrar sempre que a vida não tem o objetivo de prejudicar você e que você nem sempre é o centro das atenções. Sempre digo que o canceriano deve aprender a tratar a vida mais como um jogo de tênis, pois ela é toda feita de interações. Não é um esporte individual! Antes de se sentir magoado ou entrar na defensiva, pergunte às pessoas o que elas quiseram dizer: jogue a bola para o outro lado da quadra.

Muitos cancerianos com quem converso gostariam de ser menos sensíveis, mas eu lhes digo que a sensibilidade não é um defeito. Eles só precisam aprender a fazer uma pausa e respirar fundo antes de interiorizar algo ou reagir – de preferência de modo normal, e não de forma exagerada ou dramática.

É essencial que você aprenda a viver sem medo para abraçar a verdadeira felicidade. A segurança é crucial para seu bem-estar e não há nada de errado em guardar algum dinheiro no banco ou cultivar os laços familiares. Mas a lição maior a ser aprendida é que, por mais que você tente, jamais será capaz de criar um ambiente perfeitamente seguro. A vida não é assim. Na verdade, a vida cotidiana é uma longa série de riscos, e a tentativa de administrar todos eles só o fará temeroso, ansioso e chato – o oposto do que você quer. Por isso, pratique o desapego e a aceitação das coisas como são. Procure levar a vida de forma mais leve e não se levar tão a sério: as coisas ficam muito mais fáceis dessa maneira.

Se você vive ou trabalha com um canceriano, procure não levar para o lado pessoal o comportamento ácido, rabugento ou defensivo dele. Como se costuma dizer, o problema é dele e não seu. Além disso, ele muda rapidamente de humor e o Sol logo volta a brilhar. Em geral, os cancerianos não são reativos intencionalmente; é o jeito deles de ser, em especial quando pegos de surpresa. O comportamento clássico do canceriano consiste em reagir de forma excessiva e depois passar os dias seguintes telefonando para se desculpar e se sentindo muito mal com o que fez – e isso os torna queridos de muita gente.

É verdade que trabalhar com um canceriano pode ser esgotante. As mudanças de humor dele e sua necessidade de que você o reafirme constantemente consomem tempo e minam a produtividade. Comportamentos que você toleraria num ente querido nem sempre são tolerados num contexto profissional. Certa vez trabalhei com um CEO que me disse que tinha decidido promover uma pessoa de capacidade inferior em vez de um candidato mais qualificado (no papel) em razão da reatividade emocional excessiva deste último. Ele me disse que a pessoa era sentimental demais. Levava tudo para o lado pessoal; isso tornava mais lento qualquer progresso e drenava recursos, tempo e dinheiro do CEO. Por curiosidade, olhei os mapas dos dois candidatos. O CEO preferira um capricorniano a um canceriano.

LENTO PARA CONFIAR E PARA PERDOAR

Câncer protege os outros e a si mesmo, o que combina com a sua necessidade de segurança. O canceriano tende a ser forte e rijo e aguenta qualquer coisa que a vida lhe apresente. No entanto, quando suas vulnerabilidades ficam expostas, pode ser mole como a barriga de um crustáceo. Tudo depende de como ele se sente num determinado momento. Se você é canceriano, tem um caráter muito complexo e demora bastante para confiar nas pessoas. Se (ou quando) confia, espera da outra pessoa lealdade e proteção totais. Caso ela o decepcione ou o deixe exposto, sobretudo aos perigos e adversidades, você dificilmente a perdoará. O canceriano partilha com Escorpião, outro signo de água, o hábito de guardar ressentimentos por um tempo enorme. Se as dificuldades atingem um certo nível, você pode se endurecer e se determinar a nunca mais deixar ninguém se aproximar. Pode também ser vingativo, e sua vingança é terrível para a pessoa contra quem se direciona. Quando alguém faz mal a você ou a sua "família", você move contra essa pessoa uma guerra amarga, determinada pelas emoções.

O APRENDIZADO

Se você tem uma influência canceriana forte no mapa, procure manter suas emoções sob controle. Compreenda que as outras pessoas nem sempre são tão sensíveis quanto você e nem sempre têm consciência de como as ações delas o machucam. Você precisa assumir a responsabilidade e conversar com elas de modo franco em vez de armazenar tudo dentro de si; se não falar, estará impedindo-as de mudar. Lembre-se que a interiorização dos maus sentimentos produz doenças. Perdoe e confie. Se as pessoas o decepcionaram, o mau karma foi delas; mas pelo menos você tentou, e, na medida em que se comunicar com elas, todos os lados poderão crescer e progredir.

Uma técnica particularmente poderosa para ajudá-lo a exteriorizar as preocupações consiste em esperar até a lua cheia, fazer uma lista de tudo o que o incomoda e queimar a lista. Essa técnica é boa para qualquer pessoa, mas, dado o fato de vocês, cancerianos, serem tão influenciados pela Lua, é especialmente poderosa para vocês.

Se você vive ou trabalha com um canceriano, procure ser compassivo, mas também lhe diga que o fato de ele viver na defensiva e ser tão desconfiado pode ser extremamente cansativo (tanto para ele quanto para você). Tenha conversas francas com essa pessoa e fale do que você sente no coração. Não tenha uma reação instantânea depois de uma manifestação canceriana dramática. O melhor é escolher o momento certo para sugerir que o canceriano encontre um jeito saudável de canalizar as emoções. A comunicação é a chave.

EXCESSIVAMENTE AMBICIOSO

Câncer, como Capricórnio, seu signo oposto, é ambicioso e dado a trabalhar demais, a ponto de ter dificuldade para desligar e relaxar. Essa ambição não é movida pela necessidade de *status* (esse seria o caso de Capricórnio); Câncer precisa do sucesso para ter segurança. Precisa da segurança que vem com o dinheiro, bens imóveis e uma renda estável. Também precisa sentir que fez todo o possível para garantir que ele e sua família estejam seguros. Por isso, nem sempre gosta de correr riscos, a menos que haja outra pessoa que o garanta.

Como já vimos, qualquer comportamento motivado pelo medo voltará para você e se manifestará de maneira negativa. Se você deixar que suas necessidades o motivem a investir energia demais no "sucesso" de qualquer projeto, nunca se abrirá para todas as outras alegrias que esta vida pode oferecer. Também pode acabar ficando doente por excesso de trabalho e é provável que se torne, ainda, uma pessoa dura e impiedosa.

O APRENDIZADO

Se você tem uma influência canceriana forte no mapa, precisa se lembrar de que a felicidade e a paz valem mais que uma casa imensa e uma grande conta bancária. Pergunte-se quanto será o suficiente. Estou usando produtivamente a minha vida? Terei remorso de algo se continuar fazendo o que estou fazendo? Se a resposta a esta última pergunta for "sim", faça um esforço ativo para mudar a sua vida um dia por vez. Lembre-se que a consciência é o primeiríssimo passo. A Astrologia Dinâmica pode ser uma ferramenta poderosa para ajudá-lo a compreender de onde vêm seus medos e sua forte necessidade de segurança; mas é preciso trabalho para superar essas coisas.

Para começar, avalie quais partes da sua vida o deixam feliz e quais não o deixam. Faça listas. Você deve escrever tudo o que lhe ocorrer, por mais sério ou tolo que pareça. Não se censure. Passe alguns dias fazendo isso, pois trata-se de um processo criativo. Quando tiver as listas prontas, bole estratégias para mudar as áreas de que não gosta e dê mais ênfase às de que gosta. Se é o emprego que o deixa infeliz, por exemplo, procure identificar se o problema é a empresa, o chefe ou o trabalho em si. Talvez a mesma posição num ambiente menos corporativo o deixasse mais feliz, ou talvez você queira mudar de setor. Sonhe com o que realmente quer fazer e esteja preparado a sacrificar-se para chegar lá. Conheço pessoas que estudaram à noite ou trabalharam durante anos num projeto que as apaixonava e que acabou se tornando seu meio de vida. "A sorte favorece os corajosos": a vida é curta demais para nos contentarmos com a mediocridade. Procure alcançar as estrelas!

Se você vive ou trabalha com um canceriano, procure ser paciente. Os cancerianos precisam de segurança como as abelhas precisam de pólen. Caso um canceriano pisoteie você ao buscar realizar as próprias ambições, você tem todo o direito de insistir em ter com ele uma conversa franca. Escolha bem o momento – não deve ser em reação a um ato específico – e se prepare, munindo-se de argumentos lógicos. Procure levá-lo a reconhecer seu comportamento e ajude-o a falar sobre ele de maneira leve. Se as coisas correrem bem, você pode lhe perguntar quais são os objetivos dele e explorar maneiras mais saudáveis de alcançá-los.

CÂNCER
QUE "DEU CERTO"

PROTETOR E CUIDADOR

Câncer é um signo de proteção, e seus nativos são perseverantes defensores das pessoas. Carinhosos, gentis, generosos ao exagero e extremamente protetores, os cancerianos são os melhores pais e mães e são amigos e parceiros maravilhosos. Quando "dão certo", são simplesmente fabulosos. A pessoa de quem mais gosto na Terra, que me faz rir como ninguém, é meu filho Kam, que nasceu sob o signo de Câncer. Quando ele estava crescendo, eu o nutri e protegi. Agora, parece que nossos papéis se inverteram. Ele me protege muito e sempre vigia não somente as pessoas novas que entram na minha vida, mas até aquelas que fazem parte dela há mais tempo. Isso me faz amá-lo. Além do Sol em Câncer, ele tem Ascendente em Escorpião, e esse signo é profundamente intuitivo. Seu "sentido de a'anha" (aranha – como ele costumava falar quando era pequeno) nunca erra!

O lema do Câncer que "deu certo" seria "Minha casa é sua casa." Mas não apareça sem antes telefonar, a menos que se trate de questão de vida ou morte! Câncer gosta de se preparar para receber hóspedes. Criativos, nutridores, calorosos e dados, os cancerianos cuidam bem das pessoas e gostam de fazê-lo, e é por isso que são chamados de "guardiães". Intuitivo, sensível e às vezes atrevido, o canceriano autoconfiante é agradabilíssimo e brilhante. Muitos cancerianos têm uma paixão ardorosa pelo planeta e tratam a Mãe Terra como ela deve ser tratada, como uma mãe em cuja casa moramos: com respeito!

O APRENDIZADO

Vocês, cancerianos, são os grandes cuidadores do zodíaco, mas precisam aprender a cuidar de si próprios também. Caso contrário, a vida de vocês será desequilibrada, dando margem à infelicidade. Aprenda a proteger-se sem fechar-se. Meu conselho é que você mantenha o coração aberto, pois essa é a melhor de todas as proteções. Você talvez se machuque, mas a vida é feita de experiências boas e más: se você se fechar, ela se tornará simplesmente robótica. Talvez você não morra de tanto chorar, mas também não amará de todo o seu coração nem morrerá de rir. Equilíbrio!

EMPÁTICO E CRIATIVO

Os cancerianos têm uma capacidade quase sobrenatural de sintonizar-se com as emoções. Se você é canceriano, sua inteligência emocional não tem igual, o que significa que você é muito empático: compreende intuitivamente os sentimentos das outras pessoas e suas percepções instintivas estão geralmente corretas. Você é quase capaz de "sentir" a verdade.

Os benefícios de uma inteligência emocional bem desenvolvida são inúmeros e vão desde interações cotidianas mais agradáveis e relacionamentos amorosos mais felizes até um nível mais alto de satisfação na vida. Porém, um dos pontos fortes de Câncer é o modo como usa sua empatia para alimentar a criatividade. Os cancerianos são, em geral, extremamente criativos. São fantásticos como artistas e decoradores de interiores e tratam sua casa de maneira muito criativa, mas também canalizam sua capacidade de se identificar com outro ponto de vista para contar histórias significativas, criar obras de arte e fundar empresas.

O APRENDIZADO

Sua inteligência emocional e sua sensibilidade são dons maravilhosos, mas vale a pena tentar aumentar sua consciência para perceber quando você está cansado, sem energia ou rabugento. Quando isso acontecer, recolha-se! Nesses momentos, suas percepções instintivas e sua capacidade de ler o conteúdo emocional das situações provavelmente estarão comprometidas. Você só será capaz de ver a sombra da verdade – e isso não ajuda ninguém.

Para entrar em sintonia com sua inteligência emocional, você precisa começar a sentir mais empatia pelas pessoas. Se isso é novidade para você, paciência: é preciso prática. A cada palavra que disser ou decisão que tomar, pergunte-se: "Como eu me sentiria se fosse a outra pessoa neste contexto?". Em vez de passar reto por um sem-teto, pergunte-se: "Como eu me sentiria no lugar dele?". Antes de dirigir um comentário cortante a seu namorado ou sua namorada porque ele ou ela não lavou a louça, faça-se a mesma pergunta. Com isso, sua inteligência emocional será estimulada – e o resto virá em seguida.

NO AMOR

Câncer é habilíssimo em fazer com que seus entes queridos se sintam seguros e adorados. Em geral, os cancerianos são parceiros maravilhosos e pais excelentes. São tão intuitivos que conhecem as necessidades das pessoas antes delas próprias, e isso é atraente para todos nós. Na qualidade de amantes, são geralmente sensuais (como Touro) e gentis (como Peixes), generosos e dispostos a agradar. O canceriano apaixonado será fiel e permanecerá no relacionamento enquanto a outra pessoa o tratar bem.

Tenho uma cliente cujo Ascendente é em Câncer e cujo marido tem Vênus em Câncer. (Vênus indica o amor e aquilo que procuramos atrair em nosso parceiro romântico.) E ele atraiu exatamente o que precisava! Ela manifesta muitos traços cancerianos que "dão certo": é dedicada à família, e a casa deles parece algo saído de uma revista – ela mesma a projetou e decorou. Tanto para ela quanto para o marido, a família é tudo. Típico de Câncer.

Quando o canceriano "dá errado", protege tanto a si mesmo que não chega a abrir espaço para que o relacionamento floresça. Tem um medo terrível da rejeição; é verdade que a maioria dos seres humanos tem esse medo em algum nível, mas, no caso dos cancerianos, ele é um problema real que os impede de viver relacionamentos mais profundos. Se você é canceriano e deixa que o medo reja suas interações, corre o risco ou de se fechar emocionalmente ou de deixar o relacionamento antes de dar a si mesmo e ao parceiro a chance de tentar fazer as coisas funcionarem.

Há alguns anos, conheci um homem muito rico com Vênus e Marte em Câncer. Ele estava num relacionamento prolongado com uma mulher a quem amava, mas sua recusa em comprometer-se com ela mesmo depois de vários anos (lembre-se que Vênus atrai uma pessoa que manifesta os traços do signo em que ele está, e Câncer quer compromisso) a afastou. No fim, ele trabalhava com um Câncer que "dera errado": punha em primeiro lugar a sua segurança (financeira). Preocupava-se com a possibilidade de ela só estar com ele pelo dinheiro e só querer tirá-lo dele. Agora, ele está ainda mais rico e ainda morre de medo de ser enganado por todas as mulheres que encontra. Há pouco tempo, eu lhe disse que ele vive dentro de uma prisão que ele próprio construiu e que nada mudará a menos que ele próprio mude. Espero que ele consiga.

Quando o canceriano se abre, muitas vezes se surpreende com o afeto, o carinho, o apoio e o amor que recebe em troca. Assim, tente fazer isso com mais frequência, mesmo que pareça desagradável. Admita seus estados de espírito e procure comunicá-los de maneira mais franca. Sua inteligência emocional faz de você um dos melhores parceiros. Quando você permitir que ela floresça, sem ter medo de sua cara-metade tirar vantagem de você, atrairá uma pessoa igualmente digna.

Conheço um casal brilhante sob esse aspecto. Ele tem Quíron em Câncer e ela tem Ascendente em Câncer. Ele a cura emocionalmente (Quíron é o curador ferido e Câncer representa tudo o que diz respeito às emoções) e aprecia sua personalidade sensível e intuitiva (Ascendente em Câncer). A ligação emocional entre eles parece quase telepática, pois ambos sabem o que o outro está sentindo.

Quando chega ao extremo, o caráter defensivo e a insegurança do canceriano podem – no caso de uma pessoa que tem forte energia masculina – torná-lo cronicamente reativo e até explosivo. Se levada ao limite por uma química destrutiva, tal pessoa pode chegar a recorrer à violência. Caso isso tenha acontecido com você ou a você pelas mãos de outrem, saiba que é possível obter ajuda profissional para esses problemas: você só precisa ser corajoso o suficiente para pedir.

Se você se relaciona com um canceriano e é capaz de ver as qualidades que ele tem por trás das variações de humor, parabéns: você está destinada a ter um belo relacionamento de compromisso. Procure dizer-lhe quanto seu mau humor corrói a magia da união de vocês e trabalhe com ele para encontrar meios de superar esse mau humor ou reduzir seu impacto. Lembre-se que o canceriano não gosta de receber ordens e tente compreender a necessidade que ele tem de afastar-se regularmente. Encoraje-o a sair para caminhar ou a escutar música – qualquer coisa que o faça esquecer das preocupações e melhore seu humor. Alimente a bondade de seu parceiro e aproveite todas as oportunidades para corresponder ao seu amor.

CARREIRA

Os cancerianos são naturalmente criativos e particularmente aptos a seguir carreira no ramo do *design* (especialmente no *design* de interiores, que também combina com seu amor pelo lar). Também são cuidadores natos e aptos às profissões que envolvem cuidado, bem como a qualquer trabalho que envolva o serviço ao próximo. Muitos cancerianos que conheço trabalham no setor de hotelaria. Nesse contexto, sua tendência de levar tudo para o lado pessoal é uma vantagem. A reputação da empresa, a iluminação do local, a ambiência, o alimento e o serviço têm de ser os melhores possíveis, como se o canceriano estivesse recebendo alguém em sua própria casa.

Se você é um canceriano que "deu certo", qualquer que seja o setor em que trabalhe, você leva a inteligência emocional para o escritório e a põe a seu serviço. É intuitivo, bondoso, sensível às necessidades da marca, da equipe, do projeto e dos clientes e se preocupa profundamente com tudo o que faz; os melhores chefes e colegas de trabalho são de Câncer. Em suma, você é um ativo de que qualquer empresa precisa.

Muitos homens e mulheres de negócios que conheci nasceram sob o signo de Câncer ou tem esse signo em evidência no mapa. Quase sempre rodeiam-se de familiares em quem confiam para criar empresas familiares, mesmo em escala gigantesca. Pense, por exemplo, em Rupert Murdoch, que construiu o império da Sky e é o dono da Fox. Ele tem Sol em Peixes, que lhe dá visão e provavelmente uma paixão pelo cinema, mas tem Plutão (fortemente associado ao poder), Júpiter (habilidade, talento e comportamentos exagerados) e Marte (impulso, energia e motivação) em Câncer. Plutão mostra o que o motiva e onde ele tem poder. Por estar em Câncer, os temas são a família e sua necessidade de segurança. Júpiter mostra onde estão suas habilidades; e Câncer, ao lado de Capricórnio (o signo oposto), é conhecido por construir impérios a serem legados aos descendentes (traços cancerianos).

Tenho uma amiga querida que é dona de uma empresa familiar que vale milhões de libras esterlinas. Ofereceram-lhe uma soma enorme para vender a empresa a um concorrente, mas ela decidiu não vender pois teve medo de que certas pessoas que trabalhavam para ela não conseguissem encontrar outros empregos, e todas tinham famílias para sustentar – tudo muito típico do signo de Câncer!

SAÚDE

Câncer, como todos os signos de água, precisa monitorar a própria energia. Se você tem esse signo em evidência no mapa, com regularidade precisa de tempo e espaço para ficar sozinho a fim de pôr os pensamentos no lugar, purificar-se e restaurar a própria energia. (Lembre-se que você tem a tendência de absorver as vibrações das outras pessoas.) Uma das minhas queridas amigas cancerianas chama esse hábito de "preciso de um tempo". Sempre que ela diz "preciso de um tempo", todas nós sabemos que chegou a hora de deixá-la só, geralmente para tomar um belo banho de imersão à luz de velas. Aliás, o banho é um dos retiros preferidos do canceriano, e tudo o que tem relação com a água costuma o acalmar. Um tempo na praia, molhando os pés na água, é receita certa de rejuvenescimento para o canceriano.

Câncer precisa tomar cuidado com os estados de espírito negativos. Quando esse signo "dá errado", o nativo está propenso a virar um eremita que fica debaixo do edredom com as cortinas do quarto fechadas em vez de deixar-se envolver pelo poder de cura da natureza. Torna-se triste e escolhe a solidão, sentindo-se incompreendido por uma sociedade cruel. Quanto mais cedo você for capaz de trabalhar a sua reatividade e aprender a não levar tudo para o lado pessoal, mais bem equipado estará para lidar com a vida e gozar de bem-estar em todos os níveis.

Os exercícios físicos e a meditação são bons para todos, mas são indispensáveis para Câncer, pois está provado que combatem a depressão. Se o canceriano não tomar medidas para se nutrir e curar, suas baixas de humor podem se transformar numa depressão propriamente dita. A meditação de atenção plena ou *mindfulness* é particularmente propícia aos tipos cancerianos e é uma arma poderosa contra o baixo astral, a ansiedade, o estresse e todas as formas de doença mental.

O trabalho pioneiro de Ruby Wax (Áries, o pioneiro) está ajudando a levar a atenção plena às massas de maneira honesta e agradável. Ruby, que sofre de depressão, tem Urano (associado aos momentos de despertar) e a Lua (fortemente associada à emoção e à necessidade de cuidar de si mesmo) em Câncer. Na verdade, muitos clientes e amigos que sofrem da "maldição das pessoas criativas" (a depressão) são cancerianos ou têm o signo em evidência no mapa. Seja qual for o setor em que você trabalhe, vale a pena levar a sério a questão da mente e do bem-estar da alma. Caso você não leve, o risco é muito alto.

Conheço uma mulher com o Sol e a Lua em Câncer na casa 11 (a casa de Aquário, que não sabe quando parar). Ela é incrível, mas o modo como usa sua Lua não a ajuda. Permite-se sentir absolutamente tudo, sem pôr nenhum limite para sua própria proteção. Procurei explicar-lhe que ela precisa aprender a se desligar das situações, sob pena de sofrer um colapso nervoso (sendo que isso já aconteceu: várias vezes ela me ligou depois de ser internada numa clínica). Por isso, se você é altamente sensível, precisa aprender a identificar o momento em que seu combustível está acabando. A experiência me diz que todas as pessoas têm os próprios sinais que lhes indicam quando estão próximas de sofrer um colapso. O segredo é aprender a identificar os seus antes de chegar a parar de vez. Não é preciso chegar a esse estágio. Pare, reabasteça, relaxe. Desligue o telefone e o *notebook* – ou tranque-os dentro do armário. Só fique na companhia de pessoas que o amem e elevem o seu espírito, até que você esteja mais forte. Não sou profissional da medicina, mas sei que essas dicas despretensiosas já ajudaram muita gente.

O CONSERTO PARA CÂNCER

1. **Jogue tênis com a vida.** Em vez de interiorizar tudo e pensar que você tem de fazer tudo sozinho, mande a bola para o outro lado da quadra e pergunte às pessoas o que elas quiseram dizer; não suponha que já sabe. Cada um de nós pensa e age de um jeito específico. Por isso, antes de reagir, verifique o que realmente aconteceu.

2. **Comunique seus sentimentos com franqueza.** Pare de culpar as pessoas por machucá-lo. Diferentemente, seja proativo. Dê-lhes a chance de se explicarem e mudar o modo como agem, ou pelo menos o modo como o tratam.

3. **Faça pausas regulares** para se curar do bombardeio constante das responsabilidades da vida. Tome banhos de imersão à luz de velas para se livrar da bagagem tóxica coletada ao longo do dia. Quando abrir o ralo, fique na banheira e visualize suas preocupações indo embora com a água.

4. **Faça regularmente o *feng shui* de sua casa e seu escritório.** Você não precisa pagar milhares de dólares a um consultor: faça uma pesquisa *on-line* e veja qual é o melhor lugar para pôr seus móveis; use incenso e faça rituais de purificação. Limpe seu espaço do mesmo jeito que lava suas roupas.

5. **Limpe e organize** seu ambiente físico e sua mente, os quais refletem um ao outro. A experiência me diz que a depressão e a ansiedade se escondem por trás da desordem e do acúmulo de objetos. Por isso, trabalhe um cômodo por vez e peça a um amigo ou parceiro que o ajude.

6. **Viva com leveza.** Tente não levar as coisas muito a sério. Esta vida é apenas uma entre muitas outras. A vida é curta e preciosíssima, e, embora a franqueza seja a chave da autenticidade, levar tudo (inclusive você mesmo) muito a sério é um fardo pesado demais. Assista a filmes de comédia, acostume-se você mesmo a fazer piadas e rodeie-se de pessoas que o façam rir.

LEÃO
O CORAÇÃO
♌

SIGNO DE FOGO

OPOSTO DE AQUÁRIO

QUINTO SIGNO DO ZODÍACO

CASA 5

REGIDO PELO SOL

De todos os signos, Leão que "deu certo" é um dos mais vistosos, amorosos e generosos. Não é difícil identificar um leonino: ele brilha como o Sol, seu planeta regente, e ilumina a sala com seu carisma e seu bom humor. Os leoninos geralmente adoram receber os amigos e são, com frequência, muito engraçados – mais ainda, o Leão que "deu certo" é hilário e leva alegria a todos. Se você é de Leão, também é leal, corajoso e movido por um feroz senso de integridade. Tem um grande amor pela vida, e não admira que Leão tenha a reputação de ser fora do comum. Existem ocasiões em que os leoninos não querem ficar sob os refletores, mas nem por isso deixam de ser as pessoas mais amorosas, leais e bem-humoradas do zodíaco.

A versão que "deu errado" não é tão atraente. Se é esse o seu caso, você pode ser extremamente egocêntrico, competitivo a ponto de chegar a ser agressivo e propenso a fazer drama. Procure tomar mais consciência da sua humanidade, em vez de simplesmente buscar o que lhe interessa, e procure honrar a humanidade das outras pessoas tanto quanto honra a sua.

A norte-americana Lucille Ball – atriz, comediante, modelo, produtora e magnata do cinema – era uma leonina típica. Passou a maior parte de sua carreira entretendo as pessoas com suas comédias; depois, seguiu seu coração, fugiu com um músico cubano, casou-se com ele e colaborou com ele para produzir *I Love Lucy*, um dos programas de comédia mais apreciados da história da televisão. Depois, ainda, tornou-se a primeira mulher a dirigir um grande estúdio cinematográfico.

LEÃO
QUE "DEU ERRADO"

— EGOCÊNTRICO E SEDENTO DE ATENÇÃO —

Quando Leão "dá errado", torna-se maçante. Vocês, leoninos, têm um ego do tamanho do planeta. São orgulhosos, egocêntricos e, no pior dos casos, narcisistas. Seu ego pode atrapalhar qualquer relacionamento de vocês, inclusive com os filhos. (Leão que "deu errado" tem a infeliz tendência de ver os filhos como extensões de si mesmo e não como seres humanos autônomos.) Não tem autoconsciência e fala incessantemente sobre si mesmo e sobre a sua vida. Pouco lhe importa o que qualquer outra pessoa tenha a dizer a menos que seja você o assunto, e você interrompe constantemente a conversa para que ela volte a girar em torno do seu umbigo. É uma chatice.

Leão que "deu errado" é incapaz de sobreviver sem atenção. Certa vez, após um longo voo, eu e minhas amigas estávamos no aeroporto e vimos uma mulher cantando em voz alta e dançando para chamar a atenção. Nos entreolhamos e dissemos: "Leão que 'deu errado'". Na melhor das hipóteses, essa característica é simplesmente irritante, mas na pior pode dificultar muito a vida do leonino e das pessoas que ele ama. Você precisa de reconhecimento por tudo. Se dá algo a alguém ou faz-lhe um favor, precisa contar a todos. Busca desesperadamente a adoração das outras pessoas e, na ânsia de chamar a atenção, pode tornar-se agressivo ou perder completamente o controle – e, depois, fica se perguntando por que perdeu tantos amigos.

Conheço uma mulher que tem Júpiter (associado a comportamentos exagerados do tipo representado pelo signo) e a Lua (emoções) em Leão. Ela tem acessos de fúria quando o sexo oposto não lhe dedica suficiente atenção em suas saídas, e isso é extremamente desagradável. Tem o típico dom leonino do bom humor e por isso, na hora, todos a perdoam; mas não tem autoconsciência, e por isso é difícil ficar muito tempo com ela. Também conheço um homem maravilhoso com a Lua em Leão e Ascendente em Leão: tem uma natureza engraçada e jovial (Ascendente em Leão) e é amoroso e generoso, mas também é orgulhoso e dado a rompantes emocionais dramáticos (Lua em Leão) quando seu orgulho leonino é ferido – todos traços muito leoninos.

Já vi casos em que o imenso ego leonino, ansioso por reconhecimento e hipercompetitivo, fez relacionamentos naufragarem e causou imensa infelicidade. Na versão mais narcisista desse comportamento, os leoninos são imitadores que querem tudo para si: ideias, reconhecimento, inspiração, crédito, qualquer coisa que os faça parecer melhores e se sentir melhor. Usam as pessoas para conseguirem o que querem na vida e reagem de modo agressivo a quem quer que alfinete o seu imenso ego.

Conheci uma mulher com Sol (associado ao ego e ao modo como a pessoa se vê) em Leão (que, quando "dá errado", tende a ser egocêntrico e obcecado consigo mesmo) na casa 5 (associada à autoexpressão e ao drama e ao ego) – ou seja, o Sol está em sua configuração-padrão, o que o torna ainda mais forte. Ela era narcisista, mas disfarçava tão bem que ninguém percebia! Era charmosa e magnética, mas também profundamente ciumenta e competitiva, e quase destruiu um de meus clientes mais gentis, artísticos e bem-sucedidos usando o amor para manipulá-lo (entre outras táticas). Aos poucos distanciou-o da música, dos amigos e de sua rede de apoio, desgastando sua autoconfiança até que ele entrou em colapso e ela conseguiu o que queria: deixá-lo vulnerável. Foi terrível, e foi preciso muita energia, amor e cura para resgatá-lo do abismo em que caiu. Leão que "deu errado" se torna uma pessoa egomaníaca que precisa ser o macho – ou a fêmea – alfa!

O APRENDIZADO

Se você tem uma influência leonina forte no mapa, sempre dê crédito a quem o merece e procure não roubar para si as realizações das outras pessoas. Reconheça de onde você tirou suas ideias e não compita com seus amigos, namorados ou colegas. Sempre haverá pessoas mais bem-sucedidas, mais criativas e mais bonitas que você! Sorte delas, e sempre consideraremos que a vida dos outros é melhor do que a nossa se nosso olhar estiver treinado para ver isso. Não seja invejoso. A autoconfiança é a característica mais atraente que existe sobre a face da Terra; por isso, trabalhe com ela e brilhe com brilho próprio. Seu superpoder é o poder do amor – o amor-próprio e o amor ao próximo.

Se você vive ou trabalha com um leonino que "deu errado", sinto muito! É possível administrar o comportamento dele, mas não é fácil. Para começar, não o conteste na frente de ninguém. Isso só servirá para ferir o orgulho dele, e ele arrancará sua cabeça. O objetivo é fazê-lo ronronar como um gatinho, não rugir como uma fera. Sempre que possível, use o bom humor. Leão adora rir, e as piadas são um bom método para levá-lo a tomar consciência de seu comportamento. Um toque leve, do tipo "Tudo bem, podemos agora conversar sobre mim e o meu dia?", pode ajudá-lo a relaxar e realmente ouvir o que você tem a dizer.

MELODRAMÁTICO

O leonino que "deu errado" adora um drama, e não estou falando dos filmes a que assistimos na televisão. Cada mínimo revés, cada suposto insulto ou inconveniência é transformado num drama imenso, e o leonino gosta de inserir nesse drama o maior número possível de personagens. "Ele me disse *tal coisa* e estou arrasada!" "Ela me fez *tal coisa* e estou morrendo de tristeza!" O público de seu showzinho logo vai começar a se cansar, pois esse tipo de coisa torna você uma pessoa de convivência muito difícil.

A dramaticidade está ligada à sua necessidade de atenção e validação constantes e à sua incapacidade de tolerar até um mau humor passageiro. Você precisa de Sol e felicidade em sua vida; quando essas coisas estão ausentes, recorre ao drama para mascarar sua infelicidade ou seu egoísmo: qualquer coisa que o distraia do mais mínimo átomo de descontentamento.

O APRENDIZADO

Se você tem uma influência leonina forte no mapa, convém lembrar que nem todos têm a mesma fascinação que você pelos mínimos detalhes da sua vida! Lembre-se de que é preciso muita energia para gerar um melodrama e que a energia é um recurso finito, de modo que esse comportamento pode ter o efeito de esgotar você e as pessoas ao seu redor. A coisa mais útil que você pode fazer para diminuir sua tendência ao melodrama é fortalecer sua tolerância às emoções negativas. Ninguém está imune a uma ocasional tristeza, decepção, irritação ou frustração – nem mesmo os leoninos! Você precisa aprender a conter a energia e as situações, não as ampliar.

Se você vive ou trabalha com um leonino, antes de qualquer coisa lembre-se de toda a alegria que esse leonino que "deu errado" também lhe dá! Procure ter compaixão e se lembre de que Leão tem medo de ficar para trás; tem medo de não ser notado, e é por isso que cria tanto drama. O melhor que você pode fazer é explicar com gentileza que esse drama não ajuda nem a ele nem a você. Segundo a minha experiência, o drama do leonino é, muitas vezes, manifestação de uma criatividade frustrada. Assim, encoraje-o a encontrar uma via de saída para a criatividade e a liberar seus instintos dramáticos. Dependendo dos interesses dele, isso pode ser literal: um grupo de teatro amador, por exemplo, um clube de dança de salão ou uma aula de redação. A questão é que ele precisa canalizar uma energia criativa que "dê certo" e pôr um ponto-final no histrionismo, que é uma energia criativa que "deu errado".

POMPOSO E OSTENTADOR

Leão que "deu errado" tende a ser exibido em todas as áreas da vida. Se é esse o seu caso, você pode ser muito materialista e extravagante nos gastos. Muitas vezes me parece que você tem memórias de ter feito parte da realeza numa vida passada! O leonino se vê como um rei e quer ser visto como o melhor em tudo. Capricórnio e Touro também gostam de coisas refinadas e requintadas, mas não precisam ostentar as marcas e grifes. Leão põe o nome da grife num quadro para que todos vejam! Você quer os maiores anéis de brilhante e os carros mais caros para mostrar ao mundo quanto é bem-sucedido.

Tudo se reduz à sua preocupação quanto a como o mundo lhe vê. O *status* é muito importante para você. Seu ego imenso exige não somente que você tenha muitas realizações, mas também que todos as notem e reconheçam. Até sua generosidade pode ter um lado escuro. Enquanto você se sente apreciado em razão das coisas que faz pelos outros, tudo vai bem; se isso não acontece, contudo, você perde a paciência e liberta o leão feroz, que não é nada bonito. Seu ego, associado ao amor pelo *status* e pela atenção, pode torná-lo impaciente, ganancioso, egoísta e superficial. Você precisa olhar para esses defeitos com franqueza e trabalhar para melhorá-los a cada dia.

O APRENDIZADO

Se você tem uma influência leonina forte no mapa, saiba que essa busca constante de atenção se reduz à (falta de) confiança, e essa é uma das lições que você tem de aprender na vida. Os mais conscientes entre vocês são humildes e engraçados. Sabem que o que mais atrai é a beleza da alma, não o tamanho do decote ou o relógio de milhares de libras. Trabalhe o amor-próprio e a autoconfiança e saiba que, se alguém se sentir atraído por você em razão do que você tem e não do que você é, a união não vai durar. E não é isso que você quer, correto?

Se você vive ou trabalha com um leonino que manifesta esse tipo de comportamento, procure atribuir-lhe um *alter ego*. (Muitos dos artistas mais bem-sucedidos de todos os tempos tinham um, e a maioria deles também tinha Leão em evidência no mapa. Eu verifiquei!) Então, antes de interagir com ele, pergunte-lhe qual é a *persona* que está em ação naquele momento, para que você possa tratá-la de maneira adequada. Numa nota mais séria, você precisa lembrá-lo do que realmente tem valor na vida. O apego a símbolos de *status* pode parecer uma simples piada, mas a verdade é que pode obstacularizar a felicidade da alma. Não levaremos conosco nenhum objeto material. Procure ajudar seu leonino – com bom humor, caso isso ajude – a ver que o trabalho com a alma, que nunca morre, lhe dará muito mais contentamento que qualquer glamour terreno.

LEÃO
QUE "DEU CERTO"

AMOROSO E GENEROSO

Leão que "deu certo" usa seu imenso coração para cobrir de amor o parceiro, os amigos e a família. Vocês, tipos leoninos, fazem com que os outros se sintam importantes, e tão grande e profundo é seu amor que são capazes de estendê-lo para uma esfera imensa. Para quem recebe esse amor, ele é mágico: quando um leonino nos abraça, seu calor envolve todo o nosso ser e faz nossa alma cantar.

Além disso, vocês, leoninos, são muito generosos com seu tempo, seu dinheiro, sua atenção e seu amor. Seu primeiro instinto é sempre dar. Leão é o oposto de qualquer avareza! Uma das minhas melhores amigas leoninas me traz presentes lindos sempre que me visita.

No Natal passado, tomei um drinque com alguns clientes. Minha cliente leonina não somente me trouxe um presente extravagante como também insistiu em pagar tudo. Isso é Leão escrito: ele quer que todos estejam tão felizes quanto ele e fará o que for preciso para garantir nosso conforto e nossa alegria sem pensar duas vezes.

O APRENDIZADO

Se essa é a sua natureza, saiba que nós a apreciamos; mas saiba também que amamos você pelo que você é e não precisamos de presentes caríssimos! Se você pode pagar por eles, ótimo, continue. Se não, esteja ciente de que tudo o que queremos é a sua companhia, que brilha como o Sol e nos enche de alegria!

ÍNTEGRO, CORAJOSO, LEAL

O leonino é nobre, honesto e tem um profundo senso de integridade. Sua bússola moral é muito firme (característica que você partilha com Aquário, o signo oposto ao seu) e, quando as coisas "dão certo", você faz questão de viver de acordo com seus valores e se decepciona com pessoas a quem faltam essas qualidades.

Você é tão corajoso quanto é honrado e lutará por qualquer pessoa que faça parte de seu "bando". No que diz respeito a Leão, a lealdade é um dos princípios que ele segue. Minhas amigas mais leais são as leoninas; nas situações difíceis, elas nunca me decepcionaram. Leão prefere morrer a ser visto como desleal ou indigno de confiança.

O APRENDIZADO

Leão que "deu certo" é leal e fiel ao extremo: se você é leonino, procure apenas determinar se os objetos da sua lealdade realmente a merecem.

Você tem um coração imenso e pode se decepcionar caso seu gosto pela vida não encontre reciprocidade. De qualquer modo, é difícil igualá-lo; por isso, procure aceitar a nós, reles mortais, do jeito que somos! Saiba que sua bondade e sua generosidade nunca passam despercebidas. Quando fazemos algo para os outros e não esperamos nada em troca, essas boas obras preenchem o nosso coração de felicidade, e ela própria é a nossa recompensa. Imagine o karma como um olho que nunca se fecha, não dorme e tudo vê: nesse nível, as boas obras são sempre reconhecidas e introduzem mais energia positiva em nossa vida.

ENGRAÇADO E DIVERTIDO

Quando as coisas "dão certo", vocês, leoninos, são hilários. São ensolarados como a cidade de Los Angeles: alegres, felizes e cheios de energia positiva. Conheço alguns leoninos que escrevem comédias bem-sucedidas, e eles são as pessoas mais engraçadas que conheço. Duas das minhas amigas mais antigas são leoninas e elas me fazem rir como ninguém. Os leoninos sabem que seu dom para o humor é poderoso e não têm vergonha de exercê-lo. Mesmo quando sabem que estão sendo um pouquinho egocêntricos, transformam esse fato numa piada e são perdoados na hora. Usam o humor para escapar das acusações.

Quando Leão "dá certo", vocês, leoninos, são teatrais, adoram se divertir e dão as melhores festas sem poupar gastos. Esse tipo de comportamento pode ter um lado egoísta, como já vimos; mas, quando "dá certo", o leonino vive para levar o Sol e a alegria à vida dos outros e é simplesmente irresistível.

O APRENDIZADO

Procure não se exaurir no processo de ser a alma da festa. Reserve algum tempo para relaxar e simplesmente "ser". Você tem a tendência a brilhar sem parar, mas até o Sol se põe, descansa e deixa a Lua iluminar o mundo por algum tempo.

NO AMOR

Leão tem tudo a ver com o amor, e vocês, leoninos, muitas vezes são parceiros fabulosos. São amantes atenciosos e afetuosos, que tratam seus parceiros com generosidade constante e brindam-nos com seu tempo, amor, afeto, atenção e presentes. Não podemos nos esquecer dos presentes! Leão é o coração, e seu coração é imenso. Seu calor, humor e carisma o tornam imensamente desejável para as outras pessoas.

Na qualidade de Leão que "deu certo", você adora apoiar e promover seu parceiro de todas as maneiras possíveis. Tem orgulho dele, e, embora alguns de vocês tenham a necessidade de ser adorados, outros simplesmente precisam de respeito. Além disso, vocês estão sempre dispostos a adorar também. Quando as coisas dão certo, o leonino não tem problema algum em comprometer-se "até que a morte nos separe".

Mas esse conto de fadas tem um outro lado. Quando canaliza a energia leonina que "deu errado", você é orgulhoso, egoísta, egocêntrico, difícil e exigente. Relacionar-se com você pode ser um pesadelo. Naturalmente, certas pessoas se afastarão quando você começar a manifestar esse tipo de energia, e isso o deixa num dilema: você precisa de amor como os nativos de outros signos precisam de oxigênio, mas com frequência acaba perdendo o amor de pessoas muito boas.

Para evitar essa possibilidade, é absolutamente necessário que você faça o possível para dar prioridade às outras pessoas e se esforce para ouvir e se interessar pelo que seu parceiro fala e faz. Uma pessoa só está pronta para se comprometer quando está preparada para colocar as necessidades do parceiro adiante das suas. O parceiro fará o mesmo, e assim todos terão o que precisam.

Se você se relaciona com um leonino e as coisas vão indo bem, provavelmente já sabe quanto a vida com eles pode ser maravilhosa. Eles lhe oferecem tamanha abundância que acabam se tornando um vício, como uma droga. O leonino apaixonado quer que você lhe entregue sua fidelidade e seu coração, e, quando as coisas dão certo, eles lhe darão o mundo em troca, fazendo-o sentir-se tão amado e apreciado num grau que nenhum outro amor poderá igualar.

Porém, você precisa saber que o leonino pode ser exigente e cansativo para parceiros mais frios. Por isso, você deve ter certeza de que tem a energia necessária para entrar na arena do amor com o Leão. Precisa dar-lhe muita atenção, afeto, amor e risadas. Os leoninos precisam de amor como precisam de comida. Se você não lhes der esse amor, eles se tornarão exigentes e dramáticos.

Muitos deles têm um apetite sexual voraz, e o melhor é que você corresponda a esse apetite se quiser mantê-lo com você. Além disso, os leoninos gostam de coisas refinadas e requintadas: ao dar-lhe um presente, compre a coisa mais cara que puder ou lhe dê algo feito especialmente para ele e dado com todo o coração.

Se você não estiver à altura do ideal dele, não lhe der suficientes atenção e afeto ou for injusto com ele, ele fará da sua vida um inferno e depois trocará você por uma pessoa melhor. Quando Leão "dá errado", seu ego pode causar drama e caos numa escala sem precedentes e a situação pode se tornar tão exaustiva e irrazoável que você simplesmente terá de aprender a viver sem aquela droga e ir embora. Porém, se ele estiver trabalhando com a energia leonina que "deu certo" e se sentir apreciado e feliz, você terá a melhor união que qualquer pessoa poderá lhe proporcionar.

CARREIRA

O leonino está perfeitamente preparado para trabalhar em áreas que envolvam uma competição saudável ou no setor de entretenimento. Se você é leonino, precisa sentir que sua participação é importante e em geral não está feliz a menos que se encontre numa posição de liderança. Gosta de estar no comando e leva muito a sério sua carreira. Vencer é essencial para Leão, traço esse que ele compartilha com Áries, outro signo de fogo.

Tenho três clientes leoninos que trabalham no setor jurídico. Na minha experiência, os leoninos muitas vezes sentem atração pelo direito. Conheço um advogado que impressiona os juízes e cria elaboradas apresentações para comunicar o ponto de vista dos clientes. O elemento de espetáculo envolvido na profissão de advogado, associado com a vitória (ou derrota!) inequívoca que vem no final, torna essa profissão bastante leonina.

Tenho um amigo leonino que trabalha como advogado nos Estados Unidos. Ele está sempre ajudando as pessoas de graça, especialmente artistas que não têm dinheiro para pagar um advogado. Só aceita clientes e casos que sabe que vai ganhar; então, de modo lento e perseverante, vai garantindo essa vitória. Ele é engraçado mas também, às vezes, reservado; é nobre, humilde e um dos homens mais honestos que já conheci. Tem todas as características do leonino que "deu certo".

Quando as coisas "dão errado", vocês, leoninos, podem ser uma pedra no sapato de seus colegas. Chegam, na pior das hipóteses, a se apropriar das ideias e dos recursos dos outros e depois se recusar a lhes dar o crédito que merecem. É claro que isso pode fazer com que os outros membros da equipe se sintam desvalorizados e ressentidos.

Tive uma cliente famosa que estava desesperada para mudar de carreira. Ela começou a copiar as ideias alheias e acabou afastando muitas pessoas boas em sua busca individualista de sucesso (que aliás ela alcançou no final, como costuma acontecer com os leoninos). Era orgulhosa demais para admitir que muita gente a havia ajudado ao longo do caminho; em consequência, perdeu todas as pessoas sinceras que tinha ao seu redor, substituindo-as por bajuladores. O leonino que "deu errado" quer apenas que lhe alimentem o ego. Não dá a mínima para a sinceridade e a verdade.

Também tenho um cliente leonino que trabalha na televisão e é engraçado, caloroso e bondoso. Adora estar sob os refletores e brilha como o Sol em sua área! Gosta de fazer as pessoas rirem e cuida de todos, inclusive dos que lhe dão apoio nos bastidores, muito embora não conheça pessoalmente a maioria deles. Voltado para a família e extremamente generoso, ele representa o Leão que "deu certo" em estado puro.

SAÚDE

Leão tem tudo a ver com o coração. Por isso, faça o que você puder para proteger o seu. No nível físico, manter a boa forma, ingerir uma dieta saudável e não fumar são particularmente importantes. Você não deve submeter seu coração a esforços excessivos.

No nível da alma, pelo fato de se doar tanto, você tende a acabar de coração partido, e quando isso acontece a tentativa de equilibrar suas emoções negativas pode ser devastadora para você. Quando estão deprimidos, os leoninos podem se afundar nas mais escuras profundezas. A expectativa de que o leonino esteja sempre alegre e feliz e seja a alma da festa pode ser um fardo. A experiência me mostrou que vocês, leoninos, podem sofrer de uma tristeza imensa e não dispõem dos recursos necessários para processá-la.

A luz do Sol é importante para mantê-los em alto astral. Os leoninos geralmente gravitam em direção a climas mais ensolarados e não vivem tão bem em lugares escuros. Conheço vários leoninos e leoninas que sofrem de transtorno afetivo sazonal. Também precisam fazer exercícios regularmente para manter equilibrados os níveis de serotonina e cuidar do coração. Melhor ainda se esses exercícios forem feitos ao Sol!

Você talvez não se surpreenda ao saber que provavelmente terá de trabalhar seu ego durante toda a sua vida. Lembre-se que talvez não seja o seu ego que esteja criando os problemas: pode ser que você esteja atraindo esses problemas da parte de outras pessoas. De um jeito ou de outro, eles vão surgir, pois essa é uma das lições fundamentais que você precisa aprender na vida. Se o seu ego ficar muito inflado, geralmente acontecerá algo que o fará murchar. E, se você não tiver flexibilidade suficiente para lidar com isso, com os demais golpes e com as baixas inevitáveis, sua saúde sofrerá.

As crianças são um fator de cura para o leonino. A inocência e o entusiasmo delas o consolam e inspiram; mas, especialmente quando você tem seus próprios filhos, é importante se lembrar de honrá-los como seres independentes, não como extensões suas.

O CONSERTO PARA LEÃO

1. **Construa sua autoconfiança.** Mesmo que você seja um dos poucos leoninos tímidos (eles existem), confie na sua luz e seja a melhor versão de você mesmo. Não se sinta inferiorizado se você não for o clássico leonino extrovertido. Saiba que todos nós somos astros brilhantes.

2. **Se expresse de maneira positiva.** Seja criativo. Encontre um caminho de autoexpressão para não dramatizar demais sua vida. Compre um livro de colorir!

3. **Deixe os outros brilharem.** Procure ouvir mais os outros e falar menos sobre você e sua vida: você se tornará mais interessante e mais interessado pelo mundo ao redor.

4. **Evite o egoísmo.** Se você está atraindo o egoísmo alheio, examine seu próprio comportamento para saber como mudar esse fato. Se é você que está sendo egoísta, pare para pensar se isso o está realmente ajudando – e mude. Faça as coisas sem esperar algo em troca.

5. **Permaneça humilde.** Confie em que o universo o recompensará por suas boas obras e sua generosidade. Diminua a sua necessidade de reconhecimento e constante validação, pois esse reconhecimento, em regra, só virá quando você deixar de lado esse impulso e validar você mesmo as suas realizações.

6. **Seja bem-humorado.** Seu bom humor ilumina a vida de todos nós e atrai para você de maneira mais equilibrada a atenção que você deseja.

VIRGEM
O PERFECCIONISTA
♍

SIGNO DE TERRA

OPOSTO DE PEIXES

SEXTO SIGNO DO ZODÍACO

CASA 6

REGIDO POR MERCÚRIO/QUÍRON

Virgem que "deu certo" é franco, confiável, inocente e prestativo. Tem o dom de fazer com que as outras pessoas se sintam especiais, queridas e merecedoras. O virginiano tem um intelecto cortante e é, de longe, o melhor curador do zodíaco. Virgem é também o signo que tem a cabeça mais fria: lógico, analítico e trabalhador. O virginiano tende a ter uma inteligência penetrante, que vai direto ao ponto. Tem facilidade para se distanciar de suas emoções e é bom para tomar decisões difíceis, que ninguém mais tomaria. Sempre digo que, se eu tivesse de sofrer uma cirurgia no cérebro, preferiria um virginiano meticuloso a um canceriano sensível para ser meu cirurgião. O virginiano simplesmente diria: "Corte aqui. Tire aquilo. Faça uma incisão ali". O canceriano se preocuparia com a possibilidade de me ferir e recuaria diante da visão do sangue. É coisa muito virginiana se concentrar no trabalho e executá-lo até o fim, sem fazer alarde. Os virginianos são tranquilos e quase inabaláveis. O signo de Virgem também tem uma pureza muito atraente. A integridade e a honestidade são valores fundamentais para você, e você segue padrões bem elevados em todas as áreas de sua vida. (Às vezes, os reles mortais têm dificuldade para atender às suas expectativas.)

É claro que essa energia pura e limpa tem também um lado sombrio. Virgem é um dos signos mais mal afamados. A experiência me mostrou que todo mundo conhece pelo menos um virginiano difícil que analisa demais as coisas, critica e procura controlar todas as situações e pessoas que vê pela frente. É verdade que o virginiano que "deu errado" pode ser uma pessoa difícil de se lidar, em todos os níveis. Sua incapacidade de tolerar a mudança ou mesmo o menor sinal de caos nasce da ansiedade, que é a companheira constante do virginiano. Para tentar controlá-la – inutilmente –, ele insiste nos detalhes, na ordem e na rotina perante tudo e todos.

Muita gente tem uma péssima opinião sobre o signo de Virgem, mas eu sempre defendo os virginianos, dizendo que eles só se comportam dessa maneira porque têm um medo terrível da vulnerabilidade. Têm medo de falhar em seus deveres ou de que os outros se aproveitem deles. No entanto, minha experiência com os virginianos me mostrou que, quando eles manifestam sua energia que "dá certo", não há pessoas mais honestas, bondosas, decentes ou aptas a tão grandes realizações. Sua capacidade de identificar o que precisa ser feito, criar condições ideias para isso e dedicar-se às tarefas até terminá-las os coloca entre os grandes realizadores do zodíaco.

Uma das minhas clientes e melhores amigas é virginiana: é honesta, bondosa, cheia de consideração e faz muito sucesso como fotógrafa. Tem o dom de fazer com que nos sintamos melhor em qualquer situação. (Além disso, seu trabalho me parece resumir todas as qualidades do signo de Virgem que "deu certo".) Sempre dá a impressão de saber quais são as inseguranças de seus clientes e trabalha para aplacá-los; seu trabalho é pioneiro, mas é sempre limpo, e sua noção de sincronia é exata. Sob as lentes dela, tudo parece puro, mas tem um quê de vanguardista. Muitos clientes virginianos com quem trabalho são assim: funcionam melhor quando tudo está claro e as cartas são postas na mesa; não reagem bem quando têm de improvisar.

As grandes lições que você deve aprender na vida têm a ver com limites e controle – como Peixes, seu signo oposto, mas de outro ponto de vista. Ao passo que Peixes precisa de mais limites e precisa desenvolver a disciplina e o autocontrole, você precisa aprender a relaxar e a deixar entrar um pouquinho de espontaneidade em sua vida. O virginiano deve abandonar a necessidade de perfeição em tudo e abraçar a magia que a vida tem a oferecer no momento. As pessoas que querem controlar tudo acabam perdendo oportunidades espetaculares de simplesmente viver.

Um excelente exemplo de características virginianas que "deram certo" e "deram errado" foi o cantor, compositor, produtor musical e filantropo Michael Jackson. Sua necessidade de perfeição era famosa, e sua noção de ritmo fez dele nada menos que um gênio da música. Além de ter o

Sol em Virgem, ele tinha a Lua em Peixes (o signo oposto), de modo que suas principais lições de vida tinham todas a ver com fronteiras e limites! Para resumir, Virgem tem limites demais e Peixes, no geral, tem de menos. Quanto à aparência física, Michael Jackson ficou obcecado com sua noção de perfeição e quase destruiu seu nariz na tentativa de deixar tudo "perfeito".

VIRGEM
QUE "DEU ERRADO"

CONTROLADOR E CRÍTICO

Não há como negar que a energia virginiana que "deu errado" pode fazer com que alguns virginianos sejam indivíduos difíceis, controladores e críticos, a ponto de a pessoa que os ouve acabar preferindo se jogar de um precipício a ouvi-los por mais um minuto. (Vocês também não se cansam de falar. Conheci alguns virginianos que falavam até me fazer sentir que uma britadeira estava batendo em meus ouvidos para penetrar meu cérebro – o que, por sinal, seria menos doloroso do que continuar ouvindo.)

Vocês, virginianos, podem ser cortantes e mordazes. Literalmente desmontam tudo – o mais belo arco-íris, o pôr do sol e, como não poderia deixar de ser, também as pessoas, mesmo as que os amam e a quem vocês amam. Quando soltam o verbo virginiano, sua pobre vítima pode se sentir como se tivesse sido cortada ao meio por uma espada samurai. Vou dizê-lo sem meias palavras: vocês podem ser extremamente cruéis.

Uma pessoa mais velha da minha família, a quem adoro, tem Virgem no Ascendente. Isso significa que Virgem é o signo da casa 1, fortemente associada à personalidade. Vários outros membros da família a consideram crítica e difícil; eu mesma vou além e vejo seu coração, que é feito de ouro puro. Mas nem sempre é fácil conviver com ela. Há muitos anos que sou *freelancer* na área da criatividade, e, como sabem as pessoas que têm profissões semelhantes, isso significa que passo por períodos de fome e de banquetes. Um dia, ela me disse que considerava muito improvável que eu conseguisse fazer sucesso ou ganhar dinheiro suficiente para criar estabilidade para mim e para o meu filho. Certas pessoas se ofenderiam com essa afirmação e deixariam surgir maus sentimentos, mas eu sabia que ela só estava preocupada comigo. Minha recusa a me unir à brigada da carteira assinada desestabilizava a sensibilidade virginiana dela. Como sou aquariana, agradeci, manifestei meu amor por ela e continuei a ignorar essa sua opinião.

Há uma névoa de negatividade que parece descer sobre os virginianos de vez em quando, uma incapacidade de ver o lado bom ou o potencial de qualquer coisa. Vocês sabem ser extremamente mesquinhos com dinheiro, por exemplo: o tipo que calcula a conta até o último centavo e se recusa a contribuir com qualquer quantia a mais do que acha que deve. "Taxa de serviço? Que serviço?" – reclamam vocês e passam daí a estragar a noite enumerando tudo o que supostamente deu errado.

Comparo o virginiano que "deu errado" a Victor Meldrew da série cômica *One Foot in the Grave* [Com o Pé na Cova]. O personagem principal certamente foi baseado num virginiano! Reclamão? Imagine. Não é que o copo está meio vazio; está sem um pingo de bebida!

O APRENDIZADO

Se você tem uma influência virginiana forte no mapa e estas coisas que estou dizendo ressoam com o seu jeito de ser, é possível que esteja se sentindo incomodado. Lembre-se, no entanto, que, mesmo que de vez em quando se comporte assim, ninguém está dizendo que você não é uma boa pessoa. Você é capaz de superar esse comportamento negativo e, na verdade, é urgente que o faça, pois por ora seu espírito livre está aprisionado numa cela cheia de medo, governado pela agressividade para consigo mesmo e os outros. As coisas não precisam ser assim. O primeiro passo é reconhecer a sua tendência a ser crítico demais. À medida que progredirmos, falaremos das etapas seguintes do plano de ação.

Como sempre digo para quem o critica, o virginiano ataca por causa do medo: medo de perder o controle, medo de ser ferido. Por isso, a primeira coisa que você tem de fazer é admitir que é vulnerável e imperfeito. Comete erros como todos nós; não é imune à lei universal que determina que todos nós falhemos de vez em quando. Esse é o seu maior desafio na vida, e você precisa fazer absolutamente todo o possível para aceitar o fato de não ser perfeito. Lembre-se: quando você admitir suas vulnerabilidades, as pessoas o perceberão de modo diferente e o tratarão melhor. Sua vida ficará mais fácil em todos os sentidos.

Se você vive ou trabalha com um virginiano, sabe como pode ser difícil a vida com eles. Mas confie em mim: para eles, é ainda pior. É fácil reagir negativamente às críticas, mas procure não revidar. Não leve as coisas para o lado pessoal. Trata-se de um caso clássico em que o problema não está em você, mas no virginiano que o critica. Olhe para a raiz do medo de Virgem que "deu errado" e tudo ficará esclarecido. O impulso inicial e a motivação dele são, em geral, puros como a neve recém-caída. O modo mais rápido de contornar o medo deles é perguntar-lhes do que têm medo. É provável que digam que não têm medo de nada, mas resista e, com o tempo, eles se abrirão. Faça amplo uso das suas reservas de compaixão. Se puder usar de bom humor, isso também será útil.

EXCESSIVAMENTE ANALÍTICO

Quando "dá certo", Virgem é brilhante para analisar situações, problemas e pessoas; mas, quando "dá errado", o virginiano fica travado ao tentar analisar cada fator isolado, calcular seus riscos, avaliá-lo, medi-lo e, de modo geral, despojá-lo de toda a sua força vital. Esse processo é cansativo, pode provocar ansiedade e, em regra, impede que o virginiano tome uma decisão qualquer.

Já vi virginianos demorarem tanto para executar uma missão que eu poderia ter terminado a tarefa, ido para casa, tomado um banho e vestido meu pijama no mesmo tempo que eles levaram para pesar os prós e os contras e dissecar tudo o que poderia dar errado. (Acaso eu já disse que eles tendem a ver o lado negativo da vida?)

O APRENDIZADO

Se você tem uma influência virginiana forte no mapa, deve encontrar maneiras melhores de controlar sua ansiedade. Sugiro um processo em duas etapas. Primeiro, você precisa ser racional e se perguntar quais são os possíveis riscos e problemas. Depois, sugiro que você se inunde de bons sentimentos: liste para si mesmo todas as coisas que estão indo bem! "Estou em segurança, estou com saúde, minha família está em segurança, tenho um teto sobre a cabeça" e por aí afora – as coisas mais simples e importantes.

Não faz mal preparar-se o máximo possível para as eventualidades que o preocupam, mas, depois de preparar-se, esqueça o assunto!

Uma das coisas mais simples e poderosas que você pode fazer é reconhecer o seu jeito de ser e explicar aos outros como você funciona. Se lhes disser que está trabalhando para melhorar, pois ninguém é perfeito, criará aliados e não opositores.

Se você vive ou trabalha com um virginiano, procure ter paciência com sua necessidade de analisar tudo meticulosamente e planejar as etapas uma por uma. Forneça-lhes tantos detalhes quanto possível (sem deixar, porém, que esse processo o leve à loucura) e lembre-se que, no geral, eles fazem mais uso da lógica – faça uso dela você também. Se seu chefe é virginiano, respeite sua necessidade de perfeição. Seja franco sempre, mas use as palavras "expectativas" e "realistas" em vez de assumir compromissos que não pode cumprir e, assim, aborrecer ambos os lados.

TENSO E ANSIOSO

Agora estamos chegando à raiz de todos os problemas do signo de Virgem que "dá errado". Na melhor das hipóteses, esse virginiano é um pouco estressado e precisa relaxar. Com mais frequência, é cronicamente ansioso. Sua necessidade de analisar e controlar nasce do medo. E, quando Virgem "dá errado" de vez, pode deixar a pessoa demasiado tensa e emocionalmente distante. Tudo isso vem da ansiedade e do medo profundo de perder o controle sobre os acontecimentos, e nada disso é bom para o virginiano. Mesmo um virginiano que trabalha duro para desenvolver sua energia que "dá certo" tem dificuldade para não se preocupar. Quando o problema fica muito grave, pode se manifestar como estresse, doenças psiquiátricas e até transtorno obsessivo-compulsivo. Todas as pessoas, sem exceção, com quem trabalhei e que tinham sintomas de TOC tinham também o signo de Virgem em evidência no mapa. A casa do meu amigo músico virginiano é imaculadamente limpa: seria possível pôr a comida no chão e comer. Como se vê, é *quase* um sintoma de TOC!

Uma das pessoas mais ansiosas que conheço é uma mulher com Vênus em Virgem. A ansiedade se manifesta de modo especial em seus relacionamentos (Vênus rege nossos relacionamentos íntimos). Trabalho com ela há algum tempo e vejo que seus parceiros vêm e vão: acham-na muito tensa e controladora, e a ansiedade não a deixa dormir à noite. Estou tentando ajudá-la a perceber que ela precisa controlar menos as coisas e se abrir para as pessoas sem medo de que tirem vantagem dela (geralmente é disso que os virginianos têm medo): expressando seus medos, ela dará ao parceiro a oportunidade de apoiá-la e ajudá-la a vencê-los. Sugeri que ela escreva todos os seus medos antes de dormir e os coloque numa "caixa de preocupações": assim, não os levará para a cama com ela.

O APRENDIZADO

Se você tem uma influência virginiana forte no mapa, precisa relaxar. O bom humor é um excelente remédio para todos nós. Procure concentrar-se na magia do momento. A prática da gratidão é um meio poderoso para afastar as preocupações e a negatividade. As pessoas ansiosas fazem infindáveis listas mentais dos problemas que lhes metem medo, mas não das coisas maravilhosas, seguras, saudáveis e positivas em sua vida. Procure enumerar todas as coisas pelas quais você deve ter gratidão.

 Se você vive ou trabalha com um virginiano, procure fazê-lo rir. Conte-lhe histórias engraçadas e lembre-o de não levar tudo tão a sério. A meditação pode lhe dar uma ajuda enorme; sugira que ele baixe um aplicativo ou entre num grupo de meditação. Isso o ajudará a domar e treinar a mente. O hábito de viver no passado cria depressão e o de viver no futuro cria ansiedade. Encoraje o virginiano a viver no momento presente, que é tudo o de que realmente dispomos.

VIRGEM
QUE "DEU CERTO"

AGENTES DE CURA/TERAPEUTAS

Acredito que o virginiano é, por natureza, o agente de cura/terapeuta mais poderoso do zodíaco: os virginianos sabem intuitivamente o que dizer e quando dizê-lo e são capazes de nos fazer sentir como as pessoas mais valiosas no planeta.

Uma amiga minha teve um colapso quando o parceiro a abandonou. Passou meses no hospital, onde tentaram colocá-la nos eixos com remédios e terapia, mas ela só se curou quando sua madrinha virginiana entrou em cena. A madrinha levou minha amiga para morar com ela, confiscou seu telefone e colocou-a numa redoma, dando-lhe um espaço puro e seguro onde ela pudesse trabalhar sua dor. Levou alguns meses, mas essa mulher fez o que os mais caros médicos e medicamentos não haviam conseguido: permitiu que minha amiga se curasse. Hoje em dia, essa amiga está casada, feliz e vivendo sua vida. Virgem que "deu certo" cura, protege e nos conserta quando quebramos – e lembremo-nos que, em razão das expectativas e pressões nada razoáveis da sociedade atual, hoje o número de pessoas que "quebra" é cada vez maior.

O APRENDIZADO

Não há nada mais recompensador que curar a asa quebrada de um pássaro e depois o soltar para voar de novo. Nossa sociedade é maníaca: pedem-nos que trabalhemos até cair de cansados, tenhamos sempre uma aparência jovial e sejamos permanentemente felizes. Este mundo precisa desesperadamente do signo de Virgem. Se você é virginiano, saiba que os serviços que você presta ao planeta mais que compensam as dificuldades de conviver com você. Uma das suas missões na vida é a de servir, e o serviço alimenta e nutre sua alma.

HONESTO, FRANCO, CONFIÁVEL

Virgem, como seu próprio nome indica, é o signo mais puro do zodíaco. Você costuma ser um pouco ingênuo (o que pode ser irritante ou atraente, dependendo de quem olha) e tem uma certa qualidade infantil que garante que jamais envelheça de fato. Acho que isso tem algo a ver com o fato de você ser sinceramente puro de coração. Sua honestidade brilha como a lua, e, quando você decide que alguém é digno do seu afeto, põe-se à disposição da pessoa de modo permanente, com atenção e franqueza. Em geral você é econômico nos cumprimentos, mas, quando os dá, quem os recebe pode ter a certeza de que são sinceros. Virgem é o antídoto para as palavras vazias, e os virginianos as detestam. Do ponto de vista virginiano, a adulação, a modificação da verdade e a mentira são coisas erradas.

Vocês, virginianos, são honestos, mas não do jeito descarado de Sagitário. Sua honestidade é mais clínica e mais lógica.

O APRENDIZADO

Quando fala a verdade, você às vezes tem a impressão de estar lutando sozinho e depois se recrimina por tê-la dito – coisa típica de Virgem. Mas, desde que você cuide para não magoar as pessoas desnecessariamente e para não falar a verdade por vingança, nós precisamos de mais pessoas como você.

ASTUTO

Os virginianos que manifestam os traços que "deram certo" de seu signo são inteligentes, penetrantes e astutos. Vocês são nativos do signo mais analítico de todos e parecem ter o dom de distinguir rapidamente entre o que funciona e o que não funciona. Também têm um senso de sincronia quase sobrenatural que os ajuda a sacar informações valiosas de seu cérebro no momento correto. Quando um amigo ou colega precisa de um diagnóstico imediato ou de alguém que contorne todo o caos e lhes diga exatamente o que precisa ser feito, Virgem é a solução.

O APRENDIZADO

Reconheça suas habilidades e assuma-as. Multiplique-as, não as despreze. Uma pequena sugestão: é sempre melhor esperar que lhe peçam para só então oferecer seu conselho ou sua opinião. Dessa maneira, você estará trabalhando com um público receptivo e encontrará pouca resistência.

SOLÍCITO E PRESTATIVO

Você gosta de dar bom uso a toda essa precisão mental e adora ser útil. Sabe examinar pacientemente um problema ou ouvir uma pessoa desabafar até encontrar a solução ou pelo menos fazê-la se sentir melhor. Em particular, gosta de dar apoio a pessoas que tentam fazer algo dar certo: o virginiano adora esse tipo de tentativa e geralmente não se mobiliza para ajudar a quem não procura ajudar a si mesmo.

É capaz de grandes sacrifícios, e muitos encontram a alegria no serviço aos outros. É claro que isso tem um lado positivo, mas também tem desvantagens – principalmente para você. Em geral, você é muito generoso com seu tempo, seu serviço e seu dinheiro. Na verdade, alguns dos mais proeminentes filantropos do mundo, entre os quais Warren Buffett, têm uma forte influência virginiana no mapa.

O APRENDIZADO

Servir o próximo é fantástico, mas procure criar uma vida equilibrada e também se divertir no meio desse processo. Relaxe e curta algumas banalidades de tempos em tempos! Envolva-se numa causa importante, mas torne-a divertida. Chame os amigos e dance durante doze horas seguidas em nome de uma causa caritativa (mas sem salto alto, por favor). Corra uma maratona fantasiado ou peça patrocínio para não criticar nada nem ninguém por 24 horas seguidas.

NO AMOR

Virgem brilha com uma pureza e uma certa inocência que o torna atraente de imediato, e os virginianos são amantes e parceiros fiéis e dedicados. Conheço um virginiano que parou de conversar com um amigo casado porque este teve um caso extraconjugal. Isso é típico dos virginianos, que não gostam de traição, mentira e desonestidade. O engraçado é que esse virginiano sequer gostava da esposa do amigo; mas, a seu ver, se o amigo era capaz de mentir e trair sua "parceira de vida", não era a pessoa que ele pensava que fosse. O virginiano pode ser puritano, mas na maioria das vezes é um ser humano decente.

O problema é que suas expectativas são tão altas que é difícil encontrar quem esteja à altura delas. Vocês, virginianos, são os perfeccionistas do zodíaco e devem tomar cuidado para não criticar demais os outros; caso contrário, correrão o risco de ficarem sozinhos. O problema é que você enxerga o potencial das pessoas e então tem dificuldade para aceitar a realidade de quem elas são naquele momento. Procura melhorá-las para que resistam a essa comparação, mas esse esforço não é nada realista. O virginiano que "deu errado" põe sua amante no pedestal por um instante e depois passa meses ou anos criticando-a, na tentativa de melhorá-la. Assim é muito fácil destruir a felicidade de todos. A outra pessoa começa a duvidar de si e em geral tem de sair do relacionamento para reconstruir sua confiança. Os virginianos devem aceitar a realidade do parceiro desde o começo e aprender a celebrar as imperfeições que fazem de cada um de nós uma pessoa única.

Conheci duas pessoas que se amavam loucamente, mas minha cliente virginiana era controladora e, às vezes, crítica. Sei que isso era devido ao medo virginiano da vulnerabilidade, mas seu parceiro ariano ficava bravo porque sentia que ela estava tolhendo sua independência. A virginiana tentava gerenciar os detalhes do comportamento do ariano (que esperança!) e, nesse processo, aprendeu que a única pessoa que ela conseguia controlar era a si mesma. Para entrar no coração de um ariano, é preciso dar-lhe muita liberdade e estimular sua energia e paixão pela vida. Para entrar no coração de um virginiano, é preciso ajudá-lo a vencer o medo, dar-lhe muita segurança e ajudá-lo a rir.

CARREIRA

O virginiano é um grande realizador e se dá bem em qualquer coisa que exija atenção, foco e alto nível de concentração. O senso inato de estilo dos virginianos (tipicamente limpo e preciso) os torna aptos ao *design*, especialmente de moda, e os virginianos são excelentes estilistas. A outra vocação que os atrai é a medicina e qualquer coisa ligada à cura. Vocês, virginianos, são excelentes cirurgiões, médicos, enfermeiros, cientistas e pessoal de informática, tudo isso em razão da sua atenção ao detalhe, sua paciência e sua concentração.

Como virginiano, você precisa de ordem e estrutura para alcançar seu melhor desempenho: não se dá bem em ambientes caóticos. Sua capacidade de organização sem igual o torna, em geral, o empregado dos sonhos de qualquer empregador. Quando está canalizando a energia virginiana que "deu certo", você não é apenas metódico; é quase Zen em seu poder de abrir espaço para que sua melhor capacidade de trabalho se manifeste. Conheço vários *freelancers* virginianos que são excelentes para determinar as próprias regras: acordam à mesma hora todos os dias e cumprem suas rotinas para entrar na zona de trabalho com calma e precisão.

Seu outro ponto forte em matéria de carreira é o esforço. Ninguém trabalha tanto quanto um virginiano. Beyoncé Knowles, por exemplo, nasceu com o Sol em Virgem e, embora seu talento seja respeitado e reconhecido no mundo inteiro, declara abertamente que o que a ajudou a chegar ao superestrelato foi o trabalho duro e a concentração ao longo de muitos anos. Parece que, numa época em que a maioria das crianças estava brincando de boneca e andando de bicicleta, ela já preferia praticar canto e corrida – os dois ao mesmo tempo.

SAÚDE

Os problemas de saúde do virginiano geralmente nascem de sua incapacidade de deixar de lado o estresse. Vocês interiorizam tudo e por isso sofrem do estômago (desde síndrome do intestino irritável até úlcera péptica), sem mencionar hipertensão, diversos transtornos de ansiedade e TOC.

É absolutamente essencial para sua saúde de longo prazo que você aprenda a administrar o estresse. Uma técnica simples mas eficaz que ajuda os virginianos consiste, como eu já disse, em pôr por escrito tudo o que o preocupa. Você não é o tipo de pessoa que tem facilidade para compartilhar suas preocupações; por isso, qualquer coisa que o encoraje a se abrir é boa. Por outro lado, se você acha que tem um transtorno de ansiedade, uma fobia ou TOC, procure ajuda profissional.

É verdade que o virginiano tende a sofrer de mais problemas de saúde que os nativos de outros signos (afinal, Virgem rege a saúde e a cura em geral), mas também é propenso à hipocondria.

Meu amigo músico do chão imaculado, que tem uma presença virginiana forte no mapa, sofre de vários problemas de saúde; embora muitos sejam reais, alguns são, sem a menor sombra de dúvida, psicossomáticos. É meio difícil lidar com isso, a ponto de nós, seus amigos, muitas vezes relutarmos em perguntar "Como vai?". Sua música, por sinal, é nada menos que perfeita, e ele é conhecido por passar três dias acertando o toque de uma única caixa. Não é fácil, portanto, trabalhar com ele, mas todos o amam: ele é, de verdade, uma das pessoas mais honestas do planeta e o melhor amigo que qualquer pessoa poderia ter.

O CONSERTO PARA VIRGEM

1. **Reconheça suas vulnerabilidades.** Seja mais aberto, deixe seus limites menos rígidos e não procure controlar tudo. Revele suas dificuldades às pessoas e dê-lhes a oportunidade de ajudá-lo.

2. **Reserve algum tempo para curar sua energia.** Limpe seu espaço e ponha para tocar músicas bonitas que o relaxem e curem sua alma. Algumas vezes por dia, procure usar um mantra que o lembre que tudo vai bem.

3. **Relaxe.** Sei que é mais fácil falar do que fazer, mas procure não levar tudo muito a sério. Sintonize-se com a inocência e a sensação infantil de maravilhamento que vivem naturalmente dentro de você. A vida se torna mais fácil quando você segue o fluxo e aprecia sua magia.

4. **Pense antes de falar.** Toda vez que você tiver vontade de criticar algo ou alguém, pare e, em vez disso, diga uma coisa boa. Segure a língua até esfriar a cabeça.

5. **Divirta-se mais.** Procure fazer com que sua vida não gire somente em torno do trabalho. Relaxe mais e passe algum tempo usando suas habilidades de cura para ajudar seus amigos e entes queridos. A vida é curta demais para ser negativa: a negatividade sufoca seu espírito e mata seu potencial de alegria.

6. **Enfrente seus medos.** Faça um esforço concentrado para resolver sua ansiedade e abandone o hábito da preocupação. Para tanto, aprenda novas habilidades – medite, corra, faça yoga e procure se inundar de bons sentimentos (veja a p. 171) até a ansiedade diminuir. Faça pelo menos a tentativa! Juro que funciona!

LIBRA
O EQUILÍBRIO
♎

SIGNO DE AR

OPOSTO DE ÁRIES

SÉTIMO SIGNO DO ZODÍACO

CASA 7

REGIDO POR VÊNUS

Libra que "deu certo" é o mais refinado, civilizado, diplomático e elegante de todos os signos. Na maioria das vezes também é admirável e é sempre encantador e persuasivo. É o mediador nato do zodíaco e leva a paz àquelas situações que mais precisam de intervenção. Seu símbolo se parece com uma ponte, e o libriano se movimenta entre as pessoas e as situações, construindo pontes e levando a harmonia aos lugares onde esta não existia. Vocês, librianos, têm uma necessidade fundamental de paz e equilíbrio na vida e, por isso, geralmente são hábeis na arte de encontrar soluções de meio-termo. Assim, ficam mais felizes quando podem dizer "nós" e preferem estar acompanhados a caminhar sozinhos. As parcerias e uniões (sobretudo as românticas, mas também as de amizade e as profissionais) têm importância fundamental para o libriano. Os relacionamentos o entusiasmam.

Os librianos são estrategistas brilhantes e procuram ver todos os lados de uma situação ou discussão antes de formar um juízo. São justos, equitativos e tranquilos, de modo que é sempre um prazer estar na companhia deles.

Mencionei a palavra "prazer"? Com certeza. Vocês, librianos, gostam de todos os tipos de prazeres e apreciam a beleza, a arte e a cultura. Conheço alguns artistas, e no mapa de todos eles o signo de Libra está em evidência. O pintor italiano Caravaggio tinha o Sol em Libra, e suas obras – particularmente as que incorporam a figura da "Deusa" – são belíssimas. Uma de suas pinturas mais famosas é *A Morte da Virgem*, produzida entre

1601 e 1605. Gerou controvérsia na época, pois ele usou como modelo uma madame conhecida e de reputação duvidosa. Esse gosto pela ironia não é típico de Libra; no caso de Caravaggio, deve ter mais a ver com a Lua e Quíron em Aquário (os aquarianos adoram chocar os outros e muitas vezes se rebelam só para causar escândalo).

O planeta regente de Libra é Vênus, o qual é associado ao amor, à beleza, ao prazer, à arte e à cultura. (Na mitologia romana, a deusa Vênus também era a padroeira das artes.) Os librianos são os grandes românticos do zodíaco. São fabulosamente sedutores (a menos que Virgem, o signo vizinho, esteja muito presente em seu mapa, pondo fim a toda sedução!) e sabem como dar prazer físico e emocional às pessoas.

Muitas vezes, a aparência física dos librianos é esteticamente agradável. A experiência, entretanto, me diz que os mais bonitos e as mais bonitas não são os que têm o Sol em Libra, mas aqueles em que Libra tem uma participação importante no mapa – particularmente os que têm Vênus, Marte ou Ascendente em Libra.

Não há melhor exemplo de uma libriana que "deu certo" e ao mesmo tempo "deu errado" do que Brigitte Bardot, atriz, cantora e ativista francesa, defensora dos direitos dos animais, que já foi considerada uma das mulheres mais bonitas de todos os tempos. Ela tem o Sol, Mercúrio e Júpiter em Libra e tem planetas no signo humanitário de Aquário. Dedicou toda a sua vida a ajudar os animais. O modo pelo qual os planetas se combinam no mapa de Bardot parece ter resultado numa bela mulher com sede de justiça. Libra tem tudo a ver com a justiça e a igualdade, especialmente para aqueles que não têm voz, como os animais. Mas é aí que começam as contradições.

Infelizmente, Bardot também trabalhava com um signo de Libra que "deu errado", mostrando-se dogmática e preconceituosa. Ela não esconde o desprezo por qualquer pessoa que não seja caucasiana e francesa; é contra a imigração e já sofreu várias condenações na justiça por incitar o ódio racial. O signo de Libra pode ser cheio de contradições, mas uma coisa é certa: seu lado julgador é o pior, e o libriano é capaz de fazer guerra contra qualquer pessoa considerada diferente. Essa necessidade de mover campanhas de ódio é criada por uma infelicidade profunda e é o oposto da igualdade, qualidade que o libriano precisa abraçar a fim de encontrar a paz.

O libriano que "deu errado" pode ser superficial, vaidoso, extravagante e terrivelmente carente. Você não pode sobreviver sem a aprovação dos outros e, muitas vezes, gosta de agradar às pessoas, sacrificando seu senso de eu para manter outra pessoa feliz apenas para ficar ressentida mais tarde. Libra deve aprender a ser independente e menos carente. Se você é libriano, aprenda um pouco com Áries, o signo oposto ao seu: ele não precisa da aprovação de ninguém, e por isso mesmo todos o aprovam.

LIBRA
QUE "DEU ERRADO"

VAIDOSO, SUPERFICIAL E MATERIALISTA

O libriano que "deu errado" é vaidoso e até um pouco preguiçoso (pense na deusa deitada num divã, adorada pelos homens e alimentada na boca por mulheres). Você só se preocupa com o que os outros veem. Pode ser insincero e superficial e preenche sua vida com banalidades e passatempos que atraem a adoração que você deseja. É obcecado pela aparência e consome de forma irrestrita tudo o que lhe dá prazer, independentemente de como isso possa afetar as outras pessoas. Embora a rainha Maria Antonieta tenha nascido sob o signo de Escorpião, sua falta de comedimento e seu estilo de vida de excesso e ostentação podem ser creditados a um signo de Libra que "deu errado". Ela tinha a Lua (o planeta das emoções) e Júpiter (o planeta do excesso e do exagero) em Libra.

Libra que deu errado sempre julga o livro pela capa e nunca se preocupa em mergulhar abaixo da superfície. Por isso, pode tornar-se ignorante e preconceituoso.

Você não gosta de nada nem de ninguém que possa ser classificado como "feio" e por isso tende a manipular as outras pessoas para que sejam elas a cuidar de tudo o que é desagradável. Além de se tratar de uma atitude moralmente questionável, também impede que você viva aquelas experiências que poderiam aprofundar seu pensamento e, quem sabe, desencadear um aprendizado emocional.

O APRENDIZADO

Se você tem uma influência libriana forte no mapa, procure reconhecer quando você está sendo superficial. Se não fizer isso, correrá o risco de atrair relacionamentos que não têm absolutamente nada de profundo e tendem a se desintegrar ao menor sinal de que será preciso trabalhar para fazê-los funcionar. O libriano raramente fica sozinho, mas, se não abraçar a profundidade na vida, atrairá parceiros que o amarão enquanto você tiver boa aparência, mas o abandonarão ao primeiro sinal de envelhecimento. Isso é duro, mas é verdade. Não julgue nem evite as pessoas que parecem diferentes ou menos atraentes: você talvez deixe passar alguém que tem muito a lhe oferecer e perca a oportunidade de viver uma experiência profunda que enriquecerá sua vida. Lembre-se que esta vida é uma de muitas e que, se continuar assim, poderá renascer como um gárgula.

Se você vive ou trabalha com um libriano, precisa saber que as expectativas pouco realistas dele ou dela representam o caminho mais rápido para que ele ou ela se decepcione. Se for solteiro, avaliará toda pessoa solteira (ou, pior ainda, casada!) como um parceiro em potencial, e isso pode ser cansativo e tedioso para você. Se tiver energia, procure encorajar o libriano a buscar dentro de si o sentido mais profundo da vida. Isso também pode ser cansativo, mas no fim, quando o libriano se abrir como uma bela flor, será recompensador.

CARENTE, INCAPAZ DE FICAR SOZINHO

Você tem tanto medo de ficar sozinho que aceita qualquer companhia para se distrair. Tem uma necessidade imensa de estar dentro de um relacionamento e busca a aprovação alheia com tamanho desespero que muitas vezes acaba atraindo pessoas que acabam fazendo-o sentir-se horrível (e ainda mais só). Alguns librianos não conseguem ficar sozinhos porque têm medo de sua voz interior, que os encoraja a despertar e a trilhar um caminho verdadeiro.

O APRENDIZADO

Se você tem uma influência libriana forte no mapa, é absolutamente necessário que aprenda a aprovar a si mesmo. Precisa ter coragem para enfrentar a si mesmo. Procure aquietar a mente por tempo suficiente para conseguir ouvir sua voz interior; não precisa ter medo. (Conheço uma mulher de Libra que dorme com a televisão ligada para abafar a voz dos próprios pensamentos.) Quando conseguir ouvir a si de forma confortável, pode começar a conversar consigo mesmo. Lembre-se de todos os motivos pelos quais você é uma boa pessoa e das coisas que o tornam bonito. É preferível estar sozinho do que na companhia de pessoas que não fazem com que você se sinta maravilhoso. A lição, no caso, consiste em parar de pedir a opinião dos outros e de esperar que eles lhe digam quanto precisam de você. Levante a cabeça e sinta-se à vontade sendo quem você é.

Se você vive ou trabalha com um libriano carente, a carência dele pode ser extremamente cansativa e demandar muito do seu tempo. Talvez você se pegue rezando para que a pessoa encontre logo sua "outra metade", para que seja esta a ter de aguentá-la. Certa vez, tive um namorado libriano que detestava ficar sozinho; a coisa desandou quando me inscrevi (sozinha) para um retiro espiritual e ele comprou passagens para que nós dois fizéssemos uma viagem romântica. Se você trabalha com um libriano carente, seu tempo e seus recursos estarão em risco, pois ele quer ser constantemente reassegurado de que seu trabalho está bom o suficiente; além disso, não gosta de fazer nada sozinho. Você pode ou sugerir (com delicadeza) que ele trabalhe a própria autoconfiança ou encontrar para ele um papel mais adequado. Uma advertência: jamais use a palavra "carente". Ela provocará uma reação violenta, pois, como todos nós sabemos, a verdade dói!

⊖ JULGADOR E CRÍTICO ⊖

Numa manifestação extrema do signo de Libra que "deu errado", você associa seu papel de juiz do zodíaco com a infeliz tendência à superficialidade e a formar juízos severos e superficiais sobre as outras pessoas. Reclama de que os outros não o compreendem, mas está sempre vendo as imperfeições e os defeitos deles antes de ver qualquer outra coisa. Às vezes seus juízos se baseiam na aparência, nas roupas ou no *status* social das pessoas. Às vezes, como no caso de Brigitte Bardot, são ainda mais preconceituosos e se baseiam na raça, na classe social, no sexo ou em qualquer outro ponto de diferença que você considere "inaceitável". Se você se reconhece nestas palavras, encorajo-o a mudar de comportamento o mais rápido possível. Nunca é tarde demais!

O APRENDIZADO

Se você tem uma influência libriana forte no mapa, suspenda seus juízos até apurar corretamente os fatos. Procure ver o lado bom de todas as pessoas e situações. O ditado: "Quem tem telhado de vidro não deve jogar pedras" deve ter sido escrito especialmente para você. Mude seus hábitos e, antes de falar, sempre se pergunte: "Acaso esta palavra causará desarmonia para mim e para qualquer outra pessoa?". Toda vez que julga alguém, você diminui sua vibração e limita seu potencial. Na minha opinião, atraímos para nós tudo aquilo que fazemos; assim, tome cuidado e mude de comportamento.

Se você vive ou trabalha com um libriano julgador, corrija-o sempre que puder – e sempre, claro, com amor e delicadeza. Não o envergonhe na frente de ninguém; simplesmente o recorde da lei da ação e reação. Esse comportamento é como um bumerangue: pode demorar, mas ele volta.

INDECISO E PASSIVO

O libriano que "deu certo" adora levar tudo em conta para chegar a um juízo equilibrado. Quando as coisas "dão errado", entretanto, isso pode levá-lo a uma crise de indecisão. Você, libriano, está tão acostumado a pesar os prós e os contras de uma situação que muitas vezes acaba perdendo oportunidades e irritando as outras pessoas. Conheço um libriano que se cansou a tal ponto de sua indecisão que adotou o hábito de tirar cara ou coroa para tomar decisões e depois disso as segue rigorosamente. Talvez seja uma atitude radical, mas pelo menos resolveu o problema. Se evita tomar decisões, você se torna fraco e seu potencial de aproveitar a vida se reduz.

Você também pode ser extremamente passivo. Sua determinação de manter a paz é tamanha que, em nome dela, você acaba sacrificando suas necessidades e seus desejos. A vontade de evitar confrontos o torna infeliz, pois a vida põe em seu caminho pessoas que o levarão ao limite. Isso o torna mais infeliz e o deixa mais distante ainda da paz, que era seu objetivo inicial.

O APRENDIZADO

Se você tem uma influência libriana forte no mapa, precisa tomar decisões e obedecê-las. Se as pessoas estão passando dos limites, aprenda a afirmar-se e a resistir, como faz Áries, o signo oposto ao seu. (Vocês têm muito a aprender um com o outro!) Sua necessidade de que as pessoas gostem de você pode levá-lo a sacrificar sua própria essência. Assim, mantenha-se firme, de modo pacífico mas assertivo.

Se você vive ou trabalha com um libriano que chega a causar irritação de tão indeciso que é, procure ajudá-lo. Se a atitude dele o deixa louco, imagine como ele mesmo se sente! Encoraje-o a ouvir a voz interior, que sempre tem a resposta. Se ele quer que os outros gostem dele, lembre-o de que essa é a receita para o fracasso. Até um dos homens mais compassivos do planeta, o Dalai Lama, tem seus oponentes e críticos. É impossível agradar a todos: lembre-o disso.

LIBRA
QUE "DEU CERTO"

JUSTO, EQUITATIVO E EQUILIBRADO

Você escuta a todos e dá a cada um a oportunidade de falar e ser ouvido. Está sempre se deslocando entre diversos amigos e grupos familiares, pacificando as pessoas e atuando como diplomata. É uma companhia tão agradável que todos buscam seu conselho sábio, justo e imparcial. Você aborda todas as suas atividades de maneira equilibrada e sempre procura ver o quadro maior das coisas.

O APRENDIZADO

Procure levar em conta não somente as necessidades das pessoas, mas também as suas. Muitas vezes, você fica tão ocupado atuando como pacificador que acaba deixando seus próprios sentimentos e preferências fora da zona de guerra em que atua. Peça emprego nas Nações Unidas (uma organização extremamente libriana)! Mas qual deve ser seu limite? Todos nós apreciamos a sua equitatividade; entenda que, mesmo que não o demonstremos, sempre a recebemos com gratidão.

Tenho uma cliente que sempre se chateia quando seus amigos ou familiares brigam entre si. Ela gasta todo o seu tempo e energia tentando manter a paz. Digo-lhe que de vez em quando ela precisa sair do ringue e deixar as pessoas brigarem, mas ela deixa que sua atividade de pacificadora domine toda a sua vida. Já sugeri que ela diga a essas pessoas quanto as brigas delas a magoam e peça que elas a deixem de fora dos conflitos ou, melhor ainda, que parem de brigar.

CHARMOSO, GENTIL E ELEGANTE

Libra é o mais charmoso de todos os signos. Você é capaz de encantar uma serpente, tirar-lhe o veneno e ainda levá-la a agradecer-lhe. Você aborda as pessoas de forma suave e delicada, com tamanha naturalidade que todos gostam de estar a seu lado. Tem uma elegância interior que inspira todos nós a sermos um pouco mais como você. Quando "dá certo", você é a própria doçura e transpira elegância.

O APRENDIZADO

Não use seu superpoder do encanto para manipular as pessoas, levando-as a fazer o que você quer ou a lhe dar o que você acha que necessita. Não há sabedoria nenhuma nisso, e no fim sua arma se voltará contra você.

GENEROSO

Em geral, você é generoso e gosta de ajudar os outros. Sua necessidade de companhia tem seus benefícios, pois você gosta de coisas refinadas e não se importa em pagar a conta para ter outras pessoas a seu lado, caso seus amigos e entes queridos tenham menos dinheiro que você. É generoso com seu tempo, seu coração e seu dinheiro, e essa atitude é apreciada pelas pessoas boas que você tende a atrair.

O APRENDIZADO

Não tenha medo de que os outros tirem vantagem de você, pois esse medo restringirá sua bondade. Fique atento aos sinais de alerta, mas lembre-se de que o olho do karma tudo vê: nenhuma boa obra permanece invisível para a lei de causa e efeito. E, no fim das contas, de que vale cozinhar para si ou tomar um bom vinho sozinho? Se você puder compartilhar suas coisas com os outros, faça-o. Apenas procure garantir que todas as transações sejam equilibradas e equitativas. Se você tem mais dinheiro que seus amigos ou o cônjuge, tudo bem compartilhar. Antes de virar *freelancer* (um estilo de vida em que somos ricos num dia e pobres no outro), eu ganhava muito bem. Uma amiga, uma libriana maravilhosa, não ganhava tão bem quanto o resto da turma, mas todos nós a queríamos conosco e por isso insistíamos em pagar para ela sempre que podíamos. Em troca, ela nos comprava pequenos presentes e nos brindava com atos de bondade, que todos nós apreciávamos. Para que um romance ou uma amizade sejam equilibrados, nem sempre é preciso dividir tudo ao meio.

GUERREIRO PACÍFICO

O libriano que "deu certo" luta contra a injustiça e defende o que é correto mais que qualquer outro signo, sem porém sacrificar seu sentido inato de paz. O maior símbolo internacional da paz e da igualdade de direitos talvez seja o Mahatma Gandhi, que nasceu sob o signo de Libra. Seu trabalho incansável rumo a um ativismo não violento é um exemplo de tudo o que esse signo representa.

Jimmy Carter, ex-presidente dos Estados Unidos, também nasceu sob o signo de Libra. Ele ganhou o Prêmio Nobel da Paz em 2002 por seu trabalho para pôr fim ao conflito entre Israel e Palestina e pelas décadas que passou defendendo os direitos humanos. A paz, a igualdade das pessoas e a igualdade de direitos são políticas librianas.

O APRENDIZADO

O libriano precisa defender a igualdade e a justiça e mover uma campanha ativa em prol daquilo que é correto. Isso não somente é um grande fim em si como também aplacará a necessidade que sua alma tem de fazer esse tipo de trabalho. Esse é o seu papel no zodíaco. Alguns librianos tomam o caminho mais superficial e viajam de jatinho vestindo roupas incríveis, mas os mais autênticos põem suas delicadas mãozinhas na massa. No fim, isso é mais benéfico para você do que para as pessoas para quem você faz campanha. Dá na mesma que você defenda alguém que está sendo atacado no YouTube ou faça campanha para ser o próximo Nobel da Paz: as duas coisas servirão para deixá-lo interiormente contente.

NO AMOR

O lema do libriano é "um é pouco, dois é bom, três é demais". Para vocês, librianos, o amor e os relacionamentos são tudo: vocês literalmente amam o amor. Pelo lado positivo, são românticos, sedutores e sensuais. Quando "dão certo", são totalmente dedicados ao parceiro e fazem todo o possível para atender às necessidades deste. São também totalmente fiéis. Os homens e mulheres de Libra são os que têm alguns dos casamentos mais longevos e bem-sucedidos que conheço: aconteça o que acontecer, não gostam de se separar.

Sua famosa paz interior e sua elegância o ajudam a manter um ponto de vista positivo mesmo quando o relacionamento vai por água abaixo: Gwyneth Paltrow, atriz americana e fundadora da Goop, é libriana; seu método de "desacoplamento consciente", que ela emprega em casos de divórcio, é um belo exemplo da elegância que os librianos conseguem manter mesmo em circunstâncias extremas.

Quando as coisas "dão errado", você é materialista, superficial e tão vaidoso que até os espelhos ficam cansados de tanto refleti-lo. Também atrai pessoas e situações unidimensionais e, para seduzir, faz uso de tudo menos do seu ser verdadeiro: joias, roupas de marca, carros e casas caros. Busca a beleza e nada mais e não mede esforços nessa busca, submetendo-se inclusive a cirurgias plásticas invasivas. Também tem a expectativa de que seu parceiro seja bonito, e, se for, tanto faz que seja uma pessoa completamente vazia de conteúdo.

Por outro lado, como os virginianos, os librianos que "dão errado" também podem alimentar expectativas exageradas em relação a seus parceiros (e a si mesmos). Nesse ponto, vocês precisam se acalmar e aceitar as coisas como elas são.

Você detesta ficar sozinho e pode ser carente demais, o que acaba por afastar pessoas boas e até pessoas pacientes. Quando as coisas "dão errado", você pula de relacionamento em relacionamento ou é infiel: quando um relacionamento dá sinais de fadiga, você já entra no próximo sem necessariamente encerrar o primeiro! É materialista, superficial e tão maçante e unidimensional que acaba afastando todas as pessoas autênticas. Tudo o que lhe sobra são a superficialidade e os bajuladores.

Se você se relaciona com um libriano, precisa ser um especialista na arte da sedução total. Os librianos são, eles próprios, altamente sedutores e têm a expectativa de serem tratados da mesma maneira. O libriano quer que você o conquiste! Se precisa de presentes caros, é porque as coisas estão "dando errado", caso em que você deve bater em retirada o mais rápido possível. Quando as coisas "dão certo", eles apreciam sua atenção, seu afeto e pequenos gestos de gentileza. Adoram um romance sensual, velas, comida caseira e boa música. Quando seu parceiro libriano demonstra estar apreciando essas coisas, você pode tomar esse fato como um sinal que ele está trabalhando com a energia que "deu certo" de seu signo.

CARREIRA

Os librianos são, em geral, tão bonitos que podemos encontrá-los facilmente em profissões onde a boa aparência é importante. Muitos modelos, atores e políticos nasceram sob o signo de Libra ou têm esse signo em evidência em seus mapas. Também dão excelentes artistas, fotógrafos, pintores, músicos e, como não poderia deixar de ser, advogados, diplomatas e defensores dos direitos humanos.

No ambiente de trabalho, é uma alegria ter por perto um libriano que "deu certo". Vocês, librianos, são solícitos e buscam verdadeiramente a harmonia, de modo que não falam mal dos colegas nem os apunhalam pelas costas. Fazem todo o possível para introduzir equilíbrio em seu local de trabalho.

Há muitas luas, eu trabalhava como profissional de criação para uma empresa de entretenimento e tinha o melhor chefe que qualquer pessoa poderia desejar. Libriano, ele era tão justo e equitativo que eu adorava trabalhar para a empresa. Ele fazia questão de que a equipe de *freelan-*

cers fosse paga no prazo correto, levava em conta as horas adicionais que empenhávamos no trabalho e nos dava excelentes bônus. Nunca precisávamos lhe pedir nada; ele estava sempre um passo à frente. Mas era impossível tirar vantagem dele. Certa vez, quando lhe perguntei se ele já tinha sido indeciso (uma das maldições dos librianos), ele disse que a certa altura tomara a decisão consciente de não deixar que isso o definisse: tomava decisões e levava-as a cabo.

Quando "dão certo", vocês, librianos, levam toda a equipe em consideração e buscam criar um ambiente harmônico para todos os envolvidos. Não são motivados somente pelo dinheiro e pelo sucesso; diferentemente, têm o mesmo interesse pelo objetivo do trabalho que fazem e pela construção de um ambiente de trabalho pacífico e tranquilo no qual tal trabalho possa ser realizado.

Porém, vocês gostam de que as pessoas gostem de vocês, e isso pode ser bom ou mau, dependendo do grau de importância que atribuam a esse fato. Se a necessidade de aprovação é tanta que os impede de tomar decisões difíceis, isso pode acabar prejudicando o projeto ou a empresa. Aos clientes que têm esse problema, costumo dizer que o objetivo do trabalho é levar em consideração as necessidades globais da empresa ou do projeto, eliminando a necessidade egoísta de agradar a todos. É impossível que todas as pessoas gostem de nós, e o libriano precisa aceitar esse fato.

SAÚDE

O libriano precisa de paz e equilíbrio para viver bem. A paz de espírito e um ambiente tranquilo são absolutamente vitais para seu bem-estar geral. Se você estiver rodeado pelo caos, pela discórdia e por pessoas que o perturbam, sofrerá as consequências em sua saúde física e mental. Seu organismo precisa de amor e harmonia para funcionar bem, mas o verdadeiro amor começa com a aceitação.

Há mais um detalhe: você precisa de pessoas ao seu redor, especialmente quando tem a Lua em Libra (a Lua muitas vezes indica aquilo de que precisamos para nos sustentar emocionalmente, e Libra tem tudo a ver com relacionamentos). Alguns signos ficam mais à vontade quando têm seu próprio espaço; Libra, em geral, não gosta de ficar sozinho, a menos que tenha trabalhado muito bem esse aspecto de sua personalidade.

A música o acalma. Ouça música regularmente para promover a paz interior e a inspiração (evite, talvez, *raps* muito violentos). Crie suas próprias *playlists* para diferentes objetivos – animada, tranquilizante e por aí afora. Perder-se na música é, para você, uma forma de terapia.

Um ambiente organizado também desempenha papel crucial em seu bem-estar, assim como a arte de se livrar de tudo o que não usa mais (trata-se realmente de uma arte). Quando preciso diminuir a quantidade de coisas que possuo, tiro todas as coisas dos locais onde estão guardadas, descarto lentamente aquilo de que já não necessito e guardo o restante de forma ordenada. Isso funciona que é uma maravilha.

Seu amor pela arte é algo natural e é uma paixão a ser cultivada. Encontre seu veículo de expressão: faça aulas de artes, de desenho vivo ou de pintura com aquarela, aproveite os museus e galerias ao seu redor – e aprecie a arte moderna caso a renascentista não seja do seu gosto.

Você deve tomar cuidado para não sacrificar seu coração e seus sonhos simplesmente para deixar as outras pessoas felizes: se fizer isso, correrá o risco de introduzir desequilíbrios na vida delas e na sua, e o que o libriano precisa acima de tudo é de um estilo de vida equilibrado para ser saudável e feliz em todos os níveis.

O CONSERTO PARA LIBRA

1. **Domine a arte de encontrar soluções de meio-termo.** Para tanto, é preciso abordar as situações de maneira equilibrada. Antes de sacrificar suas necessidades, pare e pense nas consequências de longo prazo.

2. **Aprenda a ficar sozinho.** Se você já faz isso, ótimo! Se tem dificuldade para ficar desacompanhado, saiba que sua alma (ou sua mente) é sua melhor amiga e acostume-se de novo com a companhia dela a fim de encontrar a tranquilidade interior. Faça caminhadas, aprecie a natureza e lugares bonitos e reserve tempo para você. Sinta-se confortável sendo quem você é.

3. **Aprenda a não ser carente.** A carência talvez seja o traço mais desagradável do libriano e é com certeza um dos mais prejudiciais: repele o bem e atrai para você as piores pessoas e experiências. Lembre-se que você vale mais que isso. Respire fundo antes de manifestar sua carência e procure ativamente ser mais independente.

4. **Pare de julgar.** A primeira pessoa que precisa parar de julgar é você mesmo. Ninguém, nem você, é capaz de viver à altura dos padrões que estabelece. Toda vez que começar a julgar, pare e procure algo de positivo para dizer. Toda vez que conseguir fazer isso, você se sentirá muito melhor.

5. **Pratique a sinceridade.** Se fizer um esforço concentrado para ser sincero em todas as suas interações, você atrairá o mesmo tipo de comportamento em todas as outras pessoas, o que aprofundará e enriquecerá suas experiências. Ser tiver planetas em Escorpião, o signo vizinho ao seu, essa questão provavelmente não se aplica; no entanto, se você atrai ou pratica a insinceridade, aumente o nível de sinceridade em sua vida.

6. **Torne-se uma pessoa decidida.** Aprenda a confiar em sua voz interior. O primeiro pensamento geralmente é o melhor, antes de começar a pesar os prós e os contras. Respire fundo e peça uma resposta. Então, espere que ela venha. Leva tempo e precisa de prática, mas vale a pena. Pare de ligar para todos os seus contatos e siga o conselho de sua melhor amiga: sua intuição. Se nada disso der certo, tire cara ou coroa!

ESCORPIÃO
O PODER

♏

SIGNO DE ÁGUA

OPOSTO DE TOURO

OITAVO SIGNO DO ZODÍACO

CASA 8

REGIDO POR PLUTÃO/MARTE

Escorpião que "deu certo" é altamente intuitivo, como também o são Câncer e Peixes, os outros signos de água; é também um dos mais instintivos de todos os signos. Você tem uma profundidade emocional imensa e um ar magnético de mistério que é simplesmente irresistível para todos nós. Se recusa de modo absoluto a ser controlado ou dominado por qualquer pessoa ou qualquer coisa. Detesta a superficialidade e gosta de desenterrar o que está oculto em todas as áreas da vida, sondando e investigando até chegar ao fundo de uma questão ou demolindo a fachada para conhecer o próprio âmago do caráter de uma pessoa.

O grande tema do signo de Escorpião é o poder. Você está na Terra para aprender a usá-lo com sabedoria. Isso não significa que você seja automaticamente poderoso, mas que participou de certos jogos de poder desde a infância, o que lhe dá oportunidades incríveis para reconhecer e usar o poder como uma força para o bem em sua vida.

Quando as coisas "dão certo", você usa sua imensa empatia e abraça as intuições que tem sobre o lado escuro da vida. Martin Scorcese nasceu sob o signo de Escorpião, e basta examinar sua filmografia para ver que, além de ser profundo, ele tem um pendor por dar um ar atraente ao lado mais escuro da vida: o crime, a Máfia e o derramamento de sangue em geral.

Não há melhor exemplo de escorpiano do que Bill Gates, o bilionário fundador da Microsoft. No começo da carreira, ele foi criticado por suas técnicas empresariais de integridade duvidosa, mas depois se tornou um tremendo filantropo que nunca se cansa de usar seu poder e sua imensa fortuna para o bem. Por meio da Fundação Bill e Melinda Gates, ele faz doações a várias associações de caridade e projetos científicos pioneiros. Diz que sente um desejo intenso (palavras profundamente escorpianas) de resolver em algum grau a desigualdade que toma conta do planeta. Se todos os outros bilionários pensassem da mesma maneira, eliminaríamos em pouco tempo a desigualdade e a pobreza.

Nenhum outro signo tem tanta capacidade para o bem – ou para o mal. Você, escorpiano, tem uma resistência tremenda e, com Touro, o signo oposto, tem a vontade mais forte do zodíaco. Jimi Hendrix, por exemplo, tinha Marte (o planeta da energia e dos impulsos) em Escorpião e desde muito cedo determinou-se a ser um astro do rock. Algumas pessoas bem relacionadas na cidade de Londres lançaram sua carreira, mas ela poderia nem ter começado se não fosse por sua determinação invencível. Jimi usava uma guitarra para canhotos. Certo dia, logo antes de um *show*, alguém (certamente um concorrente invejoso) roubou a guitarra. Jimi limitou-se a pegar uma guitarra comum, para destros, e tocou-a de ponta-cabeça, fascinando seus fãs e os críticos. Esse momento, que definiu sua carreira, é o exemplo perfeito de uma característica clássica dos escorpianos: quando se decidem a fazer algo, vocês são irrefreáveis.

O escorpiano hábil sabe persuadir com arte; é sedutor, cativante e irresistivelmente *sexy*. Você é quente como um forno; solta fumaça e muitas vezes acaba você mesmo se queimando. James Dean, legendário astro do cinema, tinha a Lua em Escorpião, que lhe dava uma sensualidade fora do comum e a cara de menino mau e ensimesmado – tudo muito escorpiano. Você também tem a capacidade de induzir o transe, da qual ninguém consegue escapar, e, quando decide que quer algo ou alguém, fim de papo. Nós só vamos saber que fomos enfeitiçados pelo escorpião quando o encanto se desfizer e começarmos a nos lembrar em detalhes do que aconteceu.

Os melhores escorpianos são carismáticos e bondosos até demais; sabem quando as pessoas estão sofrendo e conseguem consolá-las e colocá-las em pé. Você sabe perdoar, é generoso e, muitas vezes, influente. O escorpiano é capaz de transformar com facilidade a vida de uma pessoa... e faz isso habitualmente. Verdadeiras forças da natureza, dotados de uma concentração incansável, vocês fazem as coisas acontecerem. Costumo dizer que a energia de Escorpião é como a de um trator: entra, demole tudo e depois reconstrói algo melhor. Isso tem tudo a ver com as grandes lições que esse signo tem de aprender, as quais dizem respeito aos processos de nascimento, morte, renascimento, transformação e mudança. Muitos escorpianos vêm enfrentando situações de transformação de vida desde a infância. Os melhores são aqueles que constantemente se livram da pele antiga e criam uma nova: a mudança faz parte do seu DNA.

O lado escorpiano que "deu errado" é sedento de poder e, no pior dos casos, extremamente vingativo. O escorpiano não apenas guarda ressentimento; vive obcecado, às vezes durante anos, pelas pessoas que lhe fizeram mal. Busca o domínio e a vingança absolutos e ataca ou trai qualquer pessoa que fique em seu caminho. Medo!

ESCORPIÃO
QUE "DEU ERRADO"

VINGATIVO, MANIPULADOR, CRUEL

Não há um jeito educado de dizer isso: o escorpiano que "deu errado" pode ser perigoso para si mesmo e para os outros. Se é esse o seu caso, sua tendência a ver as situações como ameaças à sua vida muitas vezes o faz levar as coisas para o lado pessoal. E, quando se sente ameaçado, você ataca – não somente com palavras, como os virginianos, mas busca a destruição total. Na realidade, as ameaças que pairam sobre você são, em sua maioria, imaginárias ou muito menores do que você pensa. Você vê inimigos em toda parte e não quer somente destruí-los, mas aniquilá-los. O escorpiano que "deu errado" passa por cima de qualquer pessoa para obter o que quer: mais poder e controle total.

Uma de suas maiores armas, além da pura e simples violência, é sua intuição penetrante, que lhe permite identificar e explorar os pontos fracos das outras pessoas. Se você sente que alguém tem uma motivação insincera, perde logo o interesse (sorte da pessoa!) ou a desmascara sem pensar duas vezes.

Manipulador, controlador e dissimulado ao extremo, você guarda muito bem os próprios segredos, mas sonda e assedia as outras pessoas para que compartilhem com você seus medos mais profundos e seus segredos mais sombrios. Depois, usa tudo isso para seus próprios fins – inclusive para fazer chantagem emocional ou de outro tipo.

Sua vontade de ser o poder dominante em qualquer grupo ou situação significa que você muitas vezes prefere tirar o poder dos outros e roubar-lhes o lugar de destaque em vez de conquistar essas coisas por si mesmo. Perigoso e vingativo, você raramente está só, pois seu poder tenebroso atrai seguidores e as pessoas têm medo de ficar contra você.

O APRENDIZADO

Se você tem uma influência escorpiana forte no mapa, talvez se incomode com o que está lendo aqui. Talvez reconheça algumas dessas características em si mesmo ou tenha sido vítima desse tipo de comportamento. Lembre-se que podemos atrair ou usar os traços associados ao nosso signo, mas de um jeito ou de outro eles existem para nos ensinar. Por outro lado, também é possível que você esteja pensando: "Faço de tudo para esconder meu poder e procuro conscientemente não ser cruel com as outras pessoas!". Pode ser, sem dúvida. Os escorpianos que têm integridade e compaixão morrem de medo das características "erradas" de seu signo, a ponto de às vezes tentarem negar o próprio poder – o que também é um problema. Sempre digo que o escorpiano tende mais a "dar errado" quando não se sente à vontade com o próprio poder. Assim, você não deve fugir do poder, mas abraçá-lo para o bem.

Se você sabe que às vezes se comporta como Vlad, o Empalador (que, segundo se diz, era escorpiano), lembre-se que esse lado escuro faz muito mal, não somente aos outros mas também a você. Espantará seus aliados e as pessoas que você ama e atrairá sobre você a crueldade e a vingança. As coisas não precisam ser assim. Você, mais que qualquer outra pessoa, tem a oportunidade de criar seu próprio poder, graças à sua intuição brilhante e à sua força de vontade. Não é necessário recorrer ao lado escuro se o potencial de realizar grandes coisas com integridade está a seu alcance.

Se você vive ou trabalha com um escorpiano, deve fazer todo o possível para ajudá-lo a usar seu poder do jeito certo: se ele estiver manifestando o outro lado, o único curso de ação sensato para você é se proteger. Lembre-o que grandes poderes trazem grandes responsabilidades e peça que ele se pergunte se está controlando seus poderes.

FRACO, ASSUSTADO

O escorpiano que "deu errado" pode ser o contrário de poderoso: não tem absolutamente nenhuma força de vontade. Se não está perseguindo a todos, está encolhido num canto, morrendo de medo de sua própria sombra e da mudança em geral, lutando contra sua dependência e seus desejos interiores.

O signo de Escorpião tem forte relação com a transformação. Quando você não abraça a mudança, acaba se imobilizando numa posição de medo. O ressentimento, a ansiedade e a tensão aumentam. Parte do problema tem a ver com a quantidade de energia que você gasta para reprimir seus desejos: primeiro procura resistir a eles, depois cede e, no fim, se sente culpado. O desejo é uma força motriz e tanto para o signo de Escorpião – e não somente o desejo sexual, embora este seja importante. O que o escorpiano quer, ele procura obter ou, diferentemente, procura suprimir o desejo. Quando as coisas "dão errado", você se habitua a negar seu conhecimento intuitivo daquilo que o motiva. Enterra seus desejos bem fundo e depois fica obcecado com eles até que das duas, uma: ou eles saem à superfície e você cede a eles, ou começam a envenená-lo por dentro. Os escorpianos tendem a fazer uso excessivo de bebidas alcoólicas, drogas e sexo e são vulneráveis à dependência.

O APRENDIZADO

Se você tem uma influência escorpiana forte no mapa e é mais do tipo ansioso do que impiedoso, precisa reconhecer o que quer e enfrentar seus desejos; caso contrário, corre o risco de se tornar escravo deles. É muito melhor ser corajoso consigo mesmo e sincero com os outros do que correr o risco de cair numa vida de infindáveis batalhas internas para tomar decisões, enfrentar os demônios e abandonar os maus hábitos. Você dispõe de imensos recursos de força de vontade, determinação e clareza interior; precisa apenas deixar que tudo isso venha à superfície. O escorpiano está na Terra para aprender muitas lições, mas a lição mais constante em toda a sua vida é a necessidade de se transformar. O potencial para isso existe. Se você resistir à ideia de se desfazer de sua antiga pele, estará lutando contra seu eu mais elevado. Assuma seu poder e deixe a má vibração para trás.

Se você vive ou trabalha com um escorpiano de personalidade fraca e dependente, faça todo o possível para trazer à tona a força e a empatia dele. (Essas coisas são tão fortes em Escorpião que, mesmo que estejam enterradas bem fundo, você há de conseguir manifestá-las se perseverar.) Procure mostrar-lhe quanto os atos dele podem ser destrutivos. Se ele for viciado em poder, resista-lhe com amor. Se for viciado em qualquer outra coisa, sugira um rompimento total com os antigos hábitos por meio de uma mudança de rotina ou mesmo, em situações extremas, uma mudança de emprego ou de casa. E, como sempre, se um ente querido estiver viciado em álcool ou em drogas, faça todo o possível para que ele busque ajuda profissional; mas saiba também que você não poderá ajudá-lo até que ele mesmo queira.

CIUMENTO

Esse é o problema mais comum dos escorpianos e, segundo minha experiência, um dos modos mais destrutivos pelos quais a energia escorpiana "dá errado". Nem sempre é fácil identificar esse problema, pois alguns dos piores casos que já vi envolvem pessoas que não têm o Sol, mas sim algum outro planeta em Escorpião. Júpiter, por exemplo, associado por um lado a nossas habilidades e nossos talentos e, por outro, a comportamentos extremos e exagerados, produz, quando está no signo de Escorpião, ou uma pessoa proficiente na empatia e na bondade ou totalmente consumida pelo pior de todos os venenos: o ciúme.

O APRENDIZADO

Se você tem uma influência escorpiana forte no mapa e reconhece que o ciúme é um problema para você, anime-se. Sei que o sentimento do ciúme é horrível, mas você pode aprender a dissipá-lo. Precisa trabalhar seu lado escuro, trazendo-o para a luz; precisa enfrentar seus próprios demônios e dizer a seus entes queridos que está trabalhando para melhorar, de modo que eles possam ajudá-lo e apoiá-lo.

Sempre digo o seguinte: não tenha ciúmes de nada nem de ninguém. Cada um de nós tem o nosso caminho e todos fazem escolhas que resultam em boa fortuna ou, quando não são tão inteligentes, em lições a serem aprendidas.

Se você vive ou trabalha com um escorpiano ciumento, talvez se console um pouco ao saber que, por mais que os ciúmes dele o deixem infeliz, isso não é nada se comparado com o modo como ele mesmo se sente. O problema do ciúme é que, embora ele seja óbvio, a pessoa que o sofre fará de tudo para não admitir que o está sentindo. E será impossível resolver o problema até que ela o admita. O melhor é dizer coisas como "Isto faz com que você se sinta mal?". Assim, você procura trazer o problema à tona. Porém, até que o próprio escorpiano enfrente esse monstro, você deve demonstrar tanta paciência e compaixão quanto possível. Se ele não ajudar e não admitir o problema, você terá de se proteger. Certa vez trabalhei com um escorpiano que "dera errado" e que era ultracontrolador. Me maltratou e me chantageou até o dia em que o enfrentei. Então, ele mudou completamente o jeito de me tratar. Você precisa resistir ao escorpiano ciumento, mas faça-o com uma motivação sincera. Caso contrário, estará comprando um inimigo para o resto da vida.

ESCORPIÃO
QUE "DEU CERTO"

CHEIO DE EMPATIA, CAPAZ DE PERDOAR

O escorpiano é altamente intuitivo e tem uma espécie de visão de raio X que penetra as muralhas que construímos em torno de nós para nos proteger. Isso dá a você, escorpiano, uma intuição incrível, a qual, como já vimos, pode ser usada para o bem ou para o mal. Quando você a usa para o bem, ela gera seu superpoder: a empatia. Seu calor natural, associado a sua capacidade de sentir a dor alheia, significa que você é bondoso até os ossos, generoso com sua atenção e sensível às necessidades alheias.

Os escorpianos têm a reputação terrível, e muitas vezes justificada, de estar sempre atacando. A experiência, porém, me diz que vocês nunca guardam ressentimento quando realmente chegam a compreender as motivações da outra pessoa. Na verdade, têm uma tremenda capacidade de perdoar quando descobrem a raiz do comportamento alheio.

O APRENDIZADO

Pode ser que você já esteja fazendo uso do seu poder de perdoar. Nesse caso, meus parabéns! Caso, porém, se trate de uma área ainda problemática e se muitas vezes acontece de você acabar se sentindo injustiçado, considere a possibilidade de mudar de frequência: talvez a vida o ame tanto que fica lhe enviando pessoas que lhe oferecem a oportunidade de aprender a perdoar, muitas vezes por meio da traição. Ninguém escapa ao olho do karma, da lei da causa e efeito. Assim, se uma pessoa o magoa, daqui a pouco ela também estará sofrendo. Por que não a perdoar desde já e ter compaixão pelo caminho de sofrimento em que ela acabou de entrar?

MAGNÉTICO, CONVINCENTE

Escorpião que "deu certo" é uma pessoa fabulosa, mas pode causar dependência: ninguém se esquece de um encontro apressado com um escorpiano. Aquela veemência, aquele charme tristonho... vocês são magnéticos como os polos terrestres e literalmente transbordam carisma e apelo sexual. São charmosos e sinceros, mas têm autoridade. O escorpiano que "deu certo" tem confiança em seu poder sobre os outros e não precisa gritar para exercer sua influência. Prefere persuadir, seduzir ou convencer pelo simples magnetismo.

Os escorpianos têm tanto medo de ser manipuladores que fogem das posições de poder, mas isso pode acabar se tornando um problema e, quando fazem isso, eles correm o risco de fazer mais mal do que bem. Como disse certa vez meu amado professor, o que vocês precisam é ter clareza quanto à sua motivação. As coisas são simples assim. Escorpião que "deu certo" tem a motivação mais pura e não precisa ter medo do próprio poder hipnótico. Se está tentando levar uma pessoa a fazer algo para o bem dela (e não o seu), use suas habilidades para manipular a situação!

O APRENDIZADO

Para alcançar sua máxima eficácia, o escorpiano deve abraçar o poder e ter confiança e segurança suficientes para usá-lo com sabedoria. Quando as coisas "dão certo", você tem por trás de si uma força quase sobrenatural quando se decide a fazer alguma coisa e geralmente é um grande realizador em todas as áreas da sua vida, desde os relacionamentos pessoais até a carreira.

INSPIRADOR E FORTALECEDOR

Todos nós conhecemos os jogos de poder a que o escorpiano se dedica, mas, quando as coisas "dão certo", ele adora usar suas habilidades para fortalecer os outros e dar-lhes poder, do mesmo jeito que as usa para obter as coisas que lhe interessam pessoalmente. Trabalha bem em equipe, desde que seja tratado com honestidade e respeito, e defende seus colegas mesmo em face da morte e de perdas extremas. O escorpiano que "deu certo" sabe que o poder não é um recurso infinito e que uma das coisas mais poderosas que se pode fazer com ele é fortalecer outra pessoa para que ela atinja seu pleno potencial. Se o escorpiano que "deu errado" tem muitos inimigos, o que "deu certo" tem muitos amigos, apoiadores e aliados. Acima de tudo, tem o respeito e a admiração das outras pessoas.

O APRENDIZADO

Pense um pouco: quando você busca apenas os próprios interesses, não está usando seu poder verdadeiro. Quando dá poder aos outros, o relógio cósmico da causa e efeito começa a girar e você se sente extremamente bem. Esse tipo de atitude ajuda a compensar aqueles momentos em que você talvez não tenha sido tão generoso.

NO AMOR

O escorpiano não se apaixona facilmente nem brinda facilmente outra pessoa com sua confiança e seu amor, mas, quando isso acontece, se dedica por inteiro ao ser amado. Quando "dá certo" o escorpiano é amoroso, leal, carismático, magnético e sensual. É fiel por toda a eternidade e busca uma união profunda, de almas gêmeas – nunca um relacionamento superficial.

Será que eu já disse que o escorpiano é *sexy*? Em geral, os escorpianos irradiam sensualidade sem sequer perceber. Não me refiro àquele tipo de pessoa que sexualiza sua aparência para chamar a atenção – não é esse o estilo de Escorpião. O escorpiano é sutil e cheio de classe, chama a atenção sem procurar fazê-lo. Minhas amigas e eu damos risada quando entramos numa sala e vemos alguém num canto exalando apelo sexual. Em uníssono, dizemos: "Escorpião!". E já ouvi muita gente dizer: "Ele/ela não é bem o meu tipo, mas tem algo de *sexy* e atraente". Sorrio, porque sei que estão falando sobre a poderosa atração escorpiana. Vocês também sabem ser bastante selvagens entre quatro paredes: apaixonados e presentes.

Quando as coisas "dão errado", vocês se tornam um verdadeiro pesadelo. São campeões olímpicos dos jogos de poder e são os mestres da chantagem emocional. Quando se sentem contrariados, declaram guerra psicológica contra o parceiro e o assediam a ponto de levá-lo a questionar a própria sanidade. São extremamente ciumentos e sabem ser maldosos, atacando o parceiro só porque estão com vontade. Os mais inseguros se tornam possessivos, paranoicos e, quando as coisas vão realmente mal, chegam a maltratar os parceiros.

Numa situação menos extrema, vocês rapidamente se entendiam quando a união não tem intensidade nem profundidade. Ou vocês vão embora ou, quando ficam, acabam procurando uma terceira pessoa que lhes desperte o desejo. O escorpiano costuma ser muito fiel quando suas necessidades emocionais e físicas são atendidas; mas, quando não são, eles se entregam à luxúria sem olhar para trás.

Se você se relaciona com um escorpiano, saiba que logo seu relacionamento consumirá toda a sua vida. É a famosa intensidade escorpiana – nada de meias medidas. Por isso, se você está à procura de um relacionamento leve, o melhor é nem cogitar ligar-se a um escorpiano. Ou você o abandonará e despertará sua fúria de vingança ou acabará enredado pelo poderoso encanto dele. Isso pode ser incrível, mas só se for algo que você queria. Caso contrário, você logo sentirá que ele quer matá-la de amor. Conheço um casal que se juntou ainda na adolescência. Ele tem Marte em Escorpião e ela, Vênus em Escorpião: uma união incrível. Os dois dizem a todos que, desde o momento em que se conheceram, sabiam que eram almas gêmeas.

Falando nisso, vale a pena se perguntar, logo no começo, se você está disposto a viver experiências profundas com seu parceiro de Escorpião. Ele exigirá muito compromisso, paixão e energia. Se isso lhe parece bom, saiba que a partir de então sua vida não terá mais nenhum momento de tédio.

Já o escorpiano que "deu errado" é assustador. Ele repassa de forma obsessiva cada suposto insulto ou transgressão; e, se você o decepcionar ou o trair (ou melhor: se ele *pensar* que você o decepcionou ou o traiu), o melhor a fazer é afastar-se desde já com todo o cuidado, pois ele jamais o deixará esquecer do que aconteceu e certamente (de forma franca ou velada, subconsciente) buscará vingar-se. No limite, se tornará um daqueles *stalkers* que reviram a internet em busca de meios de destruir a pessoa que não puderam ter. Tome cuidado.

Mas nem tudo é tão aterrorizante. O escorpiano que "deu certo" é garantia de uma união intensa e é, em geral, um dos parceiros mais comprometidos – desde que a vida de vocês juntos se desenrole em perpétua transformação e que sua vida sexual seja sensual e dinâmica.

CARREIRA

Qualquer coisa que desça abaixo da superfície e desperte emoções é adequada para a vida profissional do escorpiano. Como seria de se esperar, as pessoas desse signo se sentem atraídas por posições de liderança. Em junho de 2015, a dadaviz.com fez um levantamento com base em dados da Wikipedia sobre os signos solares de chefes de Estado e de governo. O signo campeão foi Escorpião, seguido de Sagitário e Leão.

O escorpiano que "deu certo" é um chefe brilhante. Se é esse o seu caso, você usa suas sensações e seu instinto para tomar atitudes bem-sucedidas. Tem uma intuição quase sobrenatural sobre o que funciona e o que não funciona e, quando põe as garras em algo (ou em alguém), não aceita que isso lhe seja tirado. Sabe motivar as pessoas e dar independência à equipe. A maioria dos escorpianos que exerce cargo de chefia exerce o poder com consciência e não se deixa corromper pela fama, pela riqueza ou pelo poder, pois nada disso é novidade para vocês.

Porém, o escorpiano não serve apenas para a liderança. Sabe também compor uma equipe, desde que seja tratado com honestidade e respeito. Também tem uma capacidade de concentração que não é igualada por nenhum outro signo e, quando volta sua mente e sua vontade para algum projeto, mostra-se incansável. Tem uma intuição forte e é especialista em fechar negócio, pois é capaz de ver o âmago dos desejos das pessoas, para além do que está na superfície.

Tenho uma amiga – uma produtora de cinema bem-sucedida – com Sol, Mercúrio e Júpiter em Escorpião. Ela sempre sabe quando uma ideia vai funcionar ou um filme vai render bem e tem um instinto infalível quanto ao melhor momento para apresentar um projeto a um potencial financiador. Quando ela se movimenta para fechar um negócio, este já pode ser considerado fechado. Ela é humilde, confiante e, no entanto, discretamente poderosa – uma combinação irresistível. É assim que funciona Escorpião quando "dá certo".

Você sente atração por profissões poderosas que resultem em algum tipo de transformação – política, jornalismo, o setor editorial e os meios de comunicação em geral. Anna Wintour, lendária editora da revista *Vogue* americana e talvez a mulher mais poderosa do mundo da moda em geral, tem o Sol em Escorpião. Também conheço a chefe de uma imensa editora norte-americana: ela é escorpiana e é bem conhecida pelo uso que faz da intuição para lançar novos autores.

O poder de Escorpião pode ser incrível quando usado como força para o bem. Leonardo DiCaprio está usando o seu para enfrentar as pessoas e os grupos que negam a mudança climática, trabalhando assim para ajudar o planeta e revelar os fatos ocultos – uma obsessão clássica de Escorpião.

SAÚDE

O escorpiano precisa cuidar muito bem de sua energia e sua mente. Sua sensibilidade e sua empatia fazem de vocês as esponjas psíquicas do zodíaco. Ou seja, vocês absorvem muita energia negativa das pessoas ao redor, e eventos que vocês percebem como negativos podem afetá-los por muito tempo. Mesmo as manchetes dos jornais podem deixá-los cansados, estressados e deprimidos. Vocês precisam purificar regularmente sua energia tomando banhos de imersão com sais de Epsom. Quando quiserem sair da banheira, destampem o ralo e imaginem que toda a negatividade e o estresse estão indo embora com a água. Sou fã dos rituais da Lua para nos livrarmos daquelas coisas às quais nos apegamos demais ou de qualquer coisa que nos preocupe. Experimente fazer uma lista de tudo aquilo de que você precisa se livrar: o rapaz ou a moça com quem você teve um encontro e cujo telefonema está esperando há dias, a esperança de ser promovido no trabalho, a discussão que você teve com seu parceiro, o medo de não ser bem-sucedido. Ponha fogo no pedaço de papel e deixe-o queimar e desaparecer com aquela negatividade. Esse ato de libertação é extremamente poderoso. Experimente diferentes processos até encontrar o que funciona para você.

Você, de Escorpião, é capaz de pensar de maneira obstinada numa ideia até ficar doente, e esse hábito pode lhe causar problemas psicológicos profundos. Tudo o que o ajude a mudar de canal pode ajudar: fazer exercícios até ficar exausto ou praticar algum *hobby* que exija que você esteja totalmente presente em seu corpo e no momento. Conheço uma escorpiana ansiosa que começou a dançar tango e descobriu que, depois de dançar, já não tinha energia para se preocupar com nada.

A meditação é um instrumento poderoso que todos nós podemos usar e que pode nos ajudar muito. Outra coisa que pode ajudar são rituais diários para nos desapegarmos da preocupação e do medo. Os escorpianos adoram rituais. Assim, encontre algo que funcione para você: oração, tempo de silêncio, escrever e queimar a lista de ansiedades. Redação criativa e contar histórias são atividades que envolvem catarse – desde que a escrita não seja apenas um meio para você se vingar das pessoas que, em sua opinião, o injustiçaram. Esse seria bem o tipo de coisa que o escorpiano que "deu errado" costuma fazer.

Você precisa tomar cuidado com sua tendência à dependência. Qualquer coisa que o domine e sobre a qual você não tenha controle faz mal à sua alma. O álcool, o sexo e as drogas são problemas que acometem de modo particular as pessoas em cujo mapa o signo de Escorpião está em evidência. Você precisa deixar para trás todas as dependências e todas as toxinas, pois elas podem arrastá-lo para o lado escuro da vida. Se você não conseguir controlar o próprio comportamento, não desista. Há comunidades de apoio na internet para aqueles que procuram moderar o uso ou abster-se por completo da droga da qual dependem. E é possível procurar ajuda profissional, se for necessário.

Muitas vezes, o escorpiano vive no passado. Quer se trate de uma obsessão ou de simples nostalgia, isso não é saudável. O pior, no seu caso, é guardar ressentimento: você precisa criar meios para seguir em frente e viver no presente sem medo. Perdoar é crucial para o bem-estar de Escorpião, tanto perdoar os outros quanto perdoar a si mesmo. Vocês (como os virginianos) são tão autocríticos que (como os taurinos, nascidos sob o signo oposto ao de vocês) devem aprender a estar presentes no momento e cultivar o amor e a autoaceitação.

Os escorpianos precisam de mais luz do Sol e mais leveza em sua vida. Tudo o que possa ajudá-lo a permanecer na luz é bom para você.

O CONSERTO PARA ESCORPIÃO

1. **Não fique obcecado.** Pratique rituais de desapego, como o de repetir este mantra tibetano budista muito simples, que pode elevar sua energia: *Om mani peme hum*. Ele significa "Purifica minha mente, meu corpo e minha palavra" (e realmente funciona!).

2. **Purifique sua energia.** Use sálvia, incenso ou óleos essenciais e tome um banho de imersão regularmente com sais de Epsom. Você também pode usar os sais para esfoliar a pele sob o chuveiro e imaginar que está tirando de si as energias de todas as outras pessoas. O poder está no ritual.

3. **Abrace o poder.** Conheça o poder que atua em silêncio e tire férias da sua mente obsessiva. Torne-se mais confiante e afirme-se com força e com amor caso as outras pessoas passem dos limites. O verdadeiro poder é incorruptível.

4. **Desenvolva a força de vontade.** Faça promessas a si mesmo e cumpra-as independentemente de qualquer coisa. No começo, elas devem ser pequenas e viáveis. Depois, passe às áreas da vida em que você precisa de mais disciplina.

5. Perdoe a si mesmo e aos outros. Deixe de lado todos os ressentimentos que o mantêm preso no escuro. Seja mais bondoso consigo mesmo e tente, sempre que possível, perdoar os que o injustiçaram. (Será possível que você tenha reagido de forma exagerada?) Ponha-se sobre a luz e deixe que ela o acalme.

SAGITÁRIO
A INSPIRAÇÃO

SIGNO DE FOGO

OPOSTO DE GÊMEOS

NONO SIGNO DO ZODÍACO

CASA 9

REGIDO POR JÚPITER

Sagitário que "deu certo" é uma combinação incrível de aventura, inteligência e diversão. Por tratar-se de um signo de fogo regido por Júpiter, seus nativos têm energia positiva para dar e vender e uma paixão infecciosa pela vida. Gostam de estar no meio de pessoas e são quase sempre otimistas, como Leão, outro signo de fogo; mas também têm um lado intelectual. Os sagitarianos são, em geral, sábios e bem informados. Lançam luz sobre problemas complexos e têm o dom de contar histórias para evidenciar suas opiniões. Sagitário que "deu certo" é o melhor professor do mundo e comunica sua sabedoria a quem quer que esteja disposto a aprender. Raramente tolera os tolos e dá muito valor ao próprio tempo, encarando-o, com razão, como uma mercadoria. Eu disse "com razão"? Em geral, os sagitarianos têm razão em tudo!

E não nos esqueçamos da sorte. O signo de vocês é realmente sortudo e vocês não têm vergonha de compartilhar sua boa fortuna. O sagitariano adora companhia e busca ativamente a aventura, em geral em terras estrangeiras – e melhor ainda quando outros quiserem acompanhá-lo. Leves e joviais, vocês têm malas cheias de histórias para contar, a maioria das quais são verdadeiras. Talvez Sagitário seja o mais honesto de todos os signos (depois de Virgem, é claro). O sagitariano tem a mente aberta e é uma pessoa que entusiasma os que estão por perto, pois coisas interessantes costumam acontecer na sua presença.

O que os sagitarianos prezam acima de tudo é a integridade. As outras pessoas sabem exatamente o que esperar de um sagitariano que "deu certo", pois ele fala a verdade. Não gosta de jogos e é digníssimo de confiança, além de fiel a si mesmo. É inspirador, às vezes é filosófico e é, de todos os nativos do zodíaco, o que mais se esforça na busca da verdade.

Aliás, vamos falar sobre a verdade. Vocês, sagitarianos, são fortemente motivados pela necessidade de honrar sua verdade e de declará-la tal como a sentem e quando a sentem. É claro que isso tem um lado muito bom, mas, quando as coisas "dão errado", vocês são verazes a ponto de perder completamente o tato e cair até na crueldade. (O outro lado desse comportamento é o do sagitariano que se afasta completamente da verdade para levar as pessoas a fazer o que ele quer.) De um jeito ou de outro, suas maiores lições de vida dizem respeito à verdade, como acontece também com Gêmeos, o signo oposto ao seu. Gêmeos, em geral, precisa ser mais sincero, e Sagitário em geral é sincero demais. Precisa aprender, por um lado, a ser honesto e, por outro, a não magoar os outros em nome da sua ideia favorita.

Os sagitarianos estão em busca do sentido da vida e, por isso, muitos estudam religião e espiritualidade. Também têm uma qualidade profética, que é bastante diferente da intuição.

Tenho uma amiga nos Estados Unidos que trabalha com um dos *rappers* mais bem-sucedidos da história moderna. Esse *rapper* tem o Sol em Sagitário e é conhecido entre as pessoas mais próximas como "O Profeta".

Bruce Lee foi outro sagitariano que manifestou bem a qualidade de seu signo solar. Esse ator, filósofo e produtor de cinema nascido em Hong Kong, que também tinha a nacionalidade americana, tornou as artes marciais conhecidas pelo público ocidental. Inspirou os ocidentais a aprender artes marciais e recusou-se a se curvar à comunidade chinesa nos Estados

Unidos, que queria impedi-lo de divulgar as artes chinesas no Ocidente. Conta-se que teve de lutar contra outro mestre; o prêmio da vitória seria a possibilidade de manter a sua escola funcionando. Lee não era religioso, mas era versado nos textos do taoismo e do budismo e incorporou a filosofia na arte que ele próprio criou, o *jeet kune do*. Afirmava que a preparação mental e espiritual e a força interior eram fundamentais para o sucesso.

O interessante é que Bruce Lee também tinha Mercúrio, Lua, Vênus e Marte em Escorpião (ou seja, tinha bastante Escorpião no mapa!) e, antes de ganhar fama, tinha a reputação de ser um feroz lutador de rua. Escorpião tem tudo a ver com a vontade de poder, que não é típica de Sagitário. Este prefere vencer uma briga pelo cérebro a vencê-la pelos músculos.

SAGITÁRIO
QUE "DEU ERRADO"

SEM TATO, PERNICIOSO, HIPÓCRITA

O sagitariano é tão motivado pela busca da verdade que tende a se esquecer que o mundo não é apenas em preto e branco. A vida e as outras pessoas são muito mais complexas que isso. Sagitário é um signo lógico e intelectual, mas, quando as coisas "dão errado", peca pela mais absoluta falta de inteligência emocional, chegando a ser briguento, impaciente e completamente sem tato, especializando-se então em magoar as pessoas. Não tem diplomacia alguma e se esconde por trás da "verdade", usando-a como justificativa para ser agressivo. Usa a verdade como uma arma para ferir sem compaixão e sem pensar nas possíveis consequências. Simplesmente não atenta para a possibilidade de ferir outra pessoa ou prejudicar a reputação dela.

O APRENDIZADO
Se você tem uma influência sagitariana forte no mapa, precisa se lembrar que o hábito de "falar a verdade como ela é" pode ser muito incômodo

para as almas mais sensíveis. Sei que é difícil para você ouvir isso, mas continue lendo – a verdade, toda a verdade e nada mais que a verdade pode ser um pouquinho inconveniente. E isso não significa que aquele a quem você dirige suas palavras de sabedoria ou seu conselho seja um mentiroso diabólico cuja moralidade está comprometida. Significa apenas que ele é... humano.

A chave é trabalhar sua capacidade de sentir empatia. Se não fizer isso, o mais provável é que você termine a vida sozinho ou rodeado de gente mal-educada, sem empatia. Procure verificar sua intenção antes de falar algo para alguém ou sobre alguém. O que exatamente você espera realizar? Se quer ajudar, vá em frente (cuidado para escolher o momento e o local corretos). Qualquer outra intenção é errada e provocará um mau comportamento da sua parte.

Se você vive ou trabalha com um sagitariano e sente que ele vive lhe dizendo o que há de errado com você, lhe dando sermões ou pregando sua filosofia, sei como você se sente. Não é fácil. Mas, antes de deixar que isso o afete, respire fundo e lembre-se que o sagitariano, em geral, não faz isso por mal. Pode até ser que ele fale tudo na hora errada e do jeito errado, mas, no geral, ele é sincero.

Sugiro que você procure meios de ajudá-lo a compreender que, quando ele fala de forma incisiva, especialmente assuntos pessoais, isso o magoa, o aborrece e lhe dá vontade de ficar longe dele. Respire fundo e, antes de qualquer outra coisa, procure ver se há pelo menos um fundo de verdade no que ele diz (geralmente há!). Diga-lhe que o comentário o machucou e pergunte-lhe, de forma não agressiva, qual foi a intenção dele. O objetivo é levar o sagitariano a questionar suas motivações.

NEGATIVOS E DIFAMADORES

Quando o sagitariano de fato "dá errado", ele se torna uma pessoa extremamente negativa. Felizmente, isso não afeta muitos deles; mas, quando acontece, é um verdadeiro cataclisma. Se você é sagitariano e é assim, faz as outras pessoas se sentirem como se tivessem se arrastado para fora da cama, de ressaca, depois de uma festa em casa. Todos se foram e agora cabe a elas limpar e arrumar tudo. É deprimente – como se uma nuvem negra fizesse morada permanente sobre você. Você também faz fofocas, critica as pessoas pelas costas e pratica a difamação pura e simples (geralmente em nome da verdade).

O APRENDIZADO

Se você tem uma influência sagitariana forte no mapa e é dado à negatividade, sobretudo às manifestações agressivas desta, assuma a responsabilidade pelo que está fazendo. Adote práticas de cura, medite, acenda velas, queime incenso, toque músicas positivas e, mais que tudo, direcione sua mente para outras coisas. Não sucumba à negatividade nem por um momento sequer. Diga algo positivo ou não diga nada – e isso inclui as coisas que diz a si mesmo.

Se você vive ou trabalha com um sagitariano que manifesta negatividade em tudo o que diz e faz, tenho pena de você. Não há muito que possa fazer para influenciá-lo. Ele mesmo terá de trabalhar para mudar a própria mentalidade. Há, porém, uma coisa que você pode controlar: suas reações ao espírito depressivo e às palavras mordazes dele. Procure reagir o menos possível e, acima de tudo, não ponha mais lenha na fogueira.

IGNORANTE E SABICHÃO

O sagitariano que "deu certo" é uma fonte de sabedoria e inspiração, mas, quando as coisas "dão errado", pode se transformar numa pessoa tediosa, barulhenta, mal-educada e inculta. Como os nativos de Gêmeos, o signo oposto ao seu, vocês, sagitarianos, realmente precisam se instruir antes de começar a falar. O sagitariano inculto tende a ser sabichão e ignorante, com toda a falta de tato e de inteligência emocional que caracteriza seu signo, mas nada de sua sabedoria o redime. Quando as coisas realmente vão mal, vocês, sagitarianos, são pessoas dogmáticas que não se importam em arregimentar fatos para comprovar suas fortes convicções – e como são fortes. A obsessão do seu signo pela verdade manifesta-se aí como uma convicção de que seu ponto de vista é o único verdadeiro.

O APRENDIZADO

Se você tem uma influência sagitariana forte no mapa, faça questão de não sair falando sobre nada sem conhecer os fatos que lhe deem respaldo. Procure manter a mente aberta para aprender coisas novas, pois isso é o que você faz melhor. Se tem sentimentos fortes a respeito de alguma coisa, pare um pouco para investigar seus sentimentos e suas opiniões.

Se você vive ou trabalha com um sagitariano ignorante e sabichão, procure usar mais os instintos que as emoções na hora de reagir a ele. Como sempre, a melhor estratégia consiste em encorajar os traços que "dão certo" e não os que "dão errado" do signo. Assim, se ele demonstrar alguma abertura, apele para o amor ao conhecimento, por mais esquecido que esse amor esteja, e mostre-lhe com delicadeza as falhas dos argumentos dele. Ao fazer isso, procure não o criticar. Se ele der uma de quem sabe tudo, inclusive o que é melhor para você, evidencie para ele o modo como ele está se comportando... sempre com delicadeza. Afinal, não há nada que o sagitariano valorize tanto quanto a franqueza e a veracidade.

AUTOCOMPLACENTE E FALSO

A maioria dos sagitarianos são sinceros e 100 por cento verdadeiros, mas, quando as coisas "dão errado", há um tipo de comportamento sagitariano que se manifesta no contrário disso. O sagitariano pode então ser autocomplacente e levar uma vida grandiosa que muitas vezes está acima de suas posses (traço que ele compartilha com o signo de Leão, também do elemento fogo) e, pior ainda, é frio como gelo. É indiferente à verdade e à noção de integridade, e os piores são descaradamente mentirosos; seu princípio de vida é viver como se já fosse rico e bem-sucedido, mesmo sem sê-lo.

O APRENDIZADO

Se você tem uma influência sagitariana forte no mapa e se vê refletido nesse comportamento, não tenha medo: nunca é tarde para buscar mais autenticidade na vida. O primeiro passo consiste em viver de acordo com suas posses e ser sincero quanto a suas circunstâncias de vida – se não para as outras pessoas, pelo menos para si mesmo. Trabalhe para adquirir bens em vez de esbanjar dinheiro. Assim, você passará a apreciar um pouco mais todas as coisas. O objetivo é que você se sinta bem com a sua vida como ela é, em vez de viver a vida de fantasia que você construiu para satisfazer o ego.

Se você vive ou trabalha com um sagitariano que manifesta esse tipo de comportamento e gosta dessa pessoa, ponha mãos à obra. Procure conversar com ela sobre os benefícios de levar uma vida mais sincera e equilibrada. Lembre-se que ela tem uma conexão inata com a natureza e uma necessidade de aventura, e isso nem sempre envolve viagens exóticas ou voos de primeira classe. E seja compassivo: Júpiter, o planeta regente do signo dessa pessoa, tende a estimular os excessos, e ela terá de trabalhar para resistir a essa energia.

SAGITÁRIO
QUE "DEU CERTO"

INSPIRADOR

A energia sagitariana que "deu certo" é uma das mais inspiradoras de todas e faz com que o sagitariano seja uma companhia muitíssimo agradável. Vocês, sagitarianos, usam sua sabedoria abundante e sua energia positiva para ajudar as outras pessoas e fazer com que elas se sintam contentes. Vocês são, sem dúvida, a maior forma de inspiração. E além de tudo vocês são generosos. Ajudam e aconselham os outros sem reservas, e por isso amamos vocês.

Tenho uma cliente e amiga que nasceu sob esse signo. Já perdi a conta das vezes em que me senti inspirada por ela e da diversidade de formas que essa inspiração assumiu. Ela é bem-sucedida nos negócios e, segundo a lista dos mais ricos do jornal *Sunday Times*, tem uma fortuna pessoal de pelo menos 200 milhões de libras esterlinas. É autônoma, inteligente, viajada, espiritual e sempre otimista. A Sra. Sagitário foi a pessoa que me inspirou a sentar e começar a escrever sobre o código que está por trás do meu método de Astrologia Dinâmica. Também me orientou sobre como abrir uma empresa e registrar todas as marcas relacionadas. Quando o sagitariano oferece ajuda, é para valer.

Walt Disney nasceu sob o signo de Sagitário, e sua carreira evidencia várias das características desse signo que "dão certo". Ele se deixava inspirar pelas coisas simples: foi um camundongo, por exemplo, que o conduziu ao sucesso com o Mickey, depois de anos problemáticos em que outras pessoas tiraram vantagem de sua honestidade. Sempre otimista, Disney nunca perdeu a fé em sua visão; também não comprometeu a própria integridade nem permitiu que seu senso de humor fosse maculado.

O APRENDIZADO

Você tem o poder de mudar o coração e a mente das pessoas e, quando faz isso, também é afetado positivamente. Além de se sentir ótimo quando aprende a fazer uso desse poder, muitas vezes continua colhendo as recompensas anos depois, quando vê que inspirou outra pessoa a buscar realizar o sonho dela e a alcançar as estrelas.

SÁBIO, DE MENTE ABERTA

Quando as coisas realmente "dão certo", vocês, sagitarianos, são interessantes, inteligentes e até brilhantes: têm uma mente ágil, sede de conhecimento e talento para se envolver com qualquer pessoa ou tema realmente profundos; deliciam-se quando podem estudar tal coisa. São inteligentes a ponto de os outros pensarem que são paranormais, pois seus poderes mentais não estão ao alcance de nós, comuns mortais. Sempre digo que a encarnação do signo de Sagitário é Sherlock Holmes: "Elementar, meu caro Watson. Achei que qualquer pessoa perceberia isso, pois é óbvio!". Mas é claro que não é óbvio para ninguém que não tenha a inteligência de Sagitário.

Muitos acadêmicos que conheço são sagitarianos ou têm esse signo em evidência no mapa. Sou capaz de ouvi-los falar durante horas e, por terem a mente aberta e ampla, não se fecham quando começo a falar sobre espiritualidade ou a prática de astrologia. Procuram entender tudo em termos racionais, o que é ótimo. A experiência me mostrou que o sagitariano que "deu certo" está sempre procurando aprender e é um ótimo ouvinte, desde que seu interlocutor seja entusiasmado e bem informado.

Os sagitarianos também têm, em geral, um senso de humor brilhante e são espirituosos e tendem a direcionar essas coisas para as pessoas que demonstram um comportamento ignorante ou egoísta. Não há como fugir da língua de vocês e não há ninguém como vocês para fazer comentários verdadeiros e mordazes, um pouquinho cruéis, mas perfeitamente hilários.

Vocês conseguem conversar com qualquer pessoa, passando com facilidade de assunto em assunto como os geminianos, mas a diferença é que a conversa de vocês em geral tem substância real e, na maioria das vezes, uma reviravolta moral no final, para nos manter atentos. Tenho uma amiga querida que nasceu sob esse signo e sou viciada em conversar com ela, pois seu otimismo e sua inteligência são contagiantes.

O APRENDIZADO
Uma palavra para os sagitarianos: por favor, lembrem-se que nem todos têm acesso à vasta quantidade de informações que estão armazenadas em seu cérebro nem à sua capacidade de combiná-las de modo a encontrar a sabedoria e engajar-se em debates e discussões e contar histórias. Sejam pacientes conosco, pois, na maioria dos casos, nós realmente gostaríamos de ser iguais a vocês!

AVENTUREIRO, TOLERANTE

Não há tédio para quem está ao lado de um sagitariano. Vocês, sagitarianos, são aventureiros e corajosos. Embarcam num avião, num trem ou num caiaque sem pensar duas vezes e sem aviso prévio. O sagitariano adora viajar para o estrangeiro e conhecer outras culturas e muitas vezes tem um vasto conhecimento sobre elas. Lembre-se que as viagens luxuosas que não lhes permitem ter contato com a cultura do país não servem para vocês. O que vocês querem é ter experiências autênticas, a fim de manter a mente aberta e o coração aberto para a aprendizagem em todos os níveis.

O APRENDIZADO
O sagitariano que "deu errado" tende a desistir ao primeiro sinal de que as coisas estão ficando complicadas. Por isso, olhe bem para sua motivação antes de embarcar numa aventura. Se você tem a esperança de fugir de uma realidade mais dura, que ainda existirá quando você voltar, isso restringirá sua liberdade num nível subconsciente. Primeiro resolva seus problemas e depois caminhe em direção ao pôr do sol – vá acampar, hospede-se num hotel fazenda ou vá caminhar pela floresta tropical. O que quer que você faça, a aventura servirá para inspirá-lo.

NO AMOR

O sagitariano que "deu certo" é honesto, aventureiro e íntegro (e tem a expectativa de que o parceiro também o seja). Sempre vê o melhor lado das situações e tem talento para fazer com que a outra pessoa se sinta especial: seu otimismo é contagiante. Tem a mente aberta, é generoso com o parceiro e adora um romance. Isso combina bem com seu amor pelas viagens, quer programadas, quer curtas e decididas em cima da hora. Não há nada que você aprecie mais do que explorar outras culturas com seu parceiro. Em resumo, é uma delícia estar do seu lado. Não surpreende que, em geral, haja muita gente interessada em você.

Você é independente nos relacionamentos e gosta de parceiros que também o sejam. Adora aventuras espontâneas e gestos românticos e gosta de cobrir seu namorado de presentes.

Por outro lado, você também pode ser prepotente. Quando se convence de que tem razão (e, convenhamos, isso é muito provável quando você tende a usar as energias que "deram errado"), rapidamente se torna uma pessoa enfadonha ou, pior, simplesmente atropela os interesses e o ponto de vista do parceiro. Não que você seja mau; apenas se esquece de que a outra pessoa tem sentimentos e opiniões tão válidas quanto as suas.

Você não gosta da companhia de pessoas negativas e faz todo o possível para evitá-las. Um parceiro carente ou negativo não vai durar muito ao seu lado (e até um membro da família de quem você não pode se afastar em definitivo tenderá mais a receber um presente extravagante enviado pelo correio do que uma visita sua). Você tende a tratar todo o planeta como seu parque de diversões e tem a expectativa de que as pessoas cooperem com seus planos; caso contrário, entrarão na lista negra.

Se você se relaciona com um sagitariano, sorte sua! Espero que já conheça tudo sobre a energia inspiradora dele e seu amor pelo romance e não tenha tido de ouvir muitos sermões do tipo que "deu errado". Quando o sagitariano manifesta a energia que "deu certo" de seu signo, é divertido, espirituoso e sábio, além de imaculadamente honesto.

Tenho, porém, uma palavra de advertência: o sagitariano é independente, não tem absolutamente nenhum traço de carência e exige o mesmo de seu parceiro. Não que ele não seja companheiro – pelo contrário –, mas não é adepto da codependência. Todas as mulheres sagitarianas que já conheci, por exemplo, não queriam ser figuras maternas para seus parceiros (já uma canceriana provavelmente não ligaria). Do mesmo modo, o sagitariano não gosta de parceiros possessivos ou ciumentos, e o relacionamento não durará muito caso ele seja obrigado a lidar com isso com frequência. Além disso, ele gosta de paquerar, o que pode ser difícil para parceiros inseguros.

A propósito, saiba que o sagitariano tende a se entediar quando você ousa não ser uma pessoa entusiasmada e empolgante. Ele tem dificuldade para dizer não às ofertas que lhe são feitas e, quando as coisas de fato "dão errado", chegam a ser infiéis. Geralmente lhes falta perseverança e, em vez de continuar por perto nas épocas difíceis, podem desaparecer em menos tempo do que o necessário para chamar um Uber.

Porém, se você o acompanhar em suas aventuras e ao mesmo tempo lhe der bastante apoio e liberdade, ele se mostrará fiel e comprometido. Embora sirva de inspiração para os outros, ele precisa ser inspirado pelo parceiro e precisa ter espaço para crescer e aprender dentro do relacionamento. Se você o mantiver interessado, ele se esforçará para continuar com você.

CARREIRA

Quando o sagitariano "dá certo", é bem-sucedido, sortudo, generoso e jovial. Corre riscos e frequentemente ganha muito dinheiro, associando a inteligência ao gosto pela aventura. Steven Spielberg, por exemplo, nasceu sob o signo de Sagitário e se tornou o cineasta mais rico de todos os tempos correndo uma série de riscos cuidadosamente calculados. Nos negócios, nos meios de comunicação ou na academia, você faz questão de usar a inteligência. Seu pensamento positivo e seu ponto de vista otimista o ajudam; em geral, você tem um programa claro e tem energia para implementá-lo.

O trabalho intelectual e as comunicações são setores que o atraem; os sagitarianos são escritores, acadêmicos e consultores brilhantes, pois têm a capacidade de fazer surgir do nada um conhecimento luminoso. Também brilham como advogados e no setor de vendas, desde que sejam realmente inspirados pelos produtos.

Você, sagitariano, tem o dom de comunicar mensagens às massas. Há muitos cantores, compositores e *performers* "proféticos" nascidos sob esse signo, entre os quais Frank Sinatra, Edith Piaf, Jimi Hendrix, Jim Morrison e, em época mais recente, Jay Z. A maioria dos sagitarianos se comunica de maneira criativa e inspira seu público. Conheço um famoso ator e diretor hollywoodiano que nasceu sob o signo de Sagitário, e todos os seus últimos filmes comunicam uma visão superior. Para quem tem olhos para ver, seu trabalho é cheio de significado.

Você se sente mais feliz quando consegue, de um jeito ou de outro, trabalhar ao ar livre e tem liberdade de sobra. Por isso, o ideal para você é um trabalho ativo e diversificado.

Falando em diversificação, cuidado, pois você tende a se entediar com facilidade. A variedade é fundamental para você; por isso, precisa de um emprego ou uma carreira que o entusiasme. Caso contrário, tenderá a pular de cargo em cargo. Outro problema é que pode se mostrar sabichão. Na chefia, tem a expectativa de que todos saibam tanto quanto você e rapidamente se torna um fariseu egoísta, que sabe o que todos têm de fazer mas ele mesmo não faz nada do que prega.

Você tem gosto pelos jogos de azar e, embora em geral tenha sorte, pode acabar perdendo tudo se não for cuidadoso com seus investimentos e com os riscos que corre. Tenho um parente nascido sob o signo de Escorpião que tem Vênus em Sagitário: ele ganhou bastante dinheiro no jogo na década de 1970 e usou tudo para montar uma rede de cassinos. Ao que tudo indica, hoje ele não tem mais nada – ou pelo menos é isso que ele diz quando pedimos que ele invista em nossos projetos.

SAÚDE

O sagitariano precisa priorizar uma vida saudável e precisa passar algum tempo ao ar livre – todos nós precisamos disso, mas os sagitarianos têm essa necessidade de modo especial, pois tendem a exagerar na boa comida e nos bons vinhos. Trata-se mais uma vez da influência de Júpiter, seu planeta regente: vocês tendem a levar tudo ao exagero. Descubra um regime de exercícios que você consiga manter com regularidade e procure fazer ao menos parte dos exercícios ao ar livre e não dentro da academia.

O sagitariano precisa cuidar do fígado. Por isso, procure passar pelo menos dois dias consecutivos a cada semana sem beber absolutamente nada de álcool. Evite as dietas radicais de desintoxicação, pois elas exigem ainda mais do fígado quando, depois de as terminar, você retoma a vida noturna.

Você também tende a ser suscetível a acidentes, traço que compartilha com Áries. Isso porque sua vida é cheia de atividades, e é muito mais provável que você esteja em movimento do que parado.

Geralmente se sente otimista, mas em casos extremos é o oposto e não consegue de maneira alguma ser positivo. Precisa do estímulo dos exercícios físicos e de ar fresco para reabastecer sua inspiração. Se sofre de depressão, você geralmente é capaz de inventar alguma forma de aventura para se animar. Gosta de estímulo e deve ocupar o cérebro com quebra-cabeças e enigmas, livros e línguas estrangeiras. Você precisa estudar para se sentir seguro, mas esse estudo pode se dar de múltiplas maneiras – não, porém, por meio de entorpecentes programas de televisão.

O CONSERTO PARA SAGITÁRIO

1. **Examine suas intenções** antes de falar aquilo que lhe parece ser a verdade. Ponha de lado seu arco – aquele que você usa para atirar a flecha da verdade nas pessoas – e pense cuidadosamente antes de mirá-lo.

2. **Procure não passar sermão nem dar uma de sabichão.** Nem todos têm acesso às informações e à sabedoria que você tem. Por isso, tenha paciência com os menos instruídos e compartilhe seus conhecimentos com amor e bondade.

3. **Corra riscos, mas não aposte sua casa.** Sua sorte é lendária, mas você pode exagerar e acabar sofrendo perdas espetaculares. Esteja preparado para ganhar ou perder e faça uma avaliação sensata antes de apostar.

4. **Planeje uma aventura.** Este é um dos melhores modos de lidar com as tensões da vida. Aprenda novas habilidades. Estude outra língua, viaje ao país onde ela é falada e use-a para fazer contato com as pessoas. Crie experiências, de preferência em boa companhia. Vá a um lugar diferente; ofereça-se como voluntário para trabalhar no estrangeiro; faça uma viagem de carro e leve pessoas divertidas com você. Aproveite os prazeres simples da vida, como sentar-se ao lado de um rio ou sob uma árvore, ouvindo os passarinhos.

5. **Não exagere em nada** – nas compras, no vinho, no número de parceiros sexuais. A moderação o fará se sentir melhor e, se você controlar seus gastos, poderá também viver de forma mais autêntica.

6. **Passe mais tempo ao ar livre** e deixe que a mãe natureza o reabasteça de otimismo e inspiração, pois o que ela lhe dá ninguém mais pode dar. Pegue um livro e vá ler no parque. Organize um piquenique com amigos e aproveite para jogar críquete, lançar um *frisbee* ou empinar uma pipa. Compre ou alugue uma bicicleta e vá passear por lugares desconhecidos: esse tipo de exploração lhe dará uma sensação de liberdade.

CAPRICÓRNIO
O SENHOR

♑

SIGNO DE TERRA

OPOSTO DE CÂNCER

DÉCIMO SIGNO DO ZODÍACO

CASA 10

REGIDO POR SATURNO

Capricórnio que "deu certo" é estiloso, atraente, muito inteligente, digno, prático, judicioso e meticuloso. Os capricornianos estão entre os melhores parceiros no trabalho e no amor. São escrupulosamente honestos, totalmente confiáveis e nunca desistem de nada nem de ninguém a menos que sejam obrigados a isso, em geral por terem sido desrespeitados ou porque a outra pessoa se tornou motivo de vergonha – nesse caso, eles vão embora sem olhar para trás. O respeito dos outros (e o respeito por si mesmo) é tão vital para o capricorniano quanto o oxigênio que ele respira.

Capricórnio é resistente e tem força para alcançar suas metas e superar as adversidades. O atual líder do Partido Liberal Canadense e primeiro-ministro do Canadá, Justin Trudeau, é um bom exemplo. Seu partido tinha somente 36 assentos no Parlamento quando ele foi eleito líder, mas na eleição seguinte eles chegaram a 136 e alcançaram uma tremenda vitória. Capricórnio só aposta para ganhar e não gosta de ficar em segundo lugar. Põe em foco suas metas, vê qual o melhor modo de alcançá-las e se dedica então a fazê-las acontecer, eliminando toda oposição.

O número de capricornianos interessantes que são pessoas públicas é imenso. Stephen Hawking, físico, cosmólogo e uma das pessoas mais inteligentes do mundo, tinha o Sol em Capricórnio. Seu intelecto, sua dignidade, sua dedicação absoluta e sua persistência em face da adversidade não têm igual. Em vista de sua formação científica, acho interessante que ele nunca tenha excluído a possibilidade de que exista um criador universal. Hawking escreveu: "Se descobrirmos uma teoria completa, será o triunfo definitivo da razão humana – pois então conheceremos a mente de Deus." Quando preciso de uma opinião bem informada, costumo consultar suas ideias sobre temas políticos e ambientais. Capricórnio gira em torno dos fatos e da realidade, não de conceitos ou crenças cegas.

Muhammad Ali, o legendário boxeador e um dos maiores esportistas de todos os tempos, também nasceu sob o signo de Capricórnio. Mesmo na infância, ele levava muito a sério suas ambições e era absolutamente dedicado ao esporte que amava. Começou a treinar aos 12 anos e a ganhar títulos aos 18. Sempre dizia "Eu sou o maior", e embora isso soe arrogante (os capricornianos são muitas vezes percebidos como arrogantes) ele fez com que se tornasse uma realidade. Muhammad Ali ainda é considerado o maior boxeador que o mundo já conheceu.

Ele também tinha três planetas em Leão, que lhe davam um carisma estonteante e um gosto por estar sob os refletores, e ele usou essas coisas depois, quando se tornou ativista pelos direitos civis dos afrodescendentes norte-americanos. Sua vontade de lutar pela igualdade é algo que atribuo a sua Lua, seu Mercúrio e sua Vênus em Aquário, o signo que combate o *establishment* e se dedica a causas humanitárias.

Como Câncer, o signo oposto ao seu, os capricornianos atribuem uma importância tremenda à família e fazem o máximo para criar um ambiente estável para o companheiro e os filhos. Também dão um apoio infinito a seus entes queridos. (Minha mãe é capricorniana, e sem o apoio dela eu nunca teria sido capaz de seguir meu caminho criativo.)

Ao contrário do canceriano, porém, o capricorniano que "deu errado" tem dificuldade para acessar seus próprios sentimentos e compreender os das outras pessoas. A inteligência emocional não é o seu forte. Você tende a se sentir envergonhado diante de qualquer manifestação de emoção e pode, em razão disso, parecer frio. Também é um pouco sisudo e tende a levar a vida um pouco a sério demais – a menos que os signos vizinhos ao seu, Sagitário e Aquário, estejam bem presentes em seu mapa natal, caso em que a diversão também terá um lugar no alto da sua lista de prioridades.

Você gosta de coisas refinadas, mas, ao contrário dos exibidos leoninos, prefere ser dono de um único diamante da mais alta qualidade do que de toda uma coleção de joias baratas, mas vistosas. Isso acontece porque Capricórnio é reservado em tudo o que faz. Quando as coisas "dão errado", você é materialista e mundano, obcecado pelo *status*, pelo reconhecimento e pelo sucesso e impiedoso na busca dessas coisas.

Chamo Capricórnio de "o senhor" em parte porque os capricornianos às vezes são um pouquinho autoritários – a influência de Saturno é forte neles –, mas também, e de modo mais significativo, porque as lições mais profundas que eles têm de aprender, como no caso dos cancerianos, dizem respeito às emoções e à segurança. A experiência deles e dos cancerianos, entretanto, é diametralmente oposta. O capricorniano não tem medo de se comprometer, mas se sente aterrorizado diante das emoções e do fracasso. Sei que não só os capricornianos sofrem desse mal, mas a maioria das pessoas não tem tanto medo de fracassar quanto vocês, capricornianos: a posição social é tudo para vocês. Isso significa que podem se tornar extremamente rígidos e atuar como verdadeiros feitores. São críticos ferinos cuja maior vítima são vocês mesmos. Precisam aprender a dominar a si mesmos antes de voltar sua atenção para qualquer outra coisa. No caso de vocês, esse domínio também pressupõe a compaixão, primeiro por vocês, depois pelos que estão ao redor. Se não conseguirem encarar com mais leveza a perspectiva de fracasso e a existência das emoções em geral, correrão o risco de ser infelizes.

Sempre digo que, quando encontramos uma pessoa judiciosa, reservada e autoritária, mas com um dedinho de magnificência, podemos apostar que o signo de Capricórnio é forte no mapa dela. O famoso artista nova-iorquino Jean-Michel Basquiat nasceu sob o signo de Capricórnio (com Vênus, Lua e Quíron em Aquário, o que também fazia dele um rebelde). Mesmo levando a existência miserável de um artista de rua, quando entrou em contato com o famoso Andy Warhol exigiu pagamento por suas obras. Isso é a síntese de Capricórnio: os capricornianos são exímios negociadores que valorizam o próprio trabalho. São também empresários sérios que se recusam, de forma absoluta, a vender a si próprios ou a seus produtos por menos do que estes valem.

Basquiat tinha a Lua em Peixes, o que geralmente indica que sua mãe (a Lua) ou era extremamente espiritual ou artística, por um lado, ou ausente, por outro. A mãe de Basquiat, que foi uma de suas grandes fontes de encorajamento e inspiração, foi internada num hospício quando ele ainda era adolescente. Creio que a falta de apoio emocional e de cuidados maternos durante esses anos, bem como sua imensa tristeza diante das frequentes internações dela, acabaram levando-o às drogas (caso clássico de Peixes que "deu errado") e, por fim, à morte.

CAPRICÓRNIO
QUE "DEU ERRADO"

FRIO, IMPIEDOSAMENTE AMBICIOSO

Quando as coisas "dão errado", vocês, capricornianos, são teimosos e impiedosos ao extremo. Sobem a escada do sucesso e atropelam qualquer pessoa que se interponha no seu caminho. São frios, materialistas e excessivamente ambiciosos: o poder é seu objetivo máximo, e vocês farão tudo o que for preciso para obtê-lo.

O escorpiano que "deu errado" também é motivado pelo poder e sabe ser impiedoso, mas o signo de Escorpião tem paixão pelo poder e uma necessidade emocional de ter poder. Capricórnio que "deu errado", por sua vez, é tão frio que se encontra à beira da psicopatia. Quando uma pessoa o envergonha, você a corta da sua vida sem que seu batimento cardíaco se acelere ao mínimo.

Houve época em que trabalhei para um tirano capricorniano que mandava a secretária ligar para os funcionários às cinco da tarde da sexta-feira e chamá-los para seu escritório a fim de que ele os demitisse. Quando eles voltavam para buscar o paletó, a escrivaninha já estava limpa e o computador, bloqueado com senha nova – sem aviso prévio.

Pense, por exemplo, em Mao Tsé-Tung, que nasceu sob o signo de Capricórnio. Calcula-se que de dois a cinco milhões de pessoas tenham sido mortas durante o seu governo. Quando ele excedia suas próprias metas de execução, afirmava que a matança era necessária para garantir o poder.

O APRENDIZADO

Se você tem uma influência capricorniana forte no mapa, contenha sua necessidade de *status*. Caso contrário, você corre o risco de afastar de si as melhores pessoas. Terá muito a ganhar se aprender a usar as emoções, que muitas vezes lhe parecem feias, e se combater o medo do fracasso. Saiba que o fracasso nem sempre é o fim de tudo, pois pode ser usado para nos manter humildes e equilibrados. É bom ser capaz de se distanciar das emoções a fim de tomar decisões difíceis, mas, para se tornar a melhor pessoa que você pode ser, também tem de aprender a manifestar a compaixão.

Se você vive ou trabalha com um capricorniano, convém ter em mente que, para ele, a reputação é tudo. Se você o deixar constrangido, afetar sua carreira ou fizer qualquer coisa que possa ferir sua reputação, ele não o perdoará com facilidade. O capricorniano muitas vezes dá a impressão de que a vida para ele é uma gigantesca transação comercial; assim, se você for profissional no trabalho, conquistará o respeito dele. Se estiver se relacionando com um capricorniano, procure limitar suas explosões emocionais. O capricorniano tende a abordar os relacionamentos buscando a eficiência, mas esse traço pode se manifestar com menos força quando outros signos exercem sua influência no mapa dele.

REPRESSIVO E CONTROLADOR

O capricorniano que "deu errado" tende a sempre jogar um balde de água fria nos planos e nas metas das outras pessoas, inserindo verdades inconvenientes na equação e oferecendo uma dose de realidade para abafar o entusiasmo. Se você é um capricorniano desse tipo, é possível que as outras pessoas o vejam como uma pessoa altamente repressiva e controladora. Se você tem, por exemplo, o planeta Saturno (regente de Capricórnio) no Ascendente, é possível que sua personalidade seja limitada de uma maneira ou de outra. Muitas vezes, as pessoas que têm essa configuração são reprimidas por pais autoritários em seus anos de formação e depois se tornam elas próprias altamente controladoras. Conheço um homem homossexual que tem exatamente essa configuração: sente-se incomodado com sua sexualidade, pois foi criado por um pai que o desaprovava. Isso o levou a ser altamente controlador em sua vida pessoal, o que o impede de encontrar o verdadeiro amor. Está agora trabalhando com um psicólogo para se libertar dessa prisão que ele mesmo se impõe.

O APRENDIZADO

Se você tem uma influência capricorniana forte no mapa, procure evitar a necessidade de ser visto como uma pessoa convencional. A maioria dos capricornianos bem-sucedidos que conheço também admitem ser maníacos por controle. Você deve se perguntar por que é assim. Será que foi criado por pais controladores ou alguma outra figura de autoridade cuja influência ainda é (demasiado) forte? Talvez você não veja a obsessão pelo controle como um problema, mas ela afasta as pessoas e diminui as chances de você experimentar a magia da vida e o deleite que pessoas espontâneas, de espírito livre, podem introduzir no seu mundo – o qual, se você não tomar cuidado, pode acabar se tornando extremamente enfadonho. Todos nós precisamos de regras e estruturas, mas elas precisam ser flexíveis o bastante para mudar conforme mudam as circunstâncias.

Se você vive ou trabalha com um capricorniano controlador, chame-lhe a atenção (se você tiver coragem!). Já percebi que o comportamento controlador restringe para eles o amor e o livre fluxo da criatividade, uma energia de que todos nós necessitamos. Mesmo do ponto de vista material, as soluções muitas vezes nascem da criatividade: se você exercer um controle rígido demais, vai sufocar sua própria criatividade e coibir a capacidade das outras pessoas de gerar soluções. Se você vive com um capricorniano, procure ajudá-lo a abraçar o lado espontâneo da vida. Enfrente-o e questione abertamente as motivações dele, pois muitos são controladores por puro e simples hábito.

SOLENE E SÉRIO DEMAIS

Os capricornianos levam as coisas a sério, e isso, dependendo da situação, pode ser uma vantagem ou uma desvantagem. Quando você, capricorniano, se decide por um determinado curso de ação, segue-o com seriedade e não permite que nada nem ninguém o faça desistir. Isso pode ser um problema, pois significa que você tem dificuldade para se adaptar a novas situações – e a vida está cada vez mais incerta e instável. Precisa aprender a se adaptar às mudanças e a abraçar um novo curso de ação quando fica claro que o curso antigo já não é viável.

Tenho um cliente capricorniano extremamente bem-sucedido que fundou sua empresa há anos e hoje detém uma fatia considerável do mercado. Ele trabalhou duro para conseguir se livrar de suas percepções fixas de como as coisas "devem ser", e não há dúvida de que a flexibilidade foi fundamental para seu sucesso. Quando um de seus diretores foi contatado por um concorrente, ele reagiu com calma e rapidez em vez de entregar-se à arrogância ou à emoção. Sabia que aquela pessoa lhe faria grande falta;

então, reestruturou toda a empresa e aceitou como sócios aquele diretor e os outros. Jogada inteligente: eles eliminaram a concorrência e, alguns anos depois, abriram o capital da empresa na bolsa de valores. Hoje, estão nadando em dinheiro. Esse é também um bom exemplo da capacidade capricorniana de distanciar-se das emoções e tomar as decisões corretas, independentemente de seus sentimentos pessoais.

O APRENDIZADO

Se você tem uma influência capricorniana forte no mapa, pode ter dificuldade para encarar a vida com mais leveza; mas, já que gosta de um desafio, faça disso a sua prioridade. Stephen Hawking, que sofreu de uma doença degenerativa durante mais de quarenta anos, disse certa vez: "A vida seria trágica se não fosse engraçada". Se os signos vizinhos (Sagitário e Aquário) aparecem em seu mapa, isso não necessariamente se aplica a você; mas, se você é predominantemente capricorniano, precisará de mais amor, luz e humor em sua vida. Cante, dance e faça alguma coisa banal pelo menos algumas vezes por mês. Aprenda a se desapegar e a não ter medo do que as pessoas vão pensar ou de como você será visto pelos vizinhos! Do contrário, estará vivendo sua vida pela metade. Não espere até que a vida acabe para perceber isso.

Quando estiver lidando com decisões e situações profissionais sérias, é sinal de sabedoria desapegar-se das emoções. Não estou falando da empatia e da compaixão: estas devem estar presentes sempre. Estou falando de levar as coisas para o lado pessoal. Meu cliente poderia ter encarado como uma ofensa pessoal a ameaça do diretor de deixar a empresa; nesse caso, o teria deixado ir embora e teria sofrido perdas tremendas. Esse é um bom exemplo de como o distanciamento emocional e o não se levar muito a sério podem funcionar.

Se você vive ou trabalha com um capricorniano, apresente argumentos práticos para ajudá-lo a encarar a vida com mais leveza e a adaptar-se à mudança. Mostre-lhe, por exemplo, as razões pelas quais o curso de ação atual está dando errado e mostre-lhe algumas alternativas. Se você vive com um capricorniano sério, diga-lhe que você precisa se divertir mais e assegure-lhe que gostaria de fazer isso a seu lado.

CAPRICÓRNIO
QUE "DEU CERTO"

CALMO E CONTROLADO

O capricorniano que "deu certo" costuma ser calmo e sempre é sábio, às vezes de modo desproporcional à sua idade; é também firme e moral, superinteligente, perseverante e totalmente confiável. Seus valores profundamente entranhados, sua autoridade natural e sua frieza o tornam atraente para todos nós de modo instantâneo. Seu nome vem do nome latino da cabra montesa e, como esse animal, você tem a capacidade de sobreviver em terreno pedregoso. É extremamente tenaz e nunca perde a cabeça (pelo menos em público!). Em vez de choramingar, continua correndo até o alto da montanha. Isso é tranquilizador para nós, pois sua estabilidade e seu inabalável bom senso o tornam formidável em situações de crise. Muitas vezes, você é o super-herói que chega para salvar o dia.

O APRENDIZADO

A menos que você já esteja numa posição de autoridade, caso em que necessariamente terá de tomar uma atitude, em geral é melhor que você espere antes de chegar e salvar o dia. Espere até que isso lhe seja solicitado; caso contrário, poderá parecer arrogante e aborrecer a todos. Não que você queira fazer isso – você é supercapaz, em geral sabe o que precisa ser feito e está ansioso para começar –, mas certas pessoas deixam entrar o ego na jogada e não gostarão da sua intervenção. Espere o momento correto e faça o que for necessário.

PERSEVERANTE E SOLIDÁRIO

Vocês, capricornianos, darão apoio em todas as situações às pessoas a quem amam e respeitam, desde que considerem que o caminho delas é honesto e que seus sonhos e objetivos sejam práticos e viáveis. (Se não for esse o caso, vocês logo o dirão!). Uma vez que concordem em dar apoio a uma ideia, um projeto ou uma pessoa, vocês são generosíssimos com seu apoio prático e seu investimento (em todos os sentidos). No entanto, não gostam de gente tola nem de deferências vazias; são, afinal de contas, regidos por Saturno, que não se curva a ninguém.

O APRENDIZADO

Apreciamos muito seu apoio, mas você, capricorniano, precisa admitir que nem sempre tem razão: mantenha a mente aberta antes de tomar decisões sérias. Você sabe decidir melhor quando dispõe de todos os fatos e números; assim, antes de qualquer coisa procure conhecê-los e depois use sua habilidade para decidir. Como sempre, esteja disposto a mudar de tática caso surjam fatores desconhecidos. Admita que até os melhores planos podem dar errado e que algo melhor pode surgir.

PRÁTICO, REALIZADOR

Quando alguém se mete em encrenca ou precisa de ajuda para resolver um problema, deve procurar um capricorniano. Todos nós podemos relaxar, pois sabemos que, por mais difícil que seja uma situação, vocês a entenderão e a resolverão. São sumamente práticos e capazes de deixar as emoções de lado na hora de tomar decisões que seriam difíceis para pessoas mais emocionais e sensíveis. Sua capacidade de identificar um plano que vai dar errado e prever os potenciais perigos fazem de vocês os melhores conselheiros, tanto na vida profissional quanto na pessoal. Quando decidem fazer algo, trabalham com persistência até terminar a tarefa e, embora honrem suas obrigações, em geral têm uma atitude fixa em relação ao trabalho, que pode ser "desligada" quando necessário. Isso significa que vocês são brilhantes nos negócios: sempre fazem as coisas bem feitas, permanecem calmos diante do caos e não pegam atalhos. O lema de vocês é: "Faça bem feito ou não faça". Não surpreende que tendam a ser realizadores bem-sucedidos.

O APRENDIZADO

Você talvez tenha a impressão de que está permanentemente ajudando as pessoas menos organizadas a sair de situações complexas. Sei que às vezes é difícil manter a paciência, mas procure compreender que os nativos de outros signos não são tão práticos quanto você. Não estão tentando aborrecê-lo você: apenas a organização não é o forte deles. (E lembre-se que eles sempre terão outras qualidades para compensar essa falta.) Talvez valha a pena oferecer dicas práticas às outras pessoas para que elas possam ajudar a si mesmas no futuro. Procure gozar das oportunidades que a vida lhe oferece para pôr em ação seus pontos fortes e saiba que todos lhe são muito gratos!

NO AMOR

Os capricornianos levam os relacionamentos muito a sério e são altamente sinceros. São dignos de confiança, dedicados, comprometidos e, em geral, jamais sonhariam em ser infiéis. Às vezes são tão sérios em outros aspectos da vida que muitas vezes liberam seu lado mais "safado" entre quatro paredes, e isso pode ser uma coisa boa ou não, dependendo da reação do parceiro. Alguns gostam de manter em segredo esse lado de sua personalidade e, em vez de dar ao parceiro a oportunidade de participar, vão buscar companhia em outro lugar. Isso tende a gerar grandes problemas, pois o seríssimo capricorniano não é capaz de lidar com a "vergonha" de ter sido infiel; assim, acaba mergulhando na culpa e ferindo muita gente, inclusive a si mesmo.

Quando se casa, você costuma levar os votos a sério e ver o divórcio como um fracasso. Digo a meus clientes capricornianos que a vida não se compõe somente de sucesso e fracasso e que alguns relacionamentos dão certo até que, talvez, como um contrato temporário de trabalho, simplesmente terminem porque chegou a hora de terminar. É isso. (Se isso lhe parece um pouco frio, é provável que o signo de Capricórnio não esteja muito presente em seu mapa.) A vida é como uma longa jornada; certas pessoas estavam a seu lado desde o começo e permanecerão até o fim, ao passo que outras irão embora.

Vocês, capricornianos, muitas vezes buscam subir de posição social por meio de casamentos e sociedades vantajosos. Os homens de Capricórnio, em especial, tendem a ter preferências tradicionais e fixas: são o tipo que busca uma mulher-troféu. A Duquesa de Cambridge é capricorniana e certamente alcançou posição de destaque no palco das celebridades, casando-se com o segundo na linha de sucessão ao trono britânico.

Quando uma cliente minha teve problemas com o namorado, que se recusava a se comprometer, aconselhei-a a melhorar a forma física. (O signo de Touro é forte no mapa dela, e os taurinos precisam estar em boa forma para ter o máximo de energia.) Também sugeri que ela "desse uma de Kate". Pelo que me parece, quando o Príncipe William pôs fim ao relacionamento dos dois, a Duquesa Kate, a capricorniana, preparou-se, vestiu-se o melhor que pôde e fez questão de ser fotografada entrando e saindo das mais badaladas casas noturnas de Londres. Por fim, o príncipe não aguentou mais ver suas belíssimas fotos nos jornais enquanto tomava café da manhã e propôs-lhe casamento. O Príncipe William, por sinal, tem o Sol em Câncer, diretamente oposto ao Sol em Capricórnio de sua mulher. Os opostos às vezes se equilibram muito bem. Além disso, os dois têm a Lua em Câncer e Marte em Libra, o que ajuda muito, pois significa que têm o mesmo tipo de energia (Marte) e emoções (Lua) parecidas.

Certa vez, tive um cliente músico cuja namorada era capricorniana. Ele ficou muito doente e precisou ser internado no hospital. A namorada recusou-se a tirar folga do trabalho para fazer-lhe companhia e chegou a dizer à família dele e aos amigos, os quais a haviam chamado, que ela tinha uma empresa para dirigir e contas para pagar. Para ela, a doença dele era só uma inconveniência. Ele acabou se recuperando e, como é óbvio, pôs fim ao relacionamento. O capricorniano que "deu errado" é tão concentrado no trabalho e se sente tão incomodado pelas emoções que acaba não dando apoio emocional a quem precisa. Quando examinamos mais de perto o mapa dela para satisfazer meu cliente, que queria pôr um ponto final no assunto, percebi que ela tinha não apenas o Sol em Capricórnio, mas também a Lua – dose dupla. Quando a Lua (que rege as emoções) dá errado, os efeitos podem ser devastadores. A moça exibia todos os traços clássicos do Capricórnio que "deu errado" na área emocional, de modo que foi incapaz de dar apoio ao parceiro: a solução que ela encontrou foi a de esquecer tudo e continuar construindo seu império.

CARREIRA

A carreira, a influência e o poder têm importância fundamental para os capricornianos. Vocês gostam de ser seus próprios chefes ou de trabalhar num ambiente tradicional e estável, que ofereça perspectivas de progresso e crescimento e alimente suas ambições. Os capricornianos, bem como os nativos de Câncer, o signo oposto, gostam de construir impérios e geralmente sabem fazê-lo muito bem. Não buscam a fama, como os leoninos, e em geral preferem receber respeito e reconhecimento por suas realizações, e essas duas coisas ocupam lugar bem alto em sua lista de prioridades. É por isso que vocês se dão bem em cargos que lhes permitem certo nível de comando: vocês nasceram para ser chefes, diretores, gerentes ou fundadores de empresas.

Têm uma autoridade natural e uma força que agrada tanto os empregadores quanto os funcionários e têm facilidade para ganhar a confiança das pessoas. Tendem, no entanto, a ter certo desdém pelos colegas e não são muito hábeis em gestão de pessoas, pois desconfiam de toda relação de gentileza no ambiente de trabalho e não são muito dotados de compaixão e inteligência emocional.

Você, capricorniano, é dedicado à sua profissão, por mais humilde que ela seja, e pode-se confiar que trabalhará sempre da melhor maneira possível. É perseverante e paciente na escala de promoções, mas tem a expectativa do sucesso e, caso não o tenha alcançado quando chegar à meia-idade, recriminará a si mesmo. Também tende a trabalhar demais, e isso pode causar grandes problemas, pois afasta a família e os amigos. Também pode gerar dificuldades mais tarde, quando chegar a hora de se aposentador.

Se você se identifica com essa descrição, saiba do seguinte: inúmeras entrevistas com pessoas moribundas mostram que, em nossos últimos momentos, o que ocupa nossa mente não é a falta de sucesso mundano nem o fato de não termos passado tempo suficiente no escritório; antes, é o arrependimento por não termos acompanhado os primeiros passos dos nossos filhos ou termos viajado para trabalhar num momento em que nosso companheiro mais precisava de nós. Cuide para não ser uma pessoa que venha a se arrepender no fim da vida.

Trabalhe bastante, mas aceite esta dica do capricorniano bem-sucedido que é meu amigo: desligue as notificações dos e-mails numa hora determinada, nunca trabalhe enquanto come, reserve tempo para a família e, em sua agenda, priorize a companhia de seus entes queridos. Todos nós precisamos ganhar dinheiro, mas quanto é o suficiente?

SAÚDE

Vocês, capricornianos, tendem a ter problemas nos ossos e nas articulações. Por isso, precisam permanecer sempre ágeis e flexíveis. Enquanto escrevia este capítulo, consultei um livro antigo que tenho na estante, o qual prescreve remédios fitoterápicos naturais para cada um dos signos (o *Complete Herbal* de Nicholas Culpeper, que me foi apresentado pela minha madrinha taurina, sempre prática e querida). Para Capricórnio, ele sugere amaranto; quando fui pesquisar, descobri que ele ajuda a melhorar a força dos ossos e abaixar a pressão sanguínea, sendo esses dois dos problemas de que os nativos de Capricórnio (ou as pessoas que têm esse signo em evidência no mapa) tendem a sofrer.

Yoga seria maravilhoso para você, pois o ajudaria a matar dois coelhos com uma cajadada só: além de aumentar sua flexibilidade, também o ajuda a deixar de lado uma abordagem puramente pragmática do tempo e a viver no momento presente. Você passa tanto tempo concentrado em trabalhar duro em todas as suas atividades que precisa aprender a relaxar e a acalmar-se em diversos níveis.

Um dos capricornianos mais bem-sucedidos que conheço simplesmente não lê nem responde e-mails no fim de semana. Ele diz que o sinal da pessoa que não alcançou o sucesso ou não se sente bem-sucedida é que ela tem o telefone a seu lado na mesa de jantar ou quando está tomando algo com os amigos ou a família. Vale a pena pensar nisso!

O CONSERTO PARA CAPRICÓRNIO

1. **Encare a vida com mais leveza.** Procure não levar a vida tão a sério. Faça coisas bobas de vez em quando. Assista a uma comédia, empine uma pipa no parque, encontre um passatempo. Experimente qualquer coisa que lhe permita, por certo tempo, parar de pensar na carreira ou nas responsabilidades.

2. **Desapegue-se.** Faça o melhor que puder nas áreas da vida que são importantes para você. Aprenda a confiar no fluxo do universo e recuse a necessidade de controlar todas as situações (e, mais ainda, seus entes queridos).

3. **Assuma suas ambições** e ria delas. Diga às pessoas que você é ambicioso e tende a atropelar quem está em seu caminho. Faça piadas com isso. Pelo menos elas estarão preparadas, e, se você conseguir rir de si mesmo, as pessoas rirão com você e não de você.

4. **Não seja tão rigoroso consigo mesmo,** especialmente quando pensa que fracassou em determinados aspectos da vida. Perdoe suas próprias imperfeições e saiba que a vida, muitas vezes, é só um jogo. Se você estiver feliz e tiver à sua volta pessoas que o amam, saiba que alcançou o sucesso. Isso é melhor que ter milhões no banco.

5. **Procure não deixar que a sua necessidade de *status* fique em seu caminho.** Ela pode impedir que você atraia o verdadeiro amor, que seria muito mais benéfico para você que qualquer título ou imagem pública.

> **6. Esteja aberto**, especialmente para aprender novas habilidades e às oportunidades de mudança. A pessoa que você era há um segundo não é a pessoa que é agora. Você pode, sim, se libertar da sua percepção limitada de quem você realmente é. Encontre os signos mais leves presentes em seu mapa – como Sagitário e Leão – e manifeste a energia positiva deles.

AQUÁRIO
O ATIVISTA

SIGNO DE AR

OPOSTO DE LEÃO

DÉCIMO PRIMEIRO SIGNO DO ZODÍACO

CASA 11

REGIDO POR SATURNO/URANO

Aquário é um signo intelectual do elemento ar e, como seu companheiro Gêmeos, é inteligente e lógico. Também é brilhante, informal e, às vezes, leve como o ar. Além de inteligente, o aquariano que "deu certo" é intuitivo, quase paranormal. Seu signo é regido por Saturno (associado à disciplina, ao governo e às lições de vida) mas também tem forte associação com Urano, conhecido na astrologia como o planeta que traz o grande despertar e sinaliza aquelas áreas da vida de que precisamos ter mais consciência. Aquário tem tudo a ver com liberdade, independência e conscientização.

As pessoas que têm planetas em Aquário são, muitas vezes, as revolucionárias do zodíaco. Propõem mudanças positivas e auxiliam as modificações da consciência coletiva; há quem creia que estamos agora na

Era de Aquário. Muitos astrólogos norte-americanos dizem que essa era começou na década de 1960, com o movimento de "paz e amor" dos *hippies*. Outros pensam que começou em 2012, mas eu creio que ela está fortemente ligada à revolução digital, que começou na década de 1950 e vem se acelerando desde então. Independentemente de quando tenha começado, todos nós sentimos seus efeitos. Em 2020, tanto Júpiter quanto Saturno estarão em Aquário, e podemos ter certeza de que essas mudanças ficarão claras para todos.

James Dean, o astro taciturno, tinha o Sol em Aquário. Um de seus filmes mais famosos é *Rebelde sem Causa* – que aquariano! Os aquarianos precisam de uma causa na qual embarcar. Caso contrário, podem se tornar rebeldes pela simples rebeldia, o que não faz bem a ninguém.

Quando "dão certo", os aquarianos são charmosos, simpáticos, bondosos e compassivos. Você, aquariano, é uma pessoa cuja companhia é animadora; é interessante e tem interesse pelas outras pessoas; em geral é um excelente ouvinte e um ótimo confidente. Seus muitos amigos costumam procurá-lo em razão de seus conselhos inteligentes e diretos. Você tem um gosto eclético para todas as coisas, inclusive as pessoas com que se relaciona, e coleciona grupos aleatórios de amigos como se fossem sacos de balas. Adora se misturar nos grupos e trocar experiências e ideias, especialmente quando elas têm relação com ideais mais elevados que você e aquelas pessoas têm em comum. Você também é inventivo e pode chegar a ser um gênio: sabe pensar sem se deixar prender por ideias preconcebidas, mas suas inovações são fortemente guiadas pela lógica. Essa combinação é, muitas vezes, vencedora.

Quando as coisas "dão errado", o lado menos atraente de Aquário vem à tona. Você viola as convenções só para ser visto como um "rebelde", tornando-se cansativo e esgotando as outras pessoas. Sua necessidade entranhada de questionar tudo, que muitas vezes é um ponto forte, pode fazer com que você seja visto como uma pessoa difícil, do contra. Esse problema é intensificado pela sua falta de sutileza emocional. Na verdade, às vezes você é de uma franqueza chocante, e isso pode perturbar as pessoas mais sensíveis ou aquelas que preferem a polidez banal.

Há também um outro tipo de aquariano: não os que resistem às regras e à autoridade e são regidos pelo libertário Urano, mas os conformistas, que têm a tendência negativa de serem reservados. Não revelam muito sobre si mesmos e não gostam de bater papo; é difícil conhecê-los bem, e eles passam a impressão de frieza. Vocês, aquarianos, são regidos por Saturno, o planeta que representa a autoridade e as estruturas estabelecidas; por isso, podem ser demasiado sérios e distantes, considerando-se um pouco superiores aos simples mortais. (Por outro lado, a experiência me diz que até esse aquariano menos típico vai acabar se rebelando um dia. Quando você tiver 90 anos, vai estar jogando golfe!)

Os aquarianos de todo tipo tendem a ser radicais e imprevisíveis, e isso pode ser ótimo ou péssimo, dependendo da situação. Extremamente quentes, extremamente frios: você consegue ser as duas coisas com diferença de alguns minutos. Dá às pessoas uma falsa sensação de segurança e depois, do nada, diz algo tão aleatório que seu interlocutor fica de repente sem saber com quem esteve falando na última uma hora. Se ele expressa seu protesto, você usa sua memória robótica para repassar toda a conversa e pergunta, com ar de inocência, qual parte dela o confundiu. O processo todo pode deixar o ouvinte um tanto perplexo. A imprevisibilidade do aquariano é assustadora.

Além disso, o aquariano pode ser fanático, e isso é perigoso. Se você nasceu sob esse signo e encara com fanatismo qualquer causa ou religião, deve adotar a moderação antes de perder o controle e causar o caos. Aliás, a palavra "caos" tem forte associação com seu signo.

O famoso compositor Wolfgang Amadeus Mozart nasceu sob o signo de Aquário. Foi um menino prodígio e já compunha aos 5 anos de idade, mas sua carreira não foi nenhum mar de rosas. Rebelde, só tratava com respeito as pessoas que considerava dignas de tal coisa; travou uma famosa discussão em público com o arcebispo Colloredo, de Salzburgo, que procurou controlá-lo e não conseguiu. Mozart obteve uma posição na corte de Salzburgo, mas deixou a cidade em busca de coisas melhores, o que é típico do seu signo. Os aquarianos não gostam de se conformar com algo somente porque é mais confortável; assim, enquanto muita gente teria permanecido na corte simplesmente pelo *status*, Mozart foi embora em busca de seu objetivo. Estava determinado a encontrar José II, o Sacro Imperador Romano, e finalmente conseguiu. Depois disso, o imperador o apoiou com encomendas e com um cargo de tempo parcial na corte imperial. A julgarmos pelas cartas que escreveu, Mozart tinha um senso de humor chocante. Os aquarianos gostam de rir e de ridicularizar; se você os fizer rir, vai conquistá-los independentemente de qualquer outra coisa.

AQUÁRIO
QUE "DEU ERRADO"

DO CONTRA, DIFÍCIL, CONTROLADOR

Os aquarianos que se esforçam demais para se enquadrar nas estruturas vigentes podem ser vistos como frios, difíceis e do contra; é difícil saber o que pensam e quais são suas lealdades, assim como acontece com Peixes, o signo vizinho. A falta de tolerância do aquariano às emoções o torna capaz de ser extremamente rude, desagradável, excessivamente reservado, distante e estúpido.

Na manifestação mais radical do problema, você gosta de causar o caos e criar rixas entre as pessoas. Um aquariano infeliz é tudo menos leve, e nem ele próprio se suporta. Cria o caos somente para ver o circo pegar fogo e semeia a discórdia entre as pessoas para se divertir. O pior é que o faz com tanta habilidade que as pessoas não têm ideia de que foram pegas em sua teia cósmica de caos.

O signo de Aquário é um dos mais controladores e em certos casos chega a ganhar de Virgem e Escorpião. Acredita saber o que é o melhor para todos (e, muitas vezes, sabe mesmo). Em geral, ou seguimos o caminho deles ou pulamos fora.

O APRENDIZADO

Se você tem uma influência aquariana forte no mapa, encontre uma causa maior à qual possa se dedicar e redirecione toda a sua energia rebelde para algo que valha a pena, de modo a dar vazão ao propósito da sua alma. Procure perceber quando você está sendo controlador, do contra ou difícil só por ser. Tenha compaixão pelas pessoas que estão tentando implementar estruturas e regras. Se você é um daqueles aquarianos que ama o caos, tem de acordar agora e se sintonizar com o seu propósito superior, que é o de servir e ajudar a humanidade, não a prejudicar. Se não fizer isso agora, mais tarde se arrependerá de todo o tempo que perdeu em sua rebeldia inútil.

Se você vive ou trabalha com um aquariano, seja franco com ele. Ele é capaz de aguentar, e de qualquer modo é isso que ele costuma fazer com os outros. A lógica tem seu apelo e os aquarianos preferem ouvir a verdade. Pode ser que ele reaja, num ato de rebeldia, mas daqui a pouco as coisas voltarão à normalidade. Se ele estiver sendo do contra, ofereça-lhe uma escolha (isso coibirá a rebelião); se estiver sendo difícil, pergunte-lhe como ele gostaria de fazer as coisas ou quais as mudanças que gostaria de implementar. Isso o porá para pensar.

FRIO, EMOCIONALMENTE DISTANTE

Aquário que "deu errado" é frio como gelo. Você, aquariano, é capaz de ser terrível quando se desliga do mundo. O alvo de seus comentários seria perdoado por pensar que aquela pessoa não é você, mas um robô sem coração.

Você não se sente à vontade com emoções desenfreadas, pois tende a ver tudo de um ponto de vista distanciado e muito lógico. Para você, tudo o que importa são as razões. Faz perguntas e analisa tudo, chamando uma pessoa para a discussão e identificando a causa fundamental do comportamento dela para depois lhe oferecer uma avaliação rigorosa, mas em geral muito precisa.

Detesta ter de dar satisfações a qualquer pessoa e, mesmo que não esteja fazendo nada de errado, recusa-se terminantemente a responder a quaisquer perguntas consideradas inconsequentes ou invasivas. Com isso, pode dar a impressão de ser evasivo, o que torna muito difícil para os outros aproximarem-se de você. Em regra, você tem muitos conhecidos e contatos, mas pouquíssimos amigos.

O APRENDIZADO

Se você tem uma influência aquariana forte no mapa, precisa aprender a levar em conta as emoções das outras pessoas. Tenha compaixão. Se essas pessoas forem emotivas demais, explique-lhes que você não sabe lidar com esse comportamento e sugira-lhes que procurem ajuda. Ofereça-se para fazer o que puder para impedir as explosões emocionais delas e esforce-se para mudar. Todos nós temos de dar satisfação às outras pessoas; por isso, procure ser um pouco mais paciente (a menos que esteja lidando com um parceiro paranoico e inseguro, caso em que deve recomendar que ele procure ajuda profissional). Pare de ver a necessidade de fazer mudanças e buscar soluções de meio-termo nos relacionamentos como restrições diretas à sua expressão individual.

Se você vive ou trabalha com um aquariano, desperte a compaixão dele. Isso não será difícil, pois essa compaixão é inata. Se ele se tornar frio e distante, pergunte-se se não é você quem está sendo desnecessariamente emotivo.

JULGADOR, TEIMOSO, COM TENDÊNCIA AO FANATISMO

Em geral, Aquário é o menos julgador de todos os signos; no entanto, como os aquarianos são extremistas, de vez em quando as coisas podem dar muito errado nesse aspecto.

Os aquarianos gostam de pessoas inteligentes e interessantes e preferem interações profundas e significativas, que tenham um objetivo: em geral, a superficialidade não os atrai nem um pouco. E, embora a maioria dos aquarianos jamais vá julgar alguém pelo sotaque ou pelas roupas, vai julgá-los, sim, por não serem interessantes, inteligentes e engraçados. Um de seus ditos prediletos é: "Mas isso importa mesmo?", e, se você, aquariano, chegar à conclusão de que uma pessoa é falsa, superficial ou tediosa, fará todo o possível para se livrar dela. Nesse processo, será tão frio a ponto de ser quase brutal. No pior dos casos, você é altamente elitista, convencido de que suas opiniões e sua panelinha são infinitamente superiores a tudo e a todos.

Uma vez que *você* chegue a uma conclusão, será quase impossível fazê-lo mudar de ideia. Seu signo é fixo, e nós sabemos disso muito bem. Você pode ser teimoso, obstinado e inflexível. Se recusa a aceitar desculpas ou a perdoar; ao contrário, corta a pessoa da sua vida. Afasta-se de qualquer um que fique em seu caminho – um namorado, um amigo, até a família – e depois o culpa obstinadamente pelo fato de você ter ido embora. Por ter a mente rápida e atenta, você é capaz de convencer qualquer um de qualquer coisa. Por isso, deve trabalhar com a verdade e os fatos e evitar o fanatismo em si mesmo e nos outros.

O APRENDIZADO

Se você tem uma influência aquariana forte no mapa, verifique todos os fatos antes de defender obstinadamente uma posição. Procure ter mais paciência com as pessoas que parecem ser superficiais: em geral, essa superficialidade é causada pela insegurança, de modo que a chave para vencê-la é a compaixão. Se você tende a adotar posições radicais, precisa se educar e pesquisar para chegar a suas conclusões. Você tem a capacidade de despertar as pessoas, mas só faça isso se for para o bem de todos. Lembre-se que todas as nossas palavras e ações são como sementes que plantamos: a boa semente dá bons frutos. Não seja elitista: todos nós somos ligados uns aos outros. Quando cada um sofre, o todo também sofre. Por isso, assuma o compromisso de ajudar toda a humanidade.

Se você vive ou trabalha com um aquariano julgador, apresente-lhe os fatos e a lógica; o mais provável é que ele se curve à razão (no fim de tudo). Procure encorajá-lo a ser mais tolerante e compassivo – mais uma vez, essa é a chave: em geral, o aquariano é capaz de ver as coisas do ponto de vista dos outros, mas alguns precisam ser lembrados disso. Seja franco e direto, mas sempre honesto: os aquarianos leem muito bem as pessoas e as situações, de modo que, para tentar modificar o comportamento dele, o melhor é se despir dos interesses egoístas.

ELITISTA

Os aquarianos que "deram certo" são humanitários e lutam pela igualdade, mas os que "deram errado" são o contrário disso: lutam para que o um por cento possa manter sua posição e sua extrema riqueza a fim de construir um paraíso na Terra que os mantenha protegidos de todos nós quando a bomba estourar.

O APRENDIZADO

Se você tem uma influência aquariana forte no mapa e quer ser feliz no âmbito da alma, é essencial que retribua tudo o que recebeu e trabalhe para servir à humanidade. Não basta compor músicas sobre a revolução e não fazer nada para que ela aconteça: você precisa pôr as mãos na massa e ajudar a restaurar o equilíbrio. Defenda as causas em que acredita – seja voluntário para cozinhar sopa para os pobres, ajude num refúgio para animais, levante fundos para causas dignas ou escreva um *blog* para inspirar a mudança onde ela é necessária. Você, mais que qualquer outro signo, tem o poder de mudar as coisas. Quando entrar nesse caminho, sua alma sentirá um contentamento real e duradouro.

Se você vive ou trabalha com um aquariano, aceite o fato de que ele é do contra e aprenda a trabalhar com isso. Se você lhe der escolha, ele observará as regras. Se, porém, você procurar controlá-lo ou o prender numa armadilha, ele direcionará a você um bombardeio mental que abalará qualquer estrutura que você esteja tentando construir. Ele o ignorará e baterá em retirada para recuperar-se ou simplesmente causará o caos. Meu filho tem Saturno em Aquário (o signo de Saturno é aquela energia que temos de aprender a dominar) e sempre foi – ainda é – rebelde. Em vez de impor regras, dou-lhe opções e explico-lhe as consequências possíveis de cada uma e depois lhe dou a responsabilidade de escolher. Se qualquer pessoa com forte influência aquariana for posta numa gaiola, ela vai pôr fogo na cidade na tentativa de se libertar.

AQUÁRIO
QUE "DEU CERTO"

COMPASSIVO, DEDICADO A SERVIR A HUMANIDADE

Quando as coisas "dão certo", os aquarianos lutam pela liberdade e vivem envolvidos em causas humanitárias; fazem questão de retribuir à sociedade tudo o que receberam e têm o impulso de servir à humanidade. Vocês, aquarianos, são excelentes como ativistas e para promover campanhas. São, em geral, muito compassivos, mas sua compaixão tem limites, principalmente quando você conclui que a outra pessoa é carente. Os aquarianos não se sentem atraídos pela carência e não toleram pessoas egocêntricas ou unidimensionais.

Porém, quando você se identifica com uma causa ou uma pessoa, vai apoiá-las de forma incansável. Seu inconformismo inato o torna capaz de apoiar pessoas que ninguém mais apoiaria. Por ter a tendência ao extremismo, às vezes você diz e faz coisas apenas para chocar ou despertar as pessoas – e esse é, literal e metaforicamente, o seu passatempo predileto!

O APRENDIZADO

É essencial para seu bem-estar que você se sinta parte de uma visão ou uma causa maior. No entanto, dada a sua tendência negativa ao fanatismo, você deve evitar todo radicalismo. Não concordo com a produção cruel de peles de animais, por exemplo, mas também não aprovo os ativistas que ferem quem usa ou vende as peles. Procure permanecer compassivo e tolerante, seja qual for a causa que você apoie.

IGUALITÁRIO

Aquário é o signo que se opõe às estruturas estabelecidas e em geral é atraído por causas humanitárias e progressistas. Você não tem tempo para ideias retrógradas sobre gênero, classe, raça ou seja lá o que for. O aquariano vê apenas seres humanos e os considera todos iguais. É capaz de fazer amizade com pessoas de qualquer origem. Sociável, confiante e esclarecedor, você é, por natureza, indicado para fazer conexões entre pessoas e conceitos: adora fazer as coisas acontecerem.

O APRENDIZADO

Você precisa ter certa tolerância pelas pessoas menos progressistas. Não lute contra os que estão fixados nas próprias crenças. Tente abrir a mente deles. Nem todos são capazes de ignorar a raça, a classe, o credo ou o *status*; aceite esse fato e tenha compaixão. Lembre-se que, em geral, é o medo que impede as pessoas de aceitar os outros como iguais. Continue fazendo a ligação entre pessoas e ideias e veja a magia acontecer. Não perca a confiança pelo fato de esta ou aquela pessoa se sentir horrorizada com suas atitudes progressistas.

DE ESPÍRITO LIVRE, DIFERENTE, VERDADEIRO

Os aquarianos têm a reputação de serem diferentes, talvez até "estranhos", e a experiência me diz que isso é verdade e pode ser maravilhoso.

(É natural que eu diga isso: tenho Sol, Júpiter, Vênus e mais alguns planetas em Aquário.) A estranheza está no próprio DNA de Aquário: quando as coisas "dão certo", vocês, aquarianos, assumem o seu jeito esquisito de ser e suas paixões e desde o começo não se envergonham de serem quem são. Não sentem ter o dever de se preocupar com o que os outros pensam. Completamente imprevisíveis e excêntricos, é mais fácil encontrar vocês num velho sebo do que num centro comercial de produtos chineses.

O aquariano é multifacetado e tem mais camadas que uma cebola. Tem interesses e habilidades ecléticos e se sente à vontade em usar muitas "roupas" diferentes, dependendo de com quem ou com o que esteja lidando. Embora mostre muitas faces ao mundo, todas elas são autenticamente suas. No caso do aquariano, o exterior é o interior: quando as coisas "dão certo", nada nele é fingido.

O APRENDIZADO

Procure não ser diferente só por ser. Seja você mesmo e o resto virá por acréscimo. É claro que existem os aquarianos conservadores, regidos por Saturno, mas até eles gostam de usar meias velhas. Tenha o espírito livre, mas faça questão de não magoar ninguém. A sociedade desenvolveu certas normas para que as coisas possam funcionar: não desafie todas as convenções só por desafiar.

NO AMOR

Os melhores aquarianos são parceiros animados, entusiasmados e comprometidos, que enchem o relacionamento de diversão. Acima de tudo, você, aquariano, prioriza a amizade com seu parceiro. Em geral demora para formar um vínculo profundo e raramente escolhe alguém que também não tenha uma mente e uma vida multifacetadas. Os aquarianos são mestres em relacionamentos a distância e muitas vezes são tão estimulados pela inteligência quanto pelo aspecto físico. Em geral têm muitos amigos de ambos os sexos. Muitas pessoas com planetas em Aquário, em especial Marte e a Lua, são bissexuais: não veem a diferença entre homens e mulheres – veem apenas seres humanos.

Quando as coisas "dão errado", muitos de vocês têm pouca perseverança e não são hábeis em assumir compromissos: qualquer forma de compromisso é vista como uma armadilha cujo objetivo é limitar você e sua independência. Está sempre buscando o período de "lua de mel" e conexões novas e interessantes com muitas pessoas, de modo que pode acabar parecendo promíscuo e rebelde. Nos piores casos, o aquariano é a pessoa mais fria do zodíaco: quando aparece alguém mais interessante, você é capaz de abandonar o parceiro e esquecê-lo rapidamente, enquanto ele passa anos cuidando de seu coração partido e procurando consertar seus sonhos despedaçados.

Sua falta de inteligência emocional pode ser um problema grave nos relacionamentos. Muitas vezes, você não sabe como fazer com que as pessoas se sintam apreciadas ou amadas e pode parecer totalmente indiferente, pois confia demais na lógica e no pensamento racional. É claro que isso não acontecerá se um planeta mais sensível influenciar sua vida amorosa ou se você tiver Ascendente em Câncer ou Peixes, por exemplo, ou a Lua ou Vênus em Peixes.

Uma vez que quase nunca sente ciúmes, você não reage bem a qualquer forma de ciúme e possessividade por parte do parceiro e não reage com tolerância quando identifica essa característica em outra pessoa.

Se você se relaciona com um aquariano, saiba que, quando você lhe der liberdade e confiança, ele o recompensará com total fidelidade e respeito; nunca falará mal de você a ninguém. O aquariano é, em geral, uma pessoa muito reservada, que oculta os problemas até conseguir resolvê-los. Por isso, às vezes é difícil construir uma intimidade profunda com ele e desenvolver uma relação de confiança. Ele está acostumado a fazer tudo sozinho e isso é difícil para o parceiro, pois dá ao aquariano uma independência feroz. É como se ele deixasse o parceiro de fora de certos aspectos de sua vida íntima.

Se você se tornar ciumento ou possessivo, o mais provável é que ele aproveite a primeira oportunidade para ir embora. A maioria dos aquarianos, porém, não é materialista. Por isso, em sua busca de liberdade, deixará para você a casa e tudo o que ela contém, mesmo que tenha sido traído. Se você lhe deixar a porta aberta, ele será fiel e pode ser o melhor parceiro com que você poderia sonhar; muitos continuam amigos dos ex-parceiros, mesmo depois de sofrer traição, pois perdoam facilmente. No entanto, é melhor que você se dê bem com os amigos dele: como os nativos de Leão, o signo oposto, os aquarianos são dedicados aos amigos de verdade. Se tentar controlar o aquariano, você acabará perdendo-o para sempre. A separação se tornará uma questão de princípio e ele o cortará fora como um membro gangrenado.

Se você é uma pessoa emotiva, ele vai se afastar enquanto procura entender suas reações extremadas. Muitas vezes ele não tem capacidade para lidar com emoções fortes e por isso pode parecer frio e indiferente. Nos piores casos, quando o aquariano percebe que você está carente, ele se recusa teimosamente a confortá-lo e decide puni-lo com o silêncio, ir embora ou, caso precise ficar, fazer algo que não lhe agrade.

Estive trabalhando há pouco tempo com uma cliente cujo marido, aparentemente intolerante, é aquariano. Ele desgastou a autoconfiança dela (e ela, é claro, deixou que ele fizesse isso) porque ela se tornou uma pessoa insegura e carente. Ele se recusa a abandonar as amizades com as colegas de faculdade, muito embora tenha ido para a cama com algumas delas. Ela é de Escorpião e se tornou insegura, ressentida e ciumenta. Muitas vezes, a união entre esses dois signos é complicada, pois Escorpião deseja uma alma gêmea que seja só dela e Aquário (de maneira egoísta, aparentemente) quer permanecer livre para estabelecer vínculos com outras pessoas. Mesmo que o parceiro aquariano seja fiel, não há ninguém que o convença a comprometer por muito tempo sua liberdade. Para que um aquariano que "deu errado" entenda seu ponto de vista, você precisa despertar a compaixão dele; e faça questão de não ser nem inseguro nem carente.

E, se essa perspectiva não lhe parece muito animadora, saiba que tenho um amigo aquariano que é casado há dez anos com sua esposa. Todos nós dizemos que os astros realmente se alinharam quando eles se conheceram. Ela tem Júpiter em Aquário e, por isso, o compreende num nível profundo, no da alma, e os dois transmitem muita confiança, liberdade e respeito um ao outro. Quando o aquariano não tem nada contra o qual possa se rebelar, ele se torna dedicado e fica tranquilo, e é isso que acontece com esse casal: a união dos dois é brilhante. Eles costumam receber em casa um grande grupo de amigos com interesses variados, mas sempre reservam algum tempo para ficar a sós um com o outro a fim de manter uma união viva e um vínculo forte.

CARREIRA

O aquariano é ótimo para trabalhar com causas revolucionárias e organizações de caridade. Esse signo também rege os meios de comunicação e qualquer coisa que estabeleça ligações entre as massas, como o mundo digital, novas tecnologias e novas invenções. Os aquarianos são futuristas e geralmente estão à frente de seu tempo, característica que compartilham com o signo de Peixes. Este tem a visão, ao passo que Aquário tem a consciência e a capacidade de pensar grande. Vocês são bons programadores de *software*, corretores de ações e do mercado de futuros, executivos da mídia, astrólogos e profissionais da publicidade, pois são mais capazes que os concorrentes de avaliar as tendências futuras.

O aquariano pensa grande: é capaz de ver o aspecto geral das coisas, de modo que muitos aquarianos são magnatas e líderes em seus campos de atuação. Dois dos maiores nomes da televisão são de Aquário: Oprah Winfrey e Ellen DeGeneres. O que quer que você ache de cada uma delas, ninguém pode negar que as duas contribuem para causas humanitárias.

Em geral, o aquariano é popular no ambiente de trabalho, pois leva em consideração as necessidades de todos. Ele nunca espera que alguém vá fazer algo que ele mesmo não faria; é um colega simpático e um chefe progressista.

Você sabe lidar com as pessoas e é altamente intuitivo, o que o torna bem-sucedido em qualquer profissão que envolva o contato cotidiano com seres humanos. É um bom profissional de vendas, pois é capaz de captar rapidamente as necessidades do consumidor e atendê-las. Sempre serve aos outros com senso de humor e uma atitude positiva.

Quando as coisas "dão errado", você só cuida dos próprios interesses e não se importa nem um pouco com as pessoas que não fazem parte do seu grupo. É então um extremista fanático, que tem uma indiferença fria por qualquer um cujas opiniões sejam diferentes.

SAÚDE

Aquário é um signo intelectual, do elemento ar, e você tende a sofrer de problemas relacionados à mente, como estresse e ansiedade. Nem sempre sabe se livrar do nervosismo e por isso é vulnerável a colapsos nervosos. Tenho vários clientes com Marte (o planeta que rege a energia) em Aquário e já disse que eles precisam se desligar da eletricidade para conseguir se curar. Sugeri que transformem seu quarto numa "caverna", tirando de lá a televisão, o *laptop* e o celular, pois a luz artificial pode induzir o cérebro a permanecer acordado; as televisões e despertadores eletrônicos enchem o ar de campos eletromagnéticos que prejudicam o relaxamento. Essas pessoas devem deixar somente uma lâmpada no quarto, mais qualquer outra coisa que seja essencial. Todos, sem exceção, me disseram que dormiram melhor.

Se você é aquariano ou tem esse signo em evidência no mapa, precisa se afastar periodicamente do bombardeio constante da vida; caso contrário, corre o risco de não aguentar. Sabendo disso, você deve cuidar para jamais chegar a esse ponto, mas conheço muitos aquarianos que sofreram colapsos nervosos. Eles têm uma antena que está constantemente coletando informações e precisam aprender a desligá-la. A meditação é essencial para vocês, assim como passeios pela natureza, sem o telefone e outros equipamentos digitais.

O CONSERTO PARA AQUÁRIO

1. **Durma numa caverna.** Não deixe nada ligado quando for dormir. Em definitivo, também é melhor não ter uma televisão no quarto. Desligue tudo ou, melhor ainda, procure não ter nada ligado na tomada perto de sua cabeça.

2. **Saiba quando parar.** Não exagere em nada, pois isso o faz perder a tolerância e a compaixão. Se exagerar, provavelmente entrará em curto-circuito.

3. **Use a consciência** para sintonizar uma vibração mais elevada de intuição, bondade e compaixão a fim de encontrar a raiz do comportamento das outras pessoas. Isso o habilitará a ser compassivo em vez de espalhar o caos.

4. **Aceite soluções de meio-termo nos relacionamentos.** Não veja as exigências que as pessoas lhe fazem como meras tentativas de coibir sua individualidade e limitar sua autoexpressão.

5. **Utilize *feng shui* no seu espaço.** Você é naturalmente hábil nessa arte e deve saber limpar um espaço de toda energia negativa ou estagnada. Se não souber, faça uma busca por "limpeza do ambiente" na internet e invista em alguns produtos que podem ajudá-lo, como olíbano, sálvia ou palo santo.

6. **Fique algum tempo sozinho.** Você precisa recarregar sua energia, e passar algum tempo sozinho o ajudará a fazer isso. Explique aos amigos e ao companheiro que essa é uma necessidade emocional básica sua, para que eles não se sintam excluídos.

PEIXES
A VISÃO
♓

SIGNO DE ÁGUA

OPOSTO DE VIRGEM

DÉCIMO SEGUNDO SIGNO DO ZODÍACO

CASA 12

REGIDO POR NETUNO

Os piscianos têm o dom de perceber coisas que permanecem ocultas para a maioria das outras pessoas. São sonhadores que enxergam o quadro maior e muitas vezes são capazes de tornar suas visões realidade. No conjunto, são pessoas especiais.

Tomemos como exemplo a vida e a obra de um pisciano famoso: Albert Einstein. Sua visão é lendária, e não há personagem melhor para demonstrar como funciona esse signo. A revolucionária teoria da relatividade de Einstein mudou completamente nossa compreensão dos fundamentos do universo. Ele não gostava da formalidade e da rigidez do sistema educacional tradicional e acreditava que uma abordagem tão rigorosa sufocava o processo criativo. Isso é típico dos piscianos, que detestam se sentir reprimidos ou obrigados a se desligar de sua criatividade interior. O amor de Einstein pela música é bem documentado e é compartilhado pela maioria dos piscianos e das pessoas em cujo mapa natal o signo de Peixes está em evidência. (Muitos grandes músicos nasceram sob esse signo: Chopin, Kurt Cobain, Nat King Cole, Johnny Cash, Aretha Franklin e Al Green, para citar apenas alguns). Além disso, as pesquisas mostram que, mesmo quando Einstein parecia estar comprometido com uma ou outra amante, ele em geral estava apaixonado por outra pessoa – outro traço típico dos piscianos.

Michelangelo é outro pisciano famoso que foi um verdadeiro gênio da arte. Se você já viu os belos afrescos do teto da Capela Sistina, no Vaticano, sabe que sua visão se transformou numa realidade que todos podem contemplar. A história por trás de sua concepção ilustra diversos traços piscianos. Michelangelo não estava acostumado com a técnica de afresco, e Bramante, outro pintor (que era um ariano competitivo, com Saturno em Escorpião), sabia disso. Bramante sugeriu ao papa que contratasse Michelangelo na esperança de que o rival falhasse, mas seu tiro saiu pela culatra. Michelangelo fez de tudo para recusar o contrato, mas o papa lhe disse que "deus havia falado" e insistiu em que ele começasse a trabalhar. O afresco levou quatro anos para ser pintado e se tornou uma das maiores realizações da arte ocidental. O Cardeal Biagio de Cesena, que protegia Bramante, impôs inúmeros sofrimentos a Michelangelo durante toda a duração do projeto (sofrer por amor à arte é outro traço pisciano!). Por isso, o artista pintou um retrato de Cesena no inferno, onde ele permanece até hoje. A lição aprendida aqui é: nunca provoque um pisciano. Quando ele se aborrece, sua ira não conhece medida. E, se ele for artista, pode vir a imortalizá-lo de um jeito que você não queria.

PEIXES
QUE "DEU ERRADO"

INDIGNO DE CONFIANÇA

O pisciano quase nunca é um indivíduo comum e mediano: ou é a mais confiável das pessoas ou é totalmente indigno de confiança. Você, pisciano, tem uma imensa dificuldade para assumir compromissos; é escorregadio e um verdadeiro pesadelo para os comuns mortais. Toda vez que uma de minhas clientes deixava o filho pisciano de castigo, ele saía pela janela do quarto e descia pela calha até o chão. Os piscianos precisam de limites claros, de regularidade e coerência; é preciso mostrar-lhes exatamente de que modo o comportamento deles pode ser nocivo. Em regra, os piscianos são, no fundo, pessoas bondosas. Por isso, quando sabem que as ações deles afetam os outros de maneira negativa, procuram se regenerar, o que é muito cativante. Quando minha cliente explicou ao filho que ficava ansiosa por não saber onde ele estava, ele começou a levar os sentimentos dela em consideração antes de escapar pela janela. Outro pisciano, um cliente meu, não é muito hábil na gestão do tempo. A probabilidade de ele cumprir seus compromissos é de, no máximo, cinquenta por cento. Certas pessoas ficariam horrorizadas com isso, mas fico tranquila, pois sei que isso faz parte de sua natureza pisciana. Procuro marcar suas consultas para quando estou na escrivaninha, trabalhando em outros projetos.

O APRENDIZADO

Se você tem uma influência pisciana forte no mapa, está aprendendo sobre o comprometimento de forma geral e deve ter muita clareza sobre quais compromissos será capaz de cumprir e quais não será. Se assumir compromissos e os mantiver, isso o ajudará a desenvolver a força de vontade; mas você deve adotar uma abordagem realista. Se você vive cancelando compromissos, pare de marcá-los até ter certeza de que conseguirá cumpri-los. Os piscianos precisam aprender a cumprir suas promessas ou parar de prometer.

Procure criar uma estrutura para si mesmo e defina limites firmes: aprenda a usar uma agenda para priorizar suas atividades e consulte-a sempre antes de assumir compromissos excessivos para projetos, reuniões ou encontros e, nos dias em que for preciso agir, crie listas de coisas para fazer que você realmente consiga cumprir. Procure administrar o tempo, comprometendo-se com uma única atividade durante meia hora, e ponha um despertador para tocar que lhe avise quando o tempo terminou. Aos poucos a gestão do tempo se tornará, para você, um hábito natural; mas é preciso esforço para chegar lá.

Procure ser o mais honesto possível para não se estressar nem deixar as pessoas zangadas ou decepcionadas. Isso tudo ajudará a fortalecer seu caráter e sua força de vontade.

Se você vive ou trabalha com um pisciano, precisa deixar claro para ele como as coisas funcionam: explique-lhe como o comportamento dele impacta de forma negativa as pessoas ao redor. Isso o encoraja a ter empatia e aumenta seu entendimento. Não parta do princípio de que ele já sabe, pois é muito fácil para o pisciano viver num mundo só dele.

VONTADE EXCESSIVAMENTE FORTE

Como acabamos de ver, o pisciano em geral não tem força de vontade muito forte. Mas, se você é um dos piscianos que já tomaram consciência desse problema, é possível que queira compensá-lo e caia no extremo oposto. Alguns piscianos que conheço estão a tal ponto determinados a não serem indignos de confiança e têm tanto medo de que os outros se aproveitem deles que acabam se tornando excessivamente controladores e rígidos. Esse é um traço que vocês compartilham com Virgem, o signo oposto ao seu.

O APRENDIZADO

Se você tem uma influência pisciana forte no mapa e suspeita que é mais o tipo controlador que o tipo "furão", precisa antes de qualquer coisa perder a ansiedade. Talvez você morra de medo de perder o controle, mas sabe que também é aterrorizante suportar tanta responsabilidade. Isso pode levá-lo a sentir que os outros se aproveitam de você. Se, porém, você admitir que é vulnerável, o universo e as outras pessoas farão a parte deles e o ajudarão. Caso recaia no comportamento controlador, o efeito será, muitas vezes, o contrário: as pessoas ficarão aborrecidas. Procure chegar a uma solução de meio-termo que leve em conta o ponto de vista da outra pessoa, mesmo que para isso você tenha de sair um pouco de sua zona de conforto. Isso exige prática (como com todos os hábitos que tentamos mudar), mas com o tempo você provará a si mesmo que a vida é mais fácil e melhor quando você controla aquilo que tem condições de controlar e, para além disso, se desapega e exercita a confiança.

Se você vive ou trabalha com um pisciano, aproveite todas as oportunidades para ajudá-lo a chegar a soluções de meio-termo e a deixar de lado o comportamento controlador. Lembre-se que essa tendência dele reflete a tentativa dos piscianos de resistir ao forte atrativo de não dar a mínima para os compromissos assumidos. Tenha compaixão: com bastante encorajamento, ele conseguirá trilhar o caminho do meio!

─◦─ SENSÍVEL DEMAIS ─◦─

A vida pode ser bem difícil para vocês, piscianos, pois vocês precisam sofrer algo na pele para serem capazes de imaginar o que as outras pessoas sentem. Isso pode levá-los a se sentir vitimizados ou a bancar os mártires; a primeira coisa que vocês fazem é culpar os outros por tudo quanto dá errado. Se você promete algo e não cumpre, a culpa é de qualquer coisa, menos do seu péssimo planejamento: a culpa é do transporte, das outras pessoas e do que mais você conseguir pensar. O verdadeiro crescimento vem quando você assume a responsabilidade e examina o que poderia ter feito (se é que poderia ter feito algo) para mudar os resultados ou impedir que os mesmos padrões se repetissem mais uma vez. Muitos piscianos culpam as experiências ruins que tiveram na infância e no início da vida adulta – pais distantes ou controladores, intimidação e gozações na escola ou parceiros infiéis – pelo fato de serem do jeito que são, mas os mais conscientes decidem não ser vítimas do passado. Abraçam o momento presente, cientes de que cada um de nós tem a capacidade de se curar e se tornar uma pessoa diferente, capaz de criar uma vida melhor. Trata-se de uma lição de vida que todos nós temos de aprender, mas que em geral ressoa mais para os piscianos: quando culpamos os acontecimentos externos ou as outras pessoas por nossos fracassos, estamos recusando ativamente nossas oportunidades de crescimento.

Muitos de vocês, piscianos, sentem e veem as coisas de forma tão intensa que acabam sentindo a necessidade de fugir de sua clarividência e sua presciência. As crianças nascidas sob o signo de Peixes (e alguns adultos também!) mergulham num mundo de fantasia feito de filmes, *videogames* e outras formas de ficção interativa. Os adultos correm o risco de penetrar num mundo nebuloso sob o efeito do álcool, de drogas ou dos dois. Quando surgem problemas e conflitos, em vez de cuidar da situação para chegar a uma solução, vocês tendem a ignorar todas as tentativas das outras pessoas de contatá-los e se refugiam na garrafa ou no *videogame* ou, ainda, desaparecem numa nuvem de fumaça de maconha.

O APRENDIZADO

Se você tem uma influência pisciana forte no mapa e sente a necessidade de escapar de seus sentimentos dolorosos, faça isso, mas procure um método que não lhe faça mal, como um passatempo criativo: escrever, pintar ou cantar, por exemplo. Se você bebe regularmente ou tem o hábito de se dedicar a outras atividades nocivas, a primeira coisa que precisa fazer é admitir que tem um problema; depois, precisa ver se consegue limitar essas atividades a um ou, no máximo, dois dias por semana. Isso o ajudará a desenvolver a força de vontade. Se você não conseguir controlar a bebedeira ou outros comportamentos autodestrutivos (o que não é incomum para os piscianos), há muitos grupos, *on-line* ou no local onde você mora, formados por pessoas que têm o mesmo problema e se apoiam mutuamente, e há profissionais capacitados para ajudá-lo. Não se contente com a ideia de que "é assim que as coisas são"; aja para que tudo isso fique no passado.

Procure evitar as pessoas rudes, as substâncias tóxicas e as situações difíceis e leve uma vida mais tranquila. O conserto, nesse caso, consiste em você reservar um tempo para atividades espirituais regulares, como meditação e yoga – qualquer coisa que o ajude a entrar em sintonia com seu eu mais profundo e a encontrar a paz com o mundo exterior. Alguns piscianos apreciam particularmente atividades que envolvem água – surfe, por exemplo –, mas, qualquer que seja a sua opção, é importante que você enfrente as questões relacionadas à família, aos colegas, aos amigos e aos namorados em vez de simplesmente fugir delas. Caso contrário, elas continuarão acontecendo.

Procure se lembrar de que, se você mantiver o hábito de culpar os outros quando as coisas não dão certo, ou se já se sente perfeitamente confortável no papel de vítima ou de mártir, a única pessoa que sairá prejudicada com isso será, em última instância, você mesmo.

Se você vive ou trabalha com um pisciano, procure ter em mente que o hábito de fugir às responsabilidades nasce da ansiedade e não da arrogância. Tudo o que você puder fazer para ajudá-lo a resolver os problemas em vez de fugir deles será útil para ele e para você.

TEMPERAMENTO FEROZ

Caso seja levado ao limite, o pisciano explode em fúria. Todos os signos têm um planeta regente – um chefe, como costumo dizer –, e vocês, piscianos, são regidos por Netuno, senhor e protetor dos oceanos e mares. Como Netuno que brande o tridente para agitar as ondas, o acesso de fúria do pisciano pode causar grande devastação. Não é fácil tirar você do sério, mas ninguém deve tentar fazer isso se não estiver preparado para enfrentar um tsunami. Os bebês regidos por Netuno, por outro lado, são calmos e acalmam as pessoas ao redor; seguem o fluxo das coisas.

O APRENDIZADO

Se você tem uma influência pisciana forte no mapa, lembre-se que precisa encarar os problemas com gentileza, mas também com determinação, assim que eles se manifestam. O tema de suas lições de vida são os limites das coisas, e muitas vezes acontece de você atrair pessoas e situações que põem seus limites à prova. Você não deve nem reprimir nem fugir de nenhuma dessas provas, pois isso vai gerando um acúmulo de ressentimento e raiva que acaba desencadeando o tsunami, que então ocorre num momento totalmente inadequado.

Se você tem de lidar com um pisciano que manifesta esse comportamento, dê espaço para que sua fúria se acalme, mas depois volte (e não demore muito!) e defenda calmamente sua posição. Use a técnica-padrão de pintar um quadro completo da situação para mostrar-lhe como a fúria dele afeta você e as outras pessoas.

PEIXES
QUE "DEU CERTO"

ESPIRITUAL

Como pisciano, você vive tão sintonizado com os ritmos da vida que as coisas fluem para você de um modo que parece mágico. Você é espiritual e intuitivo – alguns diriam paranormal. Costuma ter sonhos que depois se realizam, e muitos têm o poder de vislumbrar o futuro. Meu professor costumava dizer que os piscianos são os "médiuns", ou seja, os "intermediários" da vida, de Deus e do universo.

Todos os melhores curadores e paranormais que conheço têm o signo de Peixes em evidência em seus mapas natais. Quando falo de curadores, não me refiro somente aos mestres de Reiki, que impõem as mãos sobre os clientes. Refiro-me a todas as pessoas que sentem o impulso de ajudar os outros e a motivação de fazer do mundo um lugar melhor para todos. Meu professor dizia que todos os curadores autênticos têm um grau de paranormalidade, mas nem todos os paranormais são curadores. A vida me mostrou que isso é verdade. Na minha opinião, os que permanecem humildes e curam os conflitos e as pessoas sem fazer alarde são os verdadeiros heróis anônimos da cura.

O pisciano que "deu certo" parece sempre saber o que falar para fazer com que nos sintamos melhor, e sua solicitude tem a capacidade de aquecer corações frios ou endurecidos. São extremamente bondosos e têm uma energia quase etérea, que nos lembra a todos da beleza da verdadeira humanidade.

O APRENDIZADO

Se você tem um influência pisciana forte no mapa, precisa aprender a se proteger e a manter limpa a sua energia. (Aliás, trata-se de uma característica que você tem em comum com Câncer e Escorpião, os outros signos de água.) Mais uma vez, isso tem relação com os limites. É conveniente que você aprenda a criar espaço para si mesmo e a dizer não. Um tempo de solidão, para curar-se e recuperar a energia num ambiente livre de caos, também é um remédio maravilhoso para os momentos mais difíceis. Luz branda, música suave, meditação e oração ajudam você a manter um vínculo forte com seu eu superior.

Não é por ser uma pessoa sensível e espiritual que você deve deixar que os outros façam o que quiserem com você. Pelo contrário. Uma vida baseada em valores espirituais o leva a ter mais respeito por si mesmo, e o fato de tratar os outros como gostaria de ser tratado dá força a cada um de nós e eleva a vibração coletiva da humanidade.

CONEXÃO COM A NATUREZA

Quando está em contato com a natureza, especialmente no mar, você está em seu elemento. Certa vez, conheci um homem brilhante que atendia pelo nome de Capitão Paul Watson. Ele fazia campanha para salvar os mares e a vida marinha dos danos ambientais causados pela humanidade.

Apostei com uma amiga que ele tinha o signo de Peixes bem forte no mapa e ganhei: ele tem Júpiter em Peixes.

O APRENDIZADO

Você é regido por Netuno, o senhor dos mares, e precisa da água como as flores precisam de luz; esse é o caminho da cura para você. O som suave de um riacho borbulhante ou das ondas quebrando na praia é como terapia para o pisciano. Se você não tem a sorte de morar perto do mar, viaje sempre que puder até o litoral para se curar. Em geral, não sou fã de se manterem animais em cativeiro, mas você pode comprar peixes numa loja especializada e colocá-los num tanque bem espaçoso; será uma espécie de resgate. Vê-los deslizar pela água sem preocupação alguma tem o mesmo efeito relaxante de uma massagem.

Quando as coisas "dão certo", o pisciano tem uma ligação íntima com a vida selvagem e fará todo o possível para preservar a vida marinha e os outros animais. Os mais sensíveis entre eles e os mais fiéis à natureza de seu signo estão inventando com frequência novas maneiras de salvar os oceanos e certamente nunca serão vistos vestindo as peles de animais mortos. Isso se deve à sua conexão com o sofrimento e com a natureza em geral.

O pisciano que "deu certo" tem uma energia suave, como a de gotas de chuva no coração do deserto: trazem uma certa calma e tranquilidade para nós, meros mortais, quando temos necessidade.

NO AMOR

Os melhores piscianos são amantes dedicados; fazem todo o possível para facilitar a vida do parceiro e se dedicam a fazê-lo feliz, de modo que o relacionamento flua. Em geral, vocês são abnegados; mas, dependendo da pessoa com quem decidem se abrir, podem acabar sentindo que ela se aproveitou de vocês. Isso acontece quando o parceiro se dedica menos que 100 por cento à relação. As expectativas de vocês são altas e difíceis de satisfazer.

Quando você se machuca, sua sensibilidade pode impedi-lo de confiar em outra pessoa. Os outros signos sacodem a poeira e dão a volta por cima, mas os piscianos têm dificuldade para superar uma traição. Essa sensibilidade pode atrasar sua vida, pois o amor sempre resulta em algum tipo de dor, mesmo que seja "até que a morte os separe". Se você foi ferido, precisa aceitar esse fato, perdoar e tentar continuar aberto como quando estava apaixonado.

O pisciano tende a trair o parceiro ou a ter um parceiro que o traia. É possível que uma pessoa que lhe parece mais adequada o tente a se afastar do relacionamento em que está. Você gosta dos estágios iniciais do romance, mas, quando chega a hora de enfrentar a realidade, bate em retirada. Seja qual for o lado traído e o traidor, o que realmente fará bem é a compaixão e o perdão. Para alguns casais, um relacionamento aberto é a solução.

O pisciano muitas vezes mente para evitar conflitos e depois foge dos resultados da mentira. Quando faz isso, você assume o controle passivo das situações, pois desaparece e se recusa a dar qualquer tipo de satisfação à outra parte. Em vez de fazer isso, procure se afastar um pouco da situação mas em seguida, sem abandonar o barco por muito tempo, enfrente-a honestamente. Faça questão de que sua motivação seja pura e trabalhe para curar a situação com integridade. Se você não for capaz de encontrar a outra pessoa cara a cara, escreva uma carta ou peça a um mediador de confiança que o ajude.

Se você está num relacionamento com um pisciano, precisa estar presente e fazer todo o possível para dar-lhe a certeza de que você é dedicado e comprometido, tudo isso para diminuir-lhe o medo. O pisciano precisa de bastante espaço, mas o jeito romântico com que o trata depois de passar algum tempo a sós compensa tudo.

Se você está lidando com uma pessoa cujo signo de Peixes é forte e que tem dificuldade para se abrir, não fique bravo, pois isso a fará fechar-se ainda mais. Aborde a situação com gentileza e explique que o comportamento dela o magoa e, a longo prazo, não será bom sequer para ela mesma. Mais uma vez, se você lhe der espaço e trabalhar para dissipar a raiva, estará evitando projetar nela a sua própria dor e a ajudará a reconhecer quanto o comportamento dela é prejudicial para os dois lados. Talvez isso nem sempre dê certo, mas o segredo é tentar sempre.

Não corra atrás de um pisciano: quando ele resolve desaparecer, vai escorregar entre seus dedos e esconder-se na escuridão das profundezas, como um peixe; você nunca mais vai conseguir capturá-lo. Se você é daquelas pessoas capazes de aguentar a falta de compromisso do parceiro, apenas siga o fluxo; mas, se sabe que precisa de um parceiro mais estável, não se engane pensando que conseguirá fazê-lo mudar. Somente ele tem o poder de fazer isso consigo mesmo, e tal mudança exige trabalho, disciplina e comprometimento.

CARREIRA

Vocês, piscianos, são atraídos com frequência pelo setor criativo: cinema, moda, fotografia, *design*, música e televisão. Isso não significa que você trabalhe em todos esses campos, é claro, e muitas pessoas com forte presença pisciana no mapa expressarão a criatividade de outras maneiras. Os piscianos também enxergam longe, o que os habilita a aparecer com soluções brilhantes como que do nada. Aqueles que não têm afinidade com as artes deveriam procurar se abrir a seus dons, que muitas vezes estão latentes. O segredo do compromisso é encarar suas metas de forma realista. Se você é pisciano e precisa pôr mais criatividade em sua vida, por exemplo, mas precisa pagar as contas trabalhando todos os dias das nove às cinco, estude uma atividade criativa no tempo livre que lhe resta e dê rédeas soltas ao artista frustrado que vive em você.

Você tem visão e vontade de viver seu sonho. Os piscianos mais bem-sucedidos seguem sua intuição, que é naturalmente afiada. Inventam, desenham e produzem em abundância, às vezes traçando caminhos para si próprios com anos de antecedência e depois seguindo seus planos ao pé da letra. Os piscianos não gostam de se perder nas fantasias de terceiros. Mas há também aqueles que manifestam o outro lado dessa propensão ao sonho e ao devaneio: ficam imaginando como a vida seria se tivessem outra carreira, mas nada fazem para mudá-la.

O melhor para você é ter uma rotina diária estruturada, e é por isso que muitos piscianos, pelo menos no começo da carreira, gravitam para setores onde as regras e os regimes de trabalho são rígidos. Um querido amigo meu foi policial durante alguns anos, até ser ferido. Depois disso dedicou a vida a sua verdadeira paixão: a música. Conseguiu gravar um disco e pouco tempo depois suas músicas já estavam sendo tocadas em filmes de Hollywood. O processo todo foi bem pisciano – primeiro ele trabalhou num setor com regras e uma estrutura rígida, depois entrou no mundo da arte e seguiu seus sonhos.

Muitas vezes, os piscianos tem uma noção de tempo bastante distorcida, de modo que perder prazos não é novidade para muitos de vocês. Vocês deixam tudo para depois e ficam esperando o tempo passar para que possam voltar para casa e assistir uma sessão de Netflix regada a vinho. Se é esse o seu caso, pergunte-se o que você pode fazer para mudar sua rotina e tornar-se mais presente e confiável. Volte à página 251 e dê uma olhada nas dicas para se tornar uma pessoa de confiança. Olhe para dentro do seu coração, descubra qual é a sua paixão e tome atitudes para incorporar à vida cotidiana aquilo que você ama. (Isso vale não somente para seu trabalho, mas também para o que faz no tempo livre.) Esteja preparado para fazer sacrifícios se tiver que mudar de carreira e começar tudo de novo. A vida é curta demais para perder tempo, nem que seja um segundo.

SAÚDE

Você precisa sair da cabeça e entrar no corpo. Qualquer coisa que o ajude a se sentir unido à natureza e ao universo será bom para sua saúde. Qualquer atividade ligada à água acalma o pisciano: ele adora o mar aberto e sente atração por surfe, natação, canoagem e esqui aquático. O simples ato de se sentar diante do oceano pode recuperar suas energias e lhe dar novas perspectivas.

Como os nativos dos demais signos de água, os piscianos são dados à depressão, à ansiedade e ao sentimento de desesperança. Você deve fazer o que for preciso para aumentar seus índices de serotonina, se possível sem usar medicação. Os exercícios físicos são importantes para todos os signos, mas para os piscianos podem representar a fonte de endorfina de que eles tanto precisam. Técnicas como a meditação e a atenção plena (*mindfulness*) também podem ser particularmente benéficas para os piscianos, pois permitem que ele se reconecte com sua intuição e sua visão interior.

Apesar de sua predisposição ao escapismo, vocês, piscianos, são mais felizes quando têm controle sobre si mesmos. Precisam prestar atenção para que o medo, as drogas ou o álcool não se tornem os senhores de sua vida. Eu conheci uma pisciana que é uma das pessoas mais talentosas e criativas que já vi. Era a própria imagem do signo de Peixes que "deu certo". Num único ano, ela perdeu os pais e o parceiro e acabou se voltando para as drogas ilegais a fim de fugir à dor da perda. Muita gente é capaz de abandonar os maus hábitos, mas os piscianos e escorpianos, dois signos de água, têm mais dificuldade que a maioria. Mesmo com o apoio dos entes queridos, ela se perdeu na confusão netuniana e nunca mais abandonou as drogas. Se você conhece alguém que se entrega a esse tipo de exagero, pode apostar que tal pessoa tem planetas em Peixes, mesmo que não seja o Sol.

O CONSERTO PARA PEIXES

1. **Para se tornar uma pessoa confiável,** compre uma agenda ou obrigue-se a usar um aplicativo de marcação de compromissos. Consulte-o toda manhã e antes de ir se deitar à noite.

2. **Não assuma compromissos em demasia.** Pratique a arte de dizer não com educação ou ganhe tempo.

3. **Para administrar sua sensibilidade,** procure um jeito saudável de fugir (temporariamente) de situações dolorosas. Podem ser cinco minutos de meditação de *mindfullnes* (atenção plena) ou um passatempo criativo que tome o lugar do drinque diário.

4. **Abrace a ideia de que você não é nem uma vítima nem um mártir,** mas um adulto independente que controla a própria vida. O passado já se foi e é você quem cria o seu futuro.

5. **Dê vazão à sua criatividade.** Toque um instrumento musical. Ganhe acesso à sua natureza artística e gentil.

6. **Evite substâncias e pessoas tóxicas** que desgastam sua sensibilidade.

7. **Mantenha contato regular com a água.** Um lago, um rio ou o litoral: qualquer lugar próximo de um corpo de água lhe fará bem. No desespero, até uma piscina pode ajudar, embora o cloro, uma substância agressiva, não seja particularmente favorável.

4

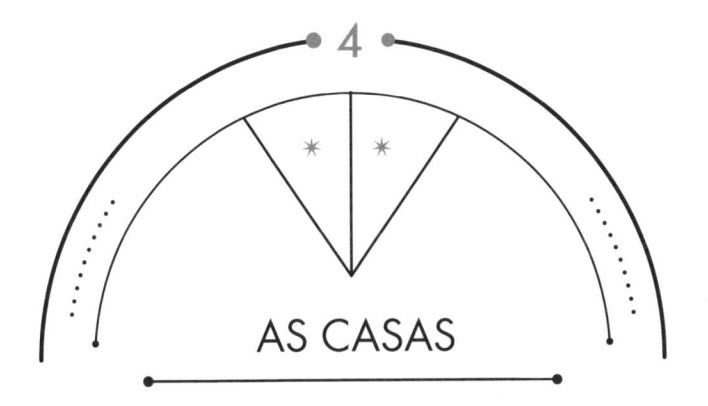

AS CASAS

Chegamos agora à última peça do quebra-cabeças. Espero que você esteja entusiasmado com os momentos de descoberta que já vivenciou lendo este livro e esteja empolgado para começar a implementar em sua vida as mudanças baseadas em tudo o que já descobriu. A esta altura, já deve estar confiante em sua capacidade de usar seu mapa natal para pegar dicas e deve estar à vontade para estudar e depois confiar em sua intuição.

Tendo enfocado até agora os planetas (o "quê") e os signos (o "como"), voltamo-nos para o terceiro e último elemento do mapa: as casas (o "onde").

Para interpretar um mapa, é preciso passar constantemente de uma área a outra, folheando os diversos capítulos deste livro a fim de construir uma imagem mais completa e melhorar o entendimento. Já falamos um pouco sobre as casas, especialmente no contexto dos efeitos dos planetas mais lentos, como Urano, Netuno e Plutão. E é possível que você já tenha uma ideia de o que as casas significam. O objetivo deste capítulo, porém, é acrescentar mais uma dimensão às suas interpretações, examinando o contexto em que as influências combinadas dos planetas e dos signos se exercem. A principal pergunta que você estará propondo a si mesmo ao longo deste capítulo, portanto, é: "Onde [em que área da minha vida] cada planeta e seu signo exercerão sua influência?". Vale mencionar mais uma vez que a astrologia é parecida com uma nova língua que você está aprendendo. Como no aprendizado de qualquer outra língua, você se tornará melhor e mais hábil se praticá-la.

COMO TRABALHAR COM AS CASAS NO MAPA

Vamos refrescar sua memória: o zodíaco se divide em doze signos, cada um dos quais tem um planeta regente; e esses signos se distribuem ao longo das doze casas. Essa é a configuração-padrão. Cada casa representa uma área específica da sua vida, como os bens, os valores e a espiritualidade. Assim, Áries é o primeiro signo do zodíaco, seu planeta regente é Marte e sua casa-padrão é a casa 1. Touro, o segundo signo, se coloca por padrão na casa 2 e tem Vênus como planeta regente. Gêmeos, regido por Mercúrio, é o signo da casa 3, e assim por diante.

Porém, como já vimos, essa configuração-padrão não ocorre na maioria dos mapas. Nem todos os planetas se colocam nos signos por eles regidos e nem todos os signos ocupam sua casa-padrão. Cada um dos três elementos tem um movimento independente, e é isso que cria a imagem do céu em cada momento e, de forma específica, no momento em que você nasceu. Essa imagem é seu mapa natal.

Um breve lembrete acerca de como os planetas (e os signos em que estão) se dispõem nas casas. Olhando para seu próprio mapa natal, você já deve ter reparado que talvez os planetas não estejam distribuídos homogeneamente entre os signos e as casas. Talvez haja casas vazias e casas lotadas. Esse fato, em si e por si, é uma pista importante. Se uma casa está cheia de planetas, isso é um sinal claro de que você deve dar mais atenção aos elementos do seu caráter indicados por aqueles planetas, relacionando-os com as áreas da vida indicadas pela casa em que estão.

Se uma casa está vazia, isso não significa que nada aconteça nessa área da sua vida. Talvez signifique apenas que você já sabe (consciente ou inconscientemente) como agir nessa área. Talvez, num sentido geral, você já tenha descoberto o segredo de como ela funciona. Ou talvez signifique que as lições a serem aprendidas têm relação com o signo em que a casa está.

Ou seja, examine primeiro a presença dos planetas nas casas e, depois, veja qual é o signo que rege cada casa no seu mapa. Proceda a partir daí, sempre procurando pistas.

Para identificar os signos que regem cada uma das casas do seu mapa, verifique o anel exterior do seu mapa, onde você verá, no início de cada casa, o símbolo de um signo. Sempre comece do ponto do mapa correspondente às 9 horas, onde a flecha aponta para seu signo Ascendente, que rege a casa 1. A partir daí, percorra o mapa no sentido anti-horário. O signo seguinte no anel exterior é o que rege a casa 2, e assim por diante. Você vai precisar consultar de novo a tabela dos símbolos dos signos na página 19, caso já não tenha decorado a ordem deles.

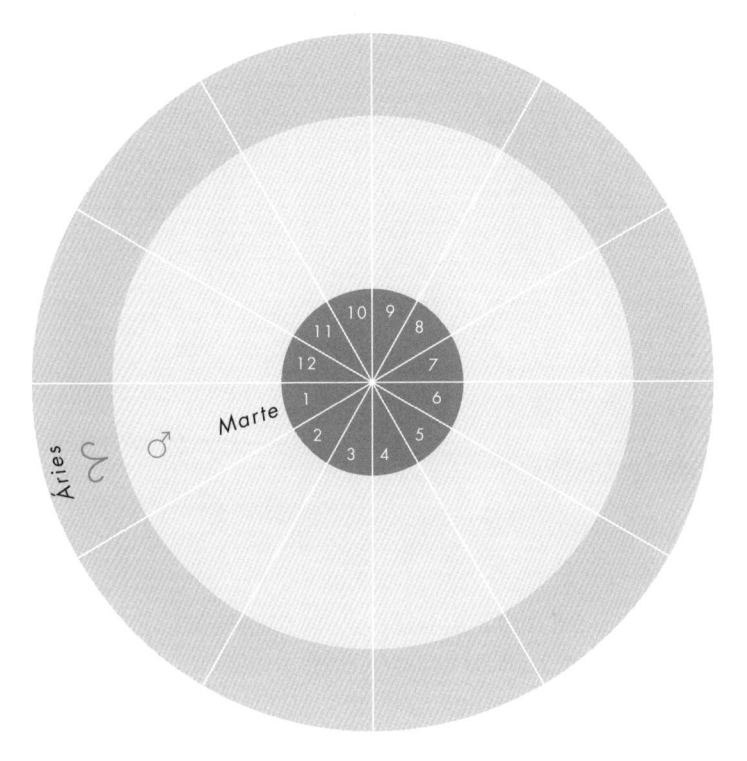

CHARLES CHAPLIN / 16 DE ABRIL DE 1889, TERÇA-FEIRA

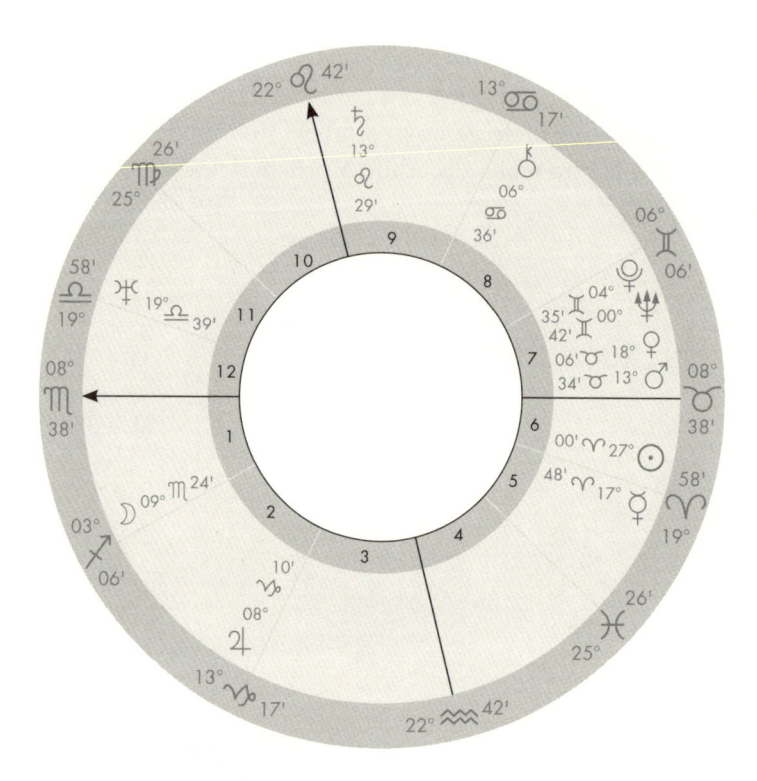

No mapa acima, você verá que essa pessoa (Charlie Chaplin) tinha o signo de Escorpião como regente da casa 1, Sagitário como regente da 2, a Lua na casa 1, Júpiter na 2, nenhum planeta na 3 e por aí afora. Essa pessoa também pode, portanto, procurar pistas nos signos que regem as casas de seu mapa e depois as relacionar com as associações de cada casa, que estão detalhadas abaixo na seção "Breve Explicação das Casas" (p. 273), que traz também o planeta e o sigo que se relacionam, por padrão, com cada casa.

A título de exemplo, Charlie Chaplin tinha Sagitário como regente da casa 2 (o signo de Sagitário tem como foco a verdade e a sincronia em geral), e a casa 2 indica como acumulamos bens; Chaplin, em regra, financiava seus próprios filmes e ficava obcecado com a sincronia de cada cena até deixá-la perfeita. Sagitário não aceita nada menos que a perfeição. O fato de ele ter Júpiter, regente de Sagitário, na casa 2 lhe dava a capacidade (pois Júpiter representa as habilidades e capacidades) de expressar a verdade política de sua época. Mas Júpiter também mostra aquela área onde tendemos a cair no excesso e no exagero, e sabe-se que Chaplin era fanático no modo como produzia seus filmes.

Vale a pena ter em mente que, pelo fato de os signos, planetas e casas terem todos a sua configuração-padrão, os traços e comportamentos dos planetas, signos e casas relacionados tendem a ser parecidos. Áries, Marte e a casa 1 têm muito em comum por exemplo. Assim, se você ler aqui algo que já leu em outro lugar do livro, esse é o motivo. Essas relações têm muito poder. Tenho um cliente, por exemplo, que é muito aquariano no jeito de ser, embora, tenha o Sol e Mercúrio em Áries. Isso porque, em seu mapa, esses dois planetas estão na casa 11, que é a casa-padrão do signo de Aquário. A influência aquariana realmente se faz sentir na vida dele.

Um último alerta geral: as casas não são todas iguais. Em tese, o mapa é dividido em 12 fatias iguais de 30 graus cada. Porém, pode acontecer de uma casa ter mais de 30 graus, e isso significa que ela está "interceptada". Para não criar confusão, vou explicar a questão da maneira mais simples possível.

A casa "interceptada" é aquela que foi obrigada a sair de sua colocação natural dentro do mapa em razão do excesso de atividade nela contido. Pode ser que essa casa tenha um grande número de planetas ou que os planetas que nela estão, bem como os signos que a regem, sejam particularmente significativos no mapa em questão. Em essência, no entanto, a existência de casas interceptadas significa que há muito a se aprender com elas e com os signos que as impactam. Meu professor dizia que as interceptações são sinais de algo que deu errado para nós nas áreas relacionadas a esses signos e casas no início da nossa vida ou até em vidas passadas, de modo que temos muito a aprender nessas áreas em nossa atual existência. No que se refere às vidas passadas, ficaremos restritos ao presente!

Pelo fato de todo signo e toda casa terem um signo e uma casa opostos, sempre haverá pelo menos dois signos e casas envolvidos numa interceptação. No mapa de David Bowie, por exemplo, a seguir, a casa 1 (que neste caso é regida por Aquário e Peixes) e a casa 7 (Leão e Virgem) estão interceptadas. Pode-se perceber que isso acontece porque elas são fatias maiores da "torta" e, como você bem pode ver, estão opostas uma à outra.

Seria de esperar, portanto, que Bowie tivesse lições específicas a aprender com o estudo dos traços positivos e negativos de Aquário e de Peixes em relação às áreas da vida associadas à casa 1 (as quais, como você verá na "Breve explicação das casas", p. 273, têm todas a ver com o eu, a personalidade, a *persona* e o modo como nos apresentamos ao mundo). Também deveria prestar muita atenção aos traços positivos e negativos de Leão e de Virgem e correlacioná-los com as áreas da vida associadas à casa 7 (basicamente, a casa dos relacionamentos). Os signos interceptados tendem a indicar que, no início da vida, você foi de um modo ou de outro impedido de desenvolver os traços positivos dos signos em questão. No caso de Bowie, seu signo de Peixes interceptado talvez não tenha sido capaz de racionalizar ou de atuar de modo prático em sua casa 1 (a casa do eu). Na casa oposta, onde Virgem está interceptado, ele pode ter sido um perfeccionista que se concentrava obsessivamente em detalhes insignificantes.

Talvez você tenha casas interceptadas em seu mapa, talvez não. Se tiver, simplesmente tome nota de que essas casas, os signos que as regem e quaisquer planetas que nelas estejam serão especialmente ricos em significados que calarão fundo em você.

Uma explicação extra para as pessoas que têm casas interceptadas: isso significa também que você terá signos duplicados no anel exterior do mapa (ou seja, o símbolo do mesmo signo aparecerá duas vezes). Isso não significa que você tenha de contar esse signo duas vezes. Na segunda vez que ele aparecer, apenas o desconte, passe ao símbolo seguinte no anel exterior do mapa e atribua este à próxima casa. Os signos duplicados e as casas interceptadas podem indicar uma válvula de escape para as dificuldades causadas pela interceptação. Uma pessoa com os signos de Câncer e de Capricórnio duplicados, por exemplo, teria de usar o máximo possível os traços que "deram certo" desses dois signos. Deve se lembrar que Câncer mostra onde precisamos construir nossa própria segurança, onde precisamos "nos sentir seguros". Já Capricórnio indica as áreas da vida onde precisamos ser mais organizados e desenvolver o discernimento.

DAVID BOWIE / MAPA NATAL / 8 DE JANEIRO DE 1947

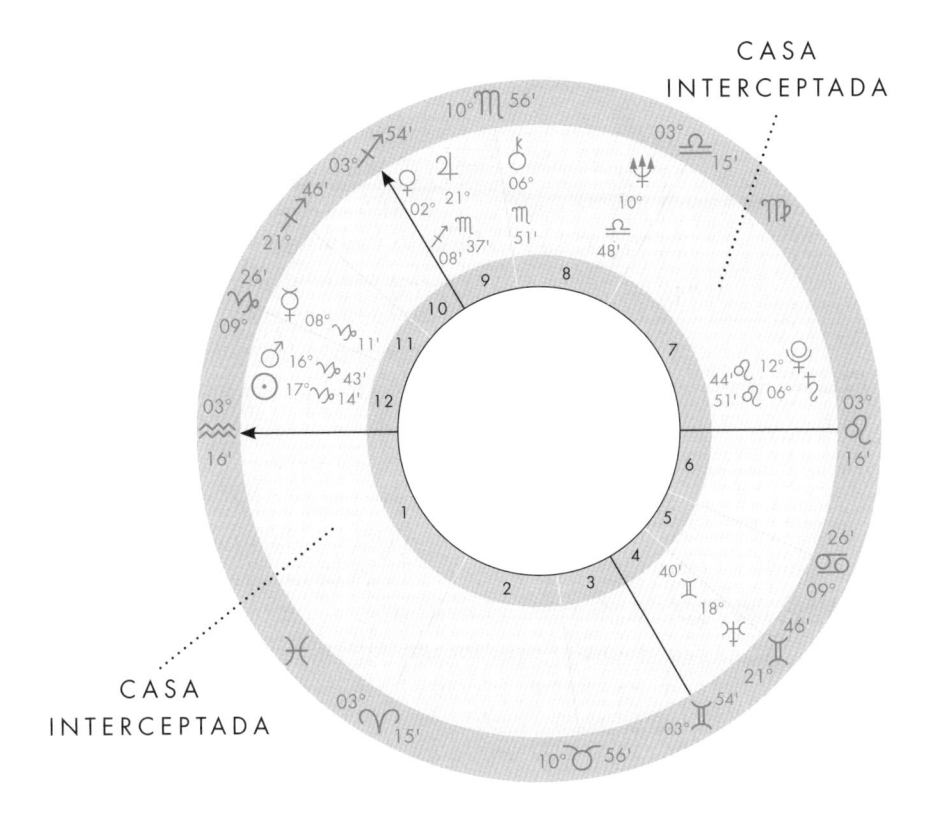

CASA INTERCEPTADA

CASA INTERCEPTADA

Agora, torne a pegar seu mapa natal. Você vai seguir as etapas delineadas a seguir. No final da seção sobre cada casa, há espaço para que você tome notas à medida que for lendo sobre suas associações. Espera-se que, a esta altura, já saiba fazer isso com proficiência. O segredo é reler e praticar; o objetivo, como sempre, é reagir não somente de modo analítico, mas intuitivamente, e tomar nota de qualquer coisa que lhe chame a atenção. Há ainda uma tabela na qual você pode redigir um resumo de suas próprias interpretações depois de combinar todos os planetas, signos e casas em seu mapa.

ETAPA UM. Rememore o que os planetas representam e como os signos onde eles estão se manifestam na sua vida. Consulte suas notas sobre o efeito de cada planeta no seu mapa.

ETAPA DOIS. Veja qual signo rege cada casa em seu mapa natal. Comece com a casa 1. Siga a linha com a flechinha que aponta para o ponto correspondente às 9 horas. Você verá que ela indica um signo no anel exterior do seu mapa. Esse é o signo que rege sua casa 1. (Lembre-se que pode ser o signo que rege naturalmente a casa 1 ou não. A maioria dos mapas não segue a configuração-padrão.) Continue a verificar os signos das casas, procedendo no sentido anti-horário. Tome nota do signo de cada casa nas tabelas ao final das seções correspondentes às casas.

ETAPA TRÊS. Leia as informações deste capítulo sobre quais áreas da vida as 12 casas representam, tendo em mente o que você já sabe sobre os planetas e os signos relacionados a cada casa em seu mapa. Tome notas sobre qualquer coisa que lhe pareça pertinente. Anote tudo para abrir mais espaço no cérebro.

ETAPA QUATRO. Redija seu resumo pessoal do modo pelo qual os planetas, os signos e, agora, as casas interagem em seu mapa e procure formular uma interpretação geral para cada casa.

Você talvez tenha de consultar seus resumos anteriores e recapitular as palavras-chave relacionadas a cada planeta e signo. Não há um único jeito correto de fazer esse exercício, assim como não há um jeito errado. Use-o como bem entender. Ele depende de sua intuição e lhe oferece apenas uma estrutura. O objetivo é simplesmente começar a juntar tudo o que você aprendeu até agora e construir sua própria interpretação geral.

Ao longo do livro, você esteve trabalhando com várias questões que seu próprio mapa levantou. Os planetas e signos têm exatamente esse papel, de suscitar questões, e a esta altura você deve estar sentindo o cérebro piscar com as luzes das dicas.

Para as casas, você deve aplicar as questões já suscitadas pelos planetas e pelos signos às áreas em que elas mais podem oferecer esclarecimentos. Um exemplo simples: se você tem Quíron, o curador ferido, na casa 7, que é a casa dos relacionamentos (entre outras coisas), é muito provável que tenha nessa área de sua vida uma vulnerabilidade que exige atenção.

Este capítulo é breve e simples. Você já fez a maior parte do trabalho cerebral necessário, identificando e interpretando seus planetas e signos. Agora chegou a hora de identificar em quais áreas da vida essas energias se manifestam. Neste capítulo, o principal será você usar a intuição para identificar, com base nas listas, qual área específica da sua vida está sendo ativada. A intuição, muitas vezes, assume a forma do primeiro pensamento espontâneo baseado em sinais sutis. É o estágio anterior à lógica. Ela começa a funcionar de maneira plena quando você trabalha com as casas, a última peça do quebra-cabeças, aquela que lhe permitirá chegar a conclusões.

BREVE EXPLICAÇÃO DAS CASAS

CASA 1

A casa do "eu": sua *persona*, personalidade e noção de identidade. Sua apresentação externa, o modo como você se mostra ao mundo e a primeira impressão que os outros têm de você (as características físicas às vezes entram em jogo). As associações da casa 1 são as mesmas do Ascendente.

CASA 2

A casa dos ativos e dos valores, suas finanças pessoais; como você acumula e constrói recursos; questões de dinheiro e de bens; seus valores, o que você valoriza e sua atitude em relação à riqueza.

CASA 3

A casa da mente e do aprendizado em geral; comunicação consigo mesmo e com os outros; o relacionamento com os irmãos e irmãs; o ambiente imediato; viagens curtas.

CASA 4

A casa da segurança; lar, família; a infância e os antepassados; a experiência que você tem de sua mãe e as influências maternas em geral; carinho e sensibilidade.

CASA 5

A casa do amor, da diversão e do humor; inspiração criativa e autoexpressão; o investimento em si; filhos; drama e o ego.

CASA 6

A casa da vida cotidiana, das rotinas e hábitos; saúde em geral; atitude em relação ao trabalho e ao serviço; sacrifício pessoal e cura.

CASA 7

A casa dos relacionamentos; romance; casos amorosos; parcerias e sociedades de todos os tipos; negociações, paz e harmonia.

CASA 8

A casa do poder, do sexo, das drogas e do rock 'n' roll; os recursos de outras pessoas; morte e herança; transformação e nossa capacidade de mudar profundamente; ritos de todos os tipos; ocultismo.

CASA 9

A casa da espiritualidade e da religião; viagens longas; educação superior; filosofia; direito; ramo editorial; expansão e sorte.

CASA 10

A casa de como você se relaciona com o comprometimento, o *status*, a autoridade e a reputação; *status* social; carreira; instituições governamentais; grandes empresas; figuras de autoridade em geral.

CASA 11

A casa da socialização, do *networking* e dos contatos; os amigos e sua conexão com a humanidade em geral; associações e grupos; esperanças e aspirações; ideais; os meios de comunicação de massa.

CASA 12

A casa das tendências espirituais e do vínculo natural com o universo; os sonhos e o inconsciente; coisas ocultas; música; dança; meditação; yoga e todas as coisas metafísicas, como a intuição.

AS CASAS EM PROFUNDIDADE

CASA 1

ASSOCIADA A: O EU EM GERAL,
PARTICULARMENTE A PERSONALIDADE

PLANETA-PADRÃO: MARTE

SIGNO-PADRÃO: ÁRIES

ASSOCIAÇÕES

As associações da casa 1 coincidem de modo quase completo com as do Ascendente, que é também o seu signo natural. (Um lembrete rápido de como identificar seu Ascendente: veja qual é o símbolo no anel exterior do seu mapa no local correspondente às 9 horas do relógio, para onde aponta a flecha.)

A casa 1 representa ou eu em geral e a personalidade em particular. O signo no ponto onde ela começa dá, em geral, uma forte indicação das qualidades que você mostra às outras pessoas e que compõem a primeira impressão que elas têm de você – em outras palavras, da sua personalidade. Se alguém bate inesperadamente em sua porta, é o Ascendente, ou a casa 1, que determina como você receberá essa pessoa antes de ter a oportunidade de escolher uma roupa para vestir. O mapa pode ser visto como o seu guarda-roupa de energias; o Ascendente é como a pessoa nua. Ele também mostra de que modo afirmamos a nós mesmos, o que o liga a Marte, seu planeta-padrão.

COMO ELA FUNCIONA

Vamos começar examinando os efeitos do signo que rege a casa 1, pois nessa casa ele é especialmente importante. Se a pessoa tem Áries como regente da casa 1, por exemplo (ou seja, se tem Ascendente Áries), o signo é mais forte, pois se encontra em sua configuração-padrão. A pessoa se mostraria (e seria vista como) assertiva, dinâmica e cheia de energia em certas áreas da vida. É claro que, quando as coisas "dão errado", ela é competitiva e, pior ainda, agressiva ou passivo-agressiva; é também propensa a se tornar controladora.

A pessoa que tem Leão na casa 1 quer, em geral, ser vista como confiante, corajosa e estonteante. Uma cliente minha com Ascendente em Leão é divertida e criativa, mas precisa constantemente de atenção para sentir que suas realizações estão sendo reconhecidas – traços bastante leoninos. A pessoa com Ascendente em Câncer geralmente quer ser vista como gentil, bondosa e carinhosa.

Os planetas que se encontram na casa 1 trazem em si, em geral, mais lições ligadas ao eu e à personalidade. Conheço uma mulher que tem a Lua na casa 1 (vamos esquecer o signo por ora). Ela é sensível e bondosa e gosta de se apresentar como um tipo carinhoso e maternal. Isso em geral funciona bem, mas ela tende a atrair parceiros carentes (a Lua representa nossas carências). Ou seja, ela literalmente tem carência de carência e fica decepcionada quando os parceiros a abandonam em busca de uma relação mais equilibrada.

ESTE É SEU ESPAÇO

Estude a casa 1 em seu mapa. Ela está vazia ou contém planetas e signos? Se estiver vazia, você precisará prestar mais atenção ao signo que a rege (no anel exterior do mapa). Procure-o no capítulo "Os Signos" (pp. 95-263) e leia sobre suas características que "deram certo" e as que "deram errado". Faça associações entre essas características e a casa 1. Depois, leve em conta o modo como os planetas (bem como seus respectivos signos) que estão nessa casa interagem com as associações da casa. Use o espaço a seguir para anotar qualquer coisa que lhe chame a atenção.

Depois, quando estiver pronto, procure criar um resumo de toda a configuração envolvendo planetas, signos e casa em seu próprio mapa. Lembre-se que, quando você pegar o jeito, poderá fazer o mesmo com o mapa de praticamente qualquer outra pessoa! Use as palavras-chave de resumos anteriores e deixe sua intuição livre para explorar tanto os potenciais positivos quanto os negativos. Você não conseguirá necessariamente produzir algo muito consistente logo de saída, mas lembre-se que a prática leva à perfeição. Talvez você tenha de reler algo e deixar que os pensamentos e as inspirações lhe venham quando têm de vir. Seja paciente! A astrologia é como a pintura: às vezes é preciso deixar a tinta secar antes de retomar o trabalho.

Por fim, você talvez queira anotar quaisquer ideias que lhe venham enquanto está pensando e escrevendo. A seguir, há uma tabela onde você pode fazer isso. Lembre-se que o estudo dos traços positivos dos planetas e signos nesta casa lhe dará ideias para inserir em sua vida mais coisas desejáveis e lhe indicará do que você precisa se afastar. Talvez valha a pena consultar o Conserto de cada signo, um resumo simples e prático de o que fazer para dominá-lo e pô-lo para trabalhar para você.

CASA	SIGNO REGENTE	QUAIS PLANETAS? EM QUAIS SIGNOS?
1 *Traços que "deram certo"* *Traços que "deram errado"*		

CASA 2

ASSOCIADA A: ATIVOS, BENS E FINANÇAS PESSOAIS;
VALORES, O VALOR DA PRÓPRIA PESSOA

PLANETA-PADRÃO: VÊNUS

SIGNO-PADRÃO: TOURO

ASSOCIAÇÕES

A casa 2 indica o que uma pessoa considera valer a pena, o que considera valioso. Está associada aos ativos e bens, ao dinheiro e a outras coisas de valor material, mas, graças aos efeitos de Vênus, seu planeta regente, também tem relação com o que essa pessoa aprecia e com o que a atrai num sentido geral. Algumas pessoas preferem aparelhos eletrônicos, sapatos e roupas, ao passo que outras admiram e colecionam obras de arte ou apreciam a beleza da natureza. A casa 2 também é a casa dos valores e do valor que o próprio indivíduo se atribui.

A presença de planetas nesta casa geralmente mostra que a pessoa é versátil. O signo que a rege mostra o modo pelo qual sua versatilidade se manifesta e os traços que ela tipicamente exibe neste campo. A pessoa com Mercúrio na casa 2, por exemplo, tipicamente usa a inteligência e a comunicação (quando as coisas "dão certo"!) para atrair as coisas que necessita e deseja na vida. (Mercúrio tem forte associação com todas as coisas ligadas à mente, entre elas a inteligência e a comunicação.)

COMO ELA FUNCIONA

Digamos, por exemplo, que você tenha vários planetas na casa 2. Isso pode ser um alerta de que você está dando ênfase demais às conquistas materiais para aumentar seu amor-próprio.

A pessoa que tem Marte na casa 2 é obsessiva e às vezes até agressiva quando se trata de ganhar dinheiro. Para quem tem o Sol nessa casa, os bens costumam ser mais importantes que qualquer outra coisa. Quem tem Mercúrio na casa 2 usa suas habilidades comunicativas para atrair ganhos materiais e costuma gastar dinheiro com qualquer coisa que ofereça conhecimento (livros, cursos, educação superior). E assim por diante.

Lembre-se que, se não houver planetas nessa casa, você deve ver quais são os símbolos dos signos no anel exterior do seu mapa. Você terá muito o que aprender com a interação entre a casa e os signos que a regem. Caso você queira adotar uma abordagem bem estruturada, também pode valer a pena estudar o signo regente da casa a fim de obter mais pistas. Touro é o signo regente da casa 2, por exemplo, e quando a energia de Touro "dá errado" ele tende a ficar obcecado pelos bens materiais e o *status* que o dinheiro lhe dá. Porém, seja qual for o signo que rege sua casa 2, a investigação de seus traços que "deram certo" e que "deram errado" também lhe facultará a compreensão das áreas que esta casa põe em evidência.

ESTE É SEU ESPAÇO

Estude a casa 2 do seu mapa natal. Está vazia ou contém planetas? Se estiver vazia, veja quais são os símbolos que estão no anel exterior do mapa e identifique o signo que a rege. Vá até a seção referente a ele no capítulo "Os Signos" (pp. 95-263) e leia sobre suas características que "deram certo" e as que "deram errado". Associe essas características com a casa 2. Se houver planetas nessa casa, pense em como eles, bem como os signos em que estão, podem se manifestar nessa área específica da sua vida. Use a tabela a seguir para anotar qualquer coisa que lhe chame a atenção.

Em seguida, sintetize toda a configuração de planetas/signos/casa 2 do seu mapa.

CASA	SIGNO REGENTE	QUAIS PLANETAS? EM QUAIS SIGNOS?
2 *Traços que "deram certo"* *Traços que "deram errado"*		

CASA 3

ASSOCIADA A: COMUNICAÇÃO, INTELIGÊNCIA, IDEIAS, VIAGENS CURTAS, IRMÃOS

PLANETA-PADRÃO: MERCÚRIO

SIGNO-PADRÃO: GÊMEOS

ASSOCIAÇÕES

A casa 3, como Mercúrio, seu planeta regente, tem forte associação com tudo o que diz respeito à nossa mente. Ela detém a chave da inteligência de uma pessoa, de suas opiniões e de seu modo de se comunicar. É a casa das ideias; a pessoa que tem Urano (fortemente associado à capacidade de gerar ideias novas) na casa 3, por exemplo, será cheia de ideias inventivas e geralmente não terá problemas em apresentá-las para qualquer público. As pessoas que têm planetas nesta casa, em especial quando há mais de um planeta, dão alto valor à inteligência e tendem a considerar-se inteligentes e até brilhantes. O problema, no entanto, é que o excesso de atividade na casa 3 tende a criar a vontade de aprender pouco e falar muito: nesse caso, é importante que você empreenda o estudo ou a pesquisa necessários para respaldar suas ideias e opiniões.

Os irmãos são, em geral, muito importantes para as pessoas cuja casa 3 é bem movimentada. Alguns são próximos dos irmãos, outros brigam com eles e outros os ignoram: seja como for, a relação com os irmãos será a mais prolongada que teremos em nossa vida, pois vai do berço ao túmulo, e temos de viver em paz com eles. Temos irmãos para adquirirmos conhecimento e, muitas vezes, aprendermos a lealdade e a paciência! Aliás, se você não tem irmãos mas tem bastante movimento nessa casa, isso geralmente significa que você tem amigos tão próximos que são como irmãos, com quem provavelmente compartilha conexões de vidas passadas.

A casa 3 também indica viagens curtas bem-sucedidas, ao passo que a casa 9 indica viagens para o estrangeiro. Em ambos os casos, as viagens tendem a proporcionar oportunidades de crescimento e aprendizado.

A moral da história para as pessoas que têm planetas na casa 3 é que o verdadeiro progresso virá quando você compreender o efeito que sua comunicação em geral e as mensagens que transmite podem ter sobre a comunidade.

COMO ELA FUNCIONA

Uma cliente minha trabalhava com marketing digital e tinha Mercúrio e o Sol em Gêmeos na casa 3 (a configuração-padrão para Gêmeos e Mercúrio). Ela tinha alcançado o ponto mais alto da carreira profissional, mas, depois que trabalhamos juntas por algum tempo, ela me confessou o desejo profundo de sua alma de fazer algo positivo pela humanidade. Disse que estava cansada de usar a inteligência para convencer as pessoas a comprar coisas de que não precisavam; assim, começamos a preparar uma transição. Ela despertou! Encorajei-a a usar suas habilidades geminianas e da casa 3 para pesquisar algumas marcas que a entusiasmassem e inspirassem, e foi isso que ela fez. Hoje, ela trabalha para uma dessas marcas e está muito mais feliz.

Minha casa 3 é regida pela signo de Virgem. Por isso, preciso ter certeza de estar usando as características virginianas que "dão certo" em minha comunicação, e essas características têm todas a ver com a cura. Quando as coisas "dão errado", essa configuração pode ser brutal: uma língua afiada como a espada de um samurai!

Outra cliente trabalha no ramo do entretenimento e é muito engraçada (uma característica clássica dos leoninos). No entanto, tem Saturno (o planeta que indica as áreas ou características que temos de aprender a dominar) na casa 3, de modo que primeiro teve de controlar o modo como comunicava seu bom humor, sendo que sofreu muitas restrições nessa área quando era criança. (Muitas vezes é assim que Saturno exerce sua influência. Ele é o planeta da autoridade e geralmente indica uma área que a pessoa precisa aprender a dominar porque sofreu uma restrição ou um controle excessivo por parte de figuras de autoridade, como os pais, no início da vida.)

ESTE É SEU ESPAÇO

Estude a casa 3 do seu mapa natal. Ela está vazia ou contém planetas e signos? Se estiver vazia, qual é o signo no anel exterior do mapa? Procure a seção referente a ele no capítulo "Os Signos" (pp. 95-263) e leia sobre suas características que "deram certo" e que "deram errado". Pense em como ele se associa com a casa 3 e reflita sobre como esse signo e essa casa podem interagir com quaisquer planetas que estejam dentro dela no seu mapa. Use a tabela abaixo para anotar qualquer coisa que lhe chame a atenção.

Em seguida, sintetize toda a configuração de planetas/signos/casa 3 do seu mapa.

CASA	SIGNO REGENTE	QUAIS PLANETAS? EM QUAIS SIGNOS?
3 Traços que "deram certo"		

CASA	SIGNO REGENTE	QUAIS PLANETAS? EM QUAIS SIGNOS?
Traços que "deram errado"		

CASA 4

ASSOCIADA A: CASA E FAMÍLIA, SEGURANÇA,
SENTIMENTOS, INFÂNCIA E ANTEPASSADOS,
EXPERIÊNCIA DA MÃE E INFLUÊNCIAS MATERNAS EM GERAL

PLANETA-PADRÃO: LUA

SIGNO-PADRÃO: CÂNCER

ASSOCIAÇÕES

A casa 4 mostra como uma pessoa se relaciona com as emoções e os sentimentos em geral e tem forte associação com os laços familiares, o comprometimento e a segurança, bem como a experiência que você pode ter tido de sua mãe, da maternidade e da infância em geral.

A pessoa cuja casa 4 é bem movimentada em geral tem muito a aprender acerca do lar e da família. As coisas podem caminhar para um lado ou para o outro: às vezes essa pessoa teve um lar estável na infância, mas às vezes essa configuração se correlaciona com uma experiência de insegurança ou falta de estabilidade em casa. Não surpreende que isso acabe, por vezes, levando-a a investir demais nessa área da vida. Para resolver o problema, ela cria sua própria sensação de segurança, seu lar e sua família assim que possível.

As pessoas com muita atividade na casa 4 precisam de um lugar seguro onde se refugiar, ao contrário de pessoas com mais planetas nas casa 11 ou 9, por exemplo, que não veem problema algum em viver viajando ou ter várias casas ao mesmo tempo. De maneira geral, a atividade na casa 4 indica uma forte necessidade de segurança, quer se trate de segurança financeira, de ter casa própria ou de estar num relacionamento seguro. Essas pessoas tendem a ser avessas ao risco e muitas vezes detestam ter de sair de casa.

A moral da história para quem tem planetas na casa 4 é a necessidade de estudar os traços que "dão certo" do signo que a rege, a fim de deixar o passado para trás e perdoar as mágoas emocionais; descobrir como nutrir e proteger a si mesma e aos outros; e evitar levar tudo para o lado pessoal, a fim de não se tornar insegura ou amarga.

— COMO ELA FUNCIONA —

Primeiro, vamos examinar a configuração-padrão da casa 4 (regida pela Lua e pelo signo de Câncer). A pessoa que tem Câncer como regente da casa 4 buscará a segurança de forma geral: não se sentirá confortável com uma renda irregular ou com casos amorosos sem compromisso.

Às vezes essa necessidade de segurança se canaliza de modo saudável, e a pessoa passa a cuidar com carinho de seus relacionamentos e a criar portos seguros para si mesma e para os outros. Mas também pode tornar essa pessoa muito carente, levando-a a exigir confirmações emocionais constantes de seus entes queridos. Nesse caso, ela precisa aprender que a verdadeira segurança começa dentro dela mesma. Como sempre o ideal é verificar o "Conserto" do signo que rege a casa, bem como os traços positivos dos planetas que nela estão. Isso lhe dará orientação.

Vamos pintar um quadro mais completo. Se a pessoa tem Marte (planeta da energia e dos impulsos) em Câncer (associado às emoções e à família) nessa casa, isso geralmente significa que ela pode ser agressiva ou obsessiva no trato com a família (mães demasiado exigentes, por exemplo). Também significa que ela pode ficar brava quando suas emoções são ativadas, especialmente quando essa ativação decorre da vida familiar. Se a pessoa tem o Sol na casa 4, é provável que se sinta orgulhosa de sua família. Todas as pessoas que conheço com Plutão na casa 4 tiveram uma infância turbulenta e por causa disso acumularam uma bagagem emocional que precisa ser posta de lado a fim de que elas possam renascer. (Plutão é o demolidor do zodíaco e elimina tudo o que já não é útil.)

⊖ ESTE É SEU ESPAÇO ⊖

Dê uma olhada na casa 4 do seu mapa natal. Está vazia ou contém planetas e signos? Se estiver vazia, qual é o signo no anel exterior do mapa? Procure a seção referente a ele no capítulo "Os Signos" (pp. 95-263) e leia sobre suas características que "deram certo" e que "deram errado". Pense em como ele se associa com a casa 4. Depois, reflita sobre os planetas (e seus signos) que estejam dentro dela no seu mapa. Use a tabela abaixo para anotar qualquer coisa que lhe chame a atenção.

Em seguida, sintetize toda a configuração de planetas/signos/casa 4 do seu mapa.

CASA	SIGNO REGENTE	QUAIS PLANETAS? EM QUAIS SIGNOS?
4		
Traços que "deram certo"		
Traços que "deram errado"		

CASA 5

ASSOCIADA A: EGO E ORGULHO,
NOSSA RELAÇÃO COM A CRIATIVIDADE,
NOSSA PERSPECTIVA SOBRE O AMOR, CRIANÇAS E FILHOS,
PAIS, BRINCADEIRA E DIVERSÃO

PLANETA-PADRÃO: SOL

SIGNO-PADRÃO: LEÃO

ASSOCIAÇÕES

A casa 5 mostra como a pessoa ama e "cria", como procura atrair amor e afeto e como chama a atenção dos outros.

Tem forte associação com o amor e a humildade, bem como com seus opostos, o egoísmo e o orgulho. Em sua manifestação mais extrema, uma atividade de casa 5 que "deu errado" pode tornar uma pessoa propensa ao narcisismo. Leão, o signo natural dessa casa, tem a reputação de ser o signo mais exibido do zodíaco; chama a atenção e é egoísta. As pessoas com planetas na casa 5 geralmente querem ser o centro das atenções. A casa 5 é a casa do "meu": "meus" filhos, "meu" estilo, "meu" projeto". Laços fortes com o "pai" costumam se manifestar nessa casa; de acordo com minha experiência, muita gente que quer atenção e busca o amor de maneira inadequada tem "questões com o pai".

Pelo lado positivo, a casa 5 também é associada à criatividade, ao bom humor e à diversão. As crianças são importantes para as pessoas que têm a casa 5 movimentada: quando as coisas "dão certo", essas pessoas conservam uma ludicidade infantil (que não deve ser confundida com infantilidade) na idade adulta e são divertidas. Em geral têm um excelente humor e grande criatividade. Quando as coisas "dão errado", recriam-se por meio dos filhos (precisam aprender a administrar o egoísmo e o orgulho no que se refere aos filhos). Quando as coisas "dão certo", contudo, amam os filhos, os ajudam a brilhar por mérito próprio, gostam de brincar com eles e apreciam sua inocência.

A casa 5 fala de nossas opiniões sobre o amor e, em particular, indica de que modo a pessoa ama, dependendo do signo envolvido. A pessoa cuja casa 5 é regida por Touro, por exemplo, pode ser carinhosa e dar bastante apoio ao parceiro (quando as coisas "dão certo") ou pode ser possessiva e ciumenta (quando "dão errado").

A verdadeira lição a ser aprendida aqui tem a ver com o amor e a generosidade. A pessoa com a casa 5 bem movimentada deve estudar as características positivas do signo que a rege a fim de deixar de lado as atividades puramente egoístas. Sua maior arma será a imensa capacidade de amar, o senso de humor e a capacidade de não se levar muito a sério.

COMO ELA FUNCIONA

A configuração-padrão da casa 5 (regida pelo Sol e por Leão) tem a tendência de se manifestar de um jeito tal que dificulta a convivência com a pessoa. Quem tem essa configuração pode ser egoísta, egocêntrico e está sempre à procura de atenção (todos traços clássicos da casa 5 que "deu errado"); pode ser também dramático, coisa que remete à necessidade de atenção. Por outro lado, são pessoas muito engraçadas (o que lhes permite fazer tudo aquilo e continuar queridas), divertidas e adoram crianças (traços fortemente associados a Leão e à casa 5).

Vamos dar um exemplo mais detalhado. Tenho um amigo com Urano em Libra na casa 5. Ele não é nada convencional e ganha bastante dinheiro no setor de mídia por causa de suas ideias (características uranianas). Seus relacionamentos sempre foram instáveis e sua vida amorosa não foi nada convencional (graças a Urano). Ele decidiu trabalhar seu egocentrismo para atrair uma união duradoura. Está hoje muito bem casado com uma mulher a quem namorou a distância durante anos, que vem de uma cultura completamente diferente. Ela o mantém sempre alerta e até o obrigou a aprender a língua dela. Tudo isso é muito típico da configuração astrológica dele. A casa 5 tem tudo a ver com o amor (e, numa de suas manifestações negativas, com o egoísmo). O signo de Urano também indica a área em que temos de despertar, e o signo de Libra é associado aos relacionamentos.

◦─ ESTE É SEU ESPAÇO ─◦

Dê uma olhada na casa 5 do seu mapa natal. Está vazia ou contém planetas e signos? Se estiver vazia, qual é o signo no anel exterior do mapa? Procure a seção referente a ele no capítulo "Os Signos" (pp. 95-263) e leia sobre suas características que "deram certo" e que "deram errado". Pense em como ele se associa com a casa 5 e reflita sobre como esse signo e essa casa podem interagir com quaisquer planetas que estejam dentro dela no seu mapa. Use a tabela abaixo para anotar qualquer coisa que lhe chame a atenção.

Em seguida, sintetize toda a configuração de planetas/signos/casa 5 do seu mapa.

CASA	SIGNO REGENTE	QUAIS PLANETAS? EM QUAIS SIGNOS?
5 Traços que "deram certo" Traços que "deram errado"		

CASA 6

ASSOCIADA A: SAÚDE, BEM-ESTAR,
SACRIFÍCIO PESSOAL E CURA, ROTINAS DIÁRIAS,
PRODUTIVIDADE, ATITUDE EM RELAÇÃO AO TRABALHO, OBSESSÕES

PLANETA-PADRÃO: MERCÚRIO

SIGNO-PADRÃO: VIRGEM

ASSOCIAÇÕES

A casa 6 é associada à atitude da pessoa em relação à saúde, à cura e à boa forma física. Se você tem muitos planetas na casa 6, deve levar em conta a saúde sempre que for tomar decisões importantes e deve manter a boa forma em todos os níveis.

A casa 6 também mostra como vemos o trabalho. A pessoa com a Lua na casa 6, por exemplo, precisa se sentir produtiva e proativa para que suas emoções (a Lua tem tudo a ver com as emoções) permaneçam equilibradas. Isso significa, em geral, que a atividade que ela faz para ganhar a vida é essencial para seu bem-estar.

A experiência me mostrou que as pessoas com bastante atividade na casa 6 também têm a tendência de sofrer de transtorno obsessivo-compulsivo. Aquelas que têm obsessão por limpeza ou vão verificar dez vezes se as janelas estão trancadas com frequência têm planetas na casa 6 ou uma influência forte do signo de Virgem no mapa, com destaque para suas características que "deram errado". Todos os tipos de transtorno obsessivo-compulsivo são relacionados à casa 6 ou ao signo de Virgem, que é o signo natural dessa casa.

A verdadeira lição a ser aprendida nesse caso é qual a área da vida a ser enfocada para que a pessoa possa gozar de boa saúde e como curar as áreas desequilibradas da vida. Um equilíbrio saudável entre trabalho e tempo livre é importante para todos nós, mas é superimportante para quem tem planetas nessa casa.

COMO ELA FUNCIONA

Veja o que os planetas que você tem na casa 6 representam e estude as características dos signos em que eles estão para tirar lições na área específica de saúde e bem-estar que mais lhe afeta. Mercúrio na casa 6, por exemplo, indica que você precisa cuidar da mente com práticas que a relaxem, treinam e controlem, como a meditação. Com Marte na casa 6, você precisa aprender a administrar e proteger sua energia.

Tenho um cliente que sofreu de vários problemas de saúde; ele tem vários planetas na casa 6. Acredito que alguns de seus problemas são psicossomáticos, mas ele os vê como doenças físicas, o que não o ajuda em nada. A solução é prestar atenção ao tomar decisões para garantir que seu bem-estar seja levado em consideração: você terá menos tendência de se levar ao limite dos pontos de vista energético, físico ou mental.

As atitudes em relação ao trabalho também se manifestam aqui. Em geral as pessoas que conheço que têm pelo menos um planeta na casa 6 são fortemente dedicadas ao trabalho. Elas não ficam à espera de que os outros as ajudem com dinheiro nem que façam o trabalho pesado. Por outro lado, quando as coisas "dão errado" elas não trabalham muito, mas dão muito trabalho aos outros!

ESTE É SEU ESPAÇO

Dê uma olhada na casa 6 do seu mapa natal. Está vazia ou contém planetas e signos? Se estiver vazia, qual é o signo no anel exterior do mapa? Procure a seção referente a ele no capítulo "Os Signos" (pp. 95-263) e leia sobre suas características que "deram certo" e que "deram errado". Pense em como ele se associa com a casa 6 e reflita sobre como esse signo e essa casa podem interagir com quaisquer planetas que estejam dentro dela no seu mapa. Use a tabela abaixo para anotar qualquer coisa que lhe chame a atenção.

Em seguida, sintetize toda a configuração de planetas/signos/casa 6 do seu mapa.

CASA	SIGNO REGENTE	QUAIS PLANETAS? EM QUAIS SIGNOS?
6		
Traços que "deram certo"		
Traços que "deram errado"		

CASA 7

ASSOCIADA A: EQUILÍBRIO, HARMONIA, RELACIONAMENTOS, PARCERIAS, CASOS AMOROSOS, ATITUDE EM RELAÇÃO AO ROMANCE, NECESSIDADE DE AMOR

PLANETA-PADRÃO: VÊNUS

SIGNO-PADRÃO: LIBRA

ASSOCIAÇÕES

A casa 7 tem forte associação com o modo como a pessoa vê os relacionamentos, uniões e parcerias e com a importância que atribui a essas coisas. Se tem a Lua na casa 7, por exemplo, pode ter a necessidade emocional (a Lua tem tudo a ver com as emoções e necessidades) de ser reconhecida pelo parceiro.

A lição a ser aprendida aqui é ter certeza de que *você* é a pessoa certa: não espere até que chegue uma pessoa para completá-lo, como se a vida fosse um filme da Disney. É importante constituir relacionamentos honestos (levando em consideração as compatibilidades) que não sejam baseados na necessidade de que a outra pessoa o cure ou o complete. Já se provou estatisticamente que o amor romântico dura no máximo um ano e meio, isso quando tudo vai bem. Depois de passado esse período inicial, o relacionamento deve se basear nos ideais librianos de igualdade, equilíbrio e paz.

COMO ELA FUNCIONA

Tenho alguns clientes que têm Quíron (também chamado de ferida kármica ou curador ferido) na casa 7. Eles têm muita dificuldade de manter relacionamentos íntimos por um logo período. Isso certamente não significa que estão destinados a vagar sozinhos pela Terra – longe disso. Significa apenas que têm uma ferida na área dos relacionamentos e do romance, ferida essa que precisa ser trabalhada e curada. Essa realidade pode se manifestar de diversas maneiras, mas muitas vezes leva uma pessoa a depositar expectativas muito pesadas em seu companheiro e a desejar a continuidade perpétua do romance da lua de mel. Às vezes, infelizmente, o parceiro dessa pessoa é quem desperta feridas profundamente entranhadas em sua alma. Se a pessoa foi abandonada pela mãe, por exemplo, o parceiro pode abrir as feridas do abandono.

Se a pessoa tem o Sol na casa 7, está destinada a brilhar por meio de sua associação com os outros. (Lembre-se que esta casa é relacionada com todos os tipos de parcerias, não somente com as românticas.) A Lua nessa casa, entretanto, significa que ela tem necessidade emocional de estar num relacionamento e tem muito a aprender nessa área.

ESTE É SEU ESPAÇO

Dê uma olhada na casa 7 do seu mapa natal. Está vazia ou contém planetas e signos? Se estiver vazia, qual é o signo no anel exterior do mapa? Procure a seção referente a ele no capítulo "Os Signos" (pp. 95-263) e leia sobre suas características que "deram certo" e que "deram errado". Pense em como ele se associa com a casa 7 e reflita sobre como esse signo e essa casa podem interagir com quaisquer planetas que estejam dentro dela no seu mapa. Use a tabela abaixo para anotar qualquer coisa que lhe chame a atenção.

Em seguida, sintetize toda a configuração de planetas/signos/casa 7 do seu mapa.

CASA	SIGNO REGENTE	QUAIS PLANETAS? EM QUAIS SIGNOS?
7 Traços que "deram certo" Traços que "deram errado"		

CASA 8

ASSOCIADA A: PODER, SEXO, DROGAS E ROCK 'N' ROLL;
PROFUNDEZAS, RENASCIMENTO, TRANSFORMAÇÃO,
NOSSA CAPACIDADE DE MUDAR PROFUNDAMENTE;
RITUAIS DE TODO TIPO, OCULTISMO; VÍCIOS (DEPENDÊNCIA);
OS RECURSOS DE OUTRAS PESSOAS, MORTE E HERANÇA

PLANETA-PADRÃO: MARTE E PLUTÃO

SIGNO-PADRÃO: ESCORPIÃO

ASSOCIAÇÕES

Meu professor de astrologia costumava dizer que a casa 8 é a casa do sexo, das drogas e do rock 'n' roll. As pessoas que têm planetas na casa 8 têm de tomar cuidado para não cair na dependência. O objeto da dependência pode ser qualquer um desses três (sexo, drogas ou rock 'n' roll). Por outro lado, caso sua casa 8 seja regida pelo signo de Virgem (por exemplo), elas podem ficar viciadas num estilo de vida saudável, em dietas e em boa forma, o que nem sempre é ruim (a menos, é claro, que acabe produzindo um transtorno alimentar).

A casa 8 também é a casa das profundezas e parece indicar que aqueles que têm planetas nela tendem a se beneficiar dos recursos alheios ou a receber uma herança. Nem sempre o que está envolvido é dinheiro ou imóveis: a pessoa poderia, por exemplo, herdar o talento de alguém.

As lições a serem aprendidas aqui são a de evitar os vícios e quaisquer substâncias tóxicas; abraçar as profundezas sem usar drogas que alterem a mente; e formar parcerias e aceitar a ajuda dos recursos alheios, mas sempre de modo justo e honesto. As pessoas com uma casa 8 ativa são entusiásticas, e não há nenhum problema nisso, mas elas também precisam saber quando é hora de relaxar e tratar a vida com leveza.

COMO ELA FUNCIONA

A experiência me mostrou que as pessoas com o Sol na casa 8 são profundas. São entusiásticas, não se interessam pela superficialidade em coisa alguma e, por ser essa a casa associada ao signo de Escorpião, se interessam por todas as coisas escorpianas: poder, sexualidade e, é claro, qualquer coisa que a maioria das pessoas não seja capaz de ver ou conhecer, como o ocultismo ou rituais secretos. Esta pode ser considerada a casa da feitiçaria e da magia.

Em geral, qualquer um que tenha planetas na casa 8 tende a sentir atração por temas ligados ao poder e por métodos de transformação que possam ser aplicados em sua própria vida ou na dos outros.

A pessoa com Sol em Peixes na casa 8, por exemplo, tem uma imaginação muito profunda. Tenho um cliente que trabalha com cinema, e ele faz filmes incríveis, que estimulam a mente e a visão. Peixes é o signo da imaginação, e o fato de ter o Sol (o ponto onde a pessoa dele brilha) nessa casa lhe dá profundidade e um interesse por todas as coisas que transcendam o superficial.

⊖ ESTE É SEU ESPAÇO ⊖

Dê uma olhada na casa 8 do seu mapa natal. Está vazia ou contém planetas e signos? Qual é o signo no anel exterior do mapa? Procure a seção referente a ele no capítulo "Os Signos" (pp. 95-263) e leia sobre suas características que "deram certo" e que "deram errado". Relacione-as com as características dos planetas que estejam dentro dela e pense em como os signos deles podem interagir com o que a casa está associada. Use a tabela abaixo para anotar qualquer coisa que lhe chame a atenção.

Em seguida, sintetize toda a configuração de planetas/signos/casa 8 do seu mapa.

CASA	SIGNO REGENTE	QUAIS PLANETAS? EM QUAIS SIGNOS?
8 *Traços que "deram certo"* *Traços que "deram errado"*		

CASA 9

ASSOCIADA A: INSPIRAÇÃO, ESTUDO E EDUCAÇÃO SUPERIOR; ESPIRITUALIDADE E RELIGIÃO; VIAGENS LONGAS; FILOSOFIA; DIREITO; SETOR EDITORIAL; EXPANSÃO E SORTE

PLANETA PADRÃO: JÚPITER

SIGNO PADRÃO: SAGITÁRIO

ASSOCIAÇÕES

A casa 9 está ligada à inspiração, ao aprendizado, ao estudo e à academia. A pessoa que tem planetas nesta casa deve levar seus estudos ao nível mais elevado possível. Caso contrário, não se sentirá dotada de conhecimento ou não o será realmente.

A casa 9 também é a casa da religião e, como eu dizia a um amigo que tem Marte em Peixes na casa 9, é importante garantir que, mesmo que você tenha sentimentos ambivalentes ou negativos em relação à religião, não jogue o bebê fora junto com a água do banho. Esse amigo foi criado num ambiente muito religioso e repudiou a religião em bloco, mas sente falta da espiritualidade. Sugeri que ele talvez pudesse apegar-se à pureza dos ensinamentos e descartar todo o resto. Atualmente, muita gente repudia sua criação religiosa, e muitos veem a religião como uma coisa hipócrita e sem sentido. No entanto, como meu querido professor costumava dizer, é importante não confundirmos o mestre com os ensinamentos.

A lição a ser aprendida aqui é a de evitar o fanatismo em todos os níveis, estudar aquilo que ignoramos e não rejeitar nada até o termos examinado pessoalmente. As verdadeiras mensagens de todas as religiões são o amor, a compaixão e tratar as outras pessoas como gostaríamos de ser tratados se estivéssemos no lugar delas: esse é o caminho do guerreiro espiritual. Conheço vários guerreiros espirituais e todos eles têm atividade na casa 9.

COMO ELA FUNCIONA

É muito importante que as pessoas que têm planetas na casa 9 não permaneçam ignorantes e mantenham a mente aberta para explorar possibilidades. A casa 9 tem profunda relação com o aprendizado, e aqueles que têm a casa 9 ativa devem sempre procurar aprender sobre outras culturas, mesmo que seja apenas viajando e conhecendo países estrangeiros. Muita gente que tem planetas nessa casa fala outras línguas e constrói uma vida nova em países distantes do local onde nasceu.

Há alguns anos, eu ensinava Astrologia Dinâmica numa aula semanal em Shoreditch House, Londres. Um dia, mencionei que, segundo minha experiência, as pessoas com Plutão (poder) na casa 9 tinham mais acesso a seu poder em terra estrangeira. Um pisciano incrível abriu um sorriso. Ele tinha Plutão na casa 9 e disse que sua carreira de *designer* gráfico decolara – e que sua vida inteira havia mudado para melhor – quando ele se arriscou e se mudou do Brasil para Londres.

ESTE É SEU ESPAÇO

Dê uma olhada na casa 9 do seu mapa natal. Está vazia ou contém planetas e signos? Qual é o signo que a rege? Procure a seção referente a ele no capítulo "Os Signos" (pp. 95-263) e leia sobre suas características que "deram certo" e que "deram errado". Lembre-se do significado dos planetas que estão dentro dela. Pense nas coisas com que a casa 9 está associada e veja se elas lhe dão sugestões, respostas ou pistas. Use a tabela a seguir para anotar qualquer coisa que lhe chame a atenção.

Em seguida, sintetize toda a configuração de planetas/signos/casa 9 do seu mapa.

CASA	SIGNO REGENTE	QUAIS PLANETAS? EM QUAIS SIGNOS?
9 *Traços que "deram certo"* *Traços que "deram errado"*		

CASA 10

ASSOCIADA A: SUA RELAÇÃO COM O SUCESSO, COMPROMETIMENTO, *STATUS*, AUTORIDADE E PODER; REPUTAÇÃO, *STATUS* SOCIAL; CARREIRA; INSTITUIÇÕES DO GOVERNO; GRANDES EMPRESAS; FIGURAS DE AUTORIDADE EM GERAL

PLANETA-PADRÃO: SATURNO

SIGNO-PADRÃO: CAPRICÓRNIO

ASSOCIAÇÕES

A casa 10 está ligada ao *status* e às ambições. É uma casa muito séria, e, se essa casa está em evidência em seu mapa, encontrar uma carreira que funcione será essencial para a sua sensação de realização pessoal. Esta casa tem forte associação com o comprometimento e o *status*, e a maioria dos meus conhecidos que têm planetas aí tendem a ser muito sérios e dedicados no que diz respeito à carreira e têm um relacionamento do tipo que envolve uma certidão de casamento. A imagem pública é importante para eles, de modo que dificilmente se envolverão com uma pessoa que os deixe envergonhados. Levam tudo bastante a sério.

As regras e a autoridade são áreas comumente enfocadas pelas pessoas cuja casa 10 está ativa, mas isso nem sempre se manifesta do jeito tradicional, ou seja, nem sempre elas seguem as regras só por seguir ou se submetem à autoridade só por se submeter. Tenho um amigo com quatro planetas na casa 10. Ele trabalha na televisão e talvez seja um dos produtores mais debochados e rebeldes que já conheci, mas sua hora chegou porque a vibração do universo e as autoridades constituídas estão cansadas de bajuladores... mesmo que ainda não saibam.

A casa 10 é a casa da autoridade. Conheço muitas pessoas bem-sucedidas que têm Quíron (a ferida kármica) na casa 10 e, por mais que realizem, nunca chegam a se sentir realmente bem-sucedidas. Digo-lhes que isso talvez impeça seu ego de crescer como uma erva daninha. As pessoas que têm a casa 10 forte falam com autoridade e são exigentes e dedicadas; quando aplicam sua energia em algo, atiram para acertar.

A lição a ser aprendida aqui é que você não deve se preocupar tanto com o modo como as pessoas o consideram, nem deve ser muito rígido no que diz respeito à sua imagem pública: precisa apenas estar feliz com quem você é e com o modo como *você* se vê.

COMO ELA FUNCIONA

O signo que rege a casa 10 do seu mapa é aquele cuja energia positiva você terá de sintonizar a fim de alcançar sucesso na vida. Assim, se Peixes rege sua casa 10, o mundo do intangível tende a lhe proporcionar boas oportunidades. Pode se tratar do cinema, *videogames*, programação e codificação; pode se tratar do mundo espiritual ou do mundo do *insight* e da intuição. Em síntese, é qualquer coisa que envolva algum tipo de visão.

Se você tem o Sol na casa 10, é provável que esteja destinado a brilhar nesta vida ou que de algum modo venha a chamar a atenção. Tenho um parente com o Sol na casa 10 que na juventude teve muitos problemas por praticar grafite ilegalmente. Eu lhe disse que, devido aos aspectos de seu mapa, seria difícil ele escapar da punição, pois seu Sol na casa 10 o punha em evidência (junto às figuras de autoridade, no caso). Ele não me agradeceu na época, mas anos depois rimos juntos ao nos lembrar do assunto, e ele agora não comete mais contravenções.

ESTE É SEU ESPAÇO

Dê uma olhada na casa 10 do seu mapa natal. O que está acontecendo nela? Está vazia? Nesse caso, procure o signo que a rege no anel exterior do mapa e leia mais sobre ele no capítulo "Os Signos" (pp. 95-263), procurando pistas que evidenciem os efeitos dele em sua personalidade no contexto da casa 10. Se houver planetas nela, verifique as características deles (veja o capítulo "Os Planetas", pp. 35-93), encontre os signos nos quais estão, veja quais associações lhe chamam a atenção e use a tabela abaixo para tomar notas sobre qualquer coisa que lhe pareça significativo.

Em seguida, sintetize toda a configuração de planetas/signos/casa 10 do seu mapa.

CASA	SIGNO REGENTE	QUAIS PLANETAS? EM QUAIS SIGNOS?
10 *Traços que "deram certo"* *Traços que "deram errado"*		

CASA 11

ASSOCIADA A: CONSCIÊNCIA, SOCIALIZAÇÃO,
GRUPOS, CAUSAS, *NETWORKING*, CONEXÕES E CONTATOS EM GERAL,
CONEXÕES INTELECTUAIS E NOS MEIOS DE COMUNICAÇÃO EM PARTICULAR

PLANETA-PADRÃO: URANO

SIGNO-PADRÃO: AQUÁRIO

ASSOCIAÇÕES

A casa 11 é a casa da humanidade. Tem a ver com o modo como nos ligamos às outras pessoas, com a socialização e com o *networking*. As amizades são extremamente importantes para todas as pessoas que conheço que têm planetas na casa 11, e essas pessoas precisam de amizades verdadeiras para realizar todo o seu potencial. São, em geral, excelentes para fazer contatos, para fazer *networking* e para facilitar as ligações entre pessoas desconhecidas que podem se ajudar mutuamente, pois transitam com naturalidade entre grupos diversos de pessoas com interesses ecléticos. Conectam pessoas, projetos e ideias em vista de um propósito.

Esta casa também é associada à inventividade, e as pessoas em quem ela é ativa costumam ser hábeis para apresentar ideias e conceitos às massas, em geral em prol de uma causa maior. A casa 11 é a casa do "fazer coisas boas para a humanidade".

A lição a ser aprendida na casa 11 é que amizades sinceras devem ser cultivadas a fim de alcançar o contentamento da alma; o envolvimento em grupos e causas positivos que sirvam à humanidade também é favorável. Isso não precisa ser maçante: tenho clientes e amigos que fazem documentários emocionantes para despertar a consciência de certas questões e conheço muita gente bem-sucedida que é também filantropa. Muitas dessas pessoas têm planetas na casa 11.

Em regra, se você tem atividade na casa 11, será bom envolver-se em algo que tenha uma visão mais ampla que a vida profissional cotidiana (a menos que esse trabalho já envolva fazer o bem para outros seres neste planeta!). Você precisa conectar pessoas e ideias sem medo de que os outros se aproveitem de você: o universo vê tudo.

COMO ELA FUNCIONA

Tenho Marte na casa 11. No meu grupo de amigas, conhecido como o *#girlsquad* internacional, sou conhecida como a "que põe as pessoas em contato". Estou sempre dizendo algo como "Acho que você deveria conhecer fulano", e isso acaba acontecendo. Tenho vontade de unir pessoas, ideias e conceitos, especialmente quando essas coisas tendem a se combinar para criar algum bem neste mundo. Também sou conhecida por dar festas divertidíssimas (bem, sou eu mesma que estou dizendo!). Se você tem atividade nesta casa, o mais provável é que adore festas e tenha facilidade para unir ideias e pessoas que funcionam bem juntas.

No entanto, não sou a única do nosso grupo que tem atração por "fazer o bem para a humanidade", esse desejo tem tudo a ver com a casa 11. Quando fiz o mapa de minhas amigas, vi que todas nós tínhamos alguma atividade nessa casa, e nenhuma de nós é preguiçosa para ajudar as pessoas ou devolver à sociedade o que dela recebemos.

Uma delas tem Mercúrio na casa 11. Trabalha como apresentadora de televisão, ou seja, se comunica (Mercúrio) com as massas (casa 11) pelos meios de comunicação (também associados à casa 11). A Astrologia Dinâmica é um código: basta que veja como ele se relaciona com você para decifrá-lo!

Devido ao fato de a casa 11 ser relacionada aos amigos e contatos, os que têm muita atividade nela podem não conseguir abraçar seu potencial de fazer o bem se não tiverem essas pessoas para despertá-los.

ESTE É SEU ESPAÇO

Dê uma olhada na casa 11 do seu mapa natal. Está vazia? Nesse caso, procure o signo que a rege no anel exterior do mapa e leia mais sobre suas características que "deram certo" e as que "deram errado" no capítulo "Os Signos" (pp. 95-263). Junte tudo isso com as associações da casa 11.

Se você tem planetas nessa casa, veja quais são as características deles e identifique os signos em que estão, lembrando-se sempre das coisas a que a casa é associada. Como sempre, a tabela abaixo está aí para você anotar qualquer coisa que lhe venha à mente quando estiver procurando dicas sobre a casa 11, o signo que a rege e os planetas que estão nela.

Em seguida, sintetize toda a configuração de planetas/signos/casa 11 do seu mapa.

CASA	SIGNO REGENTE	QUAIS PLANETAS? EM QUAIS SIGNOS?
11 Traços que "deram certo" Traços que "deram errado"		

CASA 12

ASSOCIADA A: INTUIÇÃO E O SUBCONSCIENTE,
HUMILDADE, PERDA, ESCAPISMO, OS DOMÍNIOS OCULTOS,
FÉ, SEGREDOS; MÚSICA, DANÇA; MEDITAÇÃO;
YOGA E TODAS AS COISAS METAFÍSICAS, O MUNDO ESPIRITUAL EM GERAL

PLANETA-PADRÃO: NETUNO

SIGNO-PADRÃO: PEIXES

ASSOCIAÇÕES

A casa 12 tem relação com o subconsciente e rege aqueles aspectos do nosso ser que permanecem desconhecidos até embarcarmos no caminho da autodescoberta e da autoconsciência.

Esta casa é o oposto do egoísmo; seus temas são a humildade, a graça e a intuição. As pessoas que têm planetas nesta casa têm intuições quase visionárias. Sempre me parece que são fadas e elfos que tiveram de se fortalecer para conseguir viver no mundo dos seres humanos.

As pessoas em quem esta casa é ativa têm, muitas vezes, uma aguda sensação de perda mesmo antes de perderem qualquer coisa; isso se deve à sua necessidade de conexão com algo maior que o "eu". Elas precisam sentir que a vida tem um propósito espiritual maior a fim de se sentirem ligadas à sua versão pessoal de Deus, do universo... e do que está além.

Em geral, também são gentis e cheias de elegância. Sonham com um mundo mais idealista e precisam aprender a arte de retirar-se de maneira sadia em vez de simplesmente desaparecer para evitar conflitos.

A lição a ser aprendida é a de manter o foco sem deixar de reservar tempo para sonhar. É prudente conectar-se com uma visão superior a fim de entender a importância e a insignificância do "eu".

COMO ELA FUNCIONA

Tenho um cliente com Vênus em Peixes na casa 12. Sempre dizemos que ele não tem ego, o que é típico da casa 12 que "deu certo". É uma das pessoas mais artísticas que conheço (cortesia de Vênus e do signo de Peixes), mas costumava desaparecer durante dias; isso só parou quando ele abandonou um hábito nada saudável que o fazia sentir-se sempre perdido e sem concentração. Agora que ele está trabalhando para melhorar sem essa confusão mental, está muito mais presente. As pessoas em quem esta casa é ativa tendem a ter o desejo de se fundir com o universo inteiro e de se sentirem ligadas a algo em algum nível.

◯— ESTE É SEU ESPAÇO —◯

Dê uma olhada em sua casa 12. Considere tudo o que está acontecendo ali. Quais planetas se encontram dentro dela e em que signos eles estão? Tome uma nota de suas características e de alguns traços que ressoem em você enquanto vai lendo. Se a casa 12 estiver vazia, verifique no anel exterior do mapa qual é o signo que a rege e depois leia sobre as características desse signo (no capítulo "Os Signos", pp. 95-263), mantendo em mente as associações da casa 12. Use a tabela abaixo para anotar o que você descobriu e o que pensou sobre como todas as peças se encaixam.

Em seguida, sintetize toda a configuração de planetas/signos/casa 12 do seu mapa.

CASA	SIGNO REGENTE	QUAIS PLANETAS? EM QUAIS SIGNOS?
12 Traços que "deram certo" Traços que "deram errado"		

NOTA FINAL

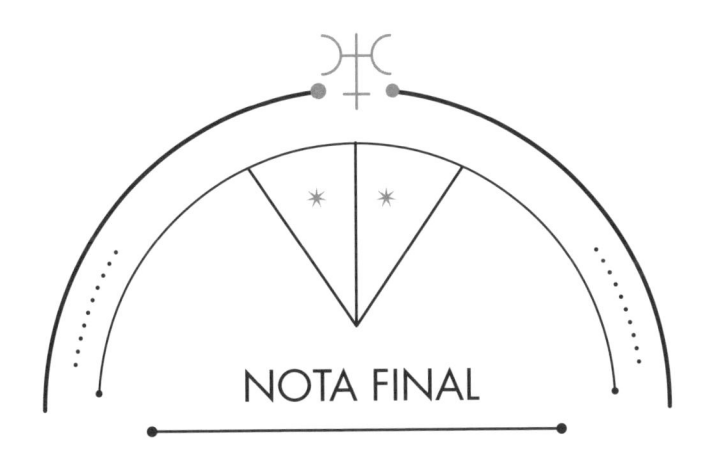

Você chegou ao fim do livro, e agora começa sua jornada pela Astrologia Dinâmica. Espero que você tenha encontrado em seu mapa muitas pistas que lhe mostrem como abraçar seu eu mais autêntico. Essa é a chave da felicidade real e duradoura.

É meu desejo sincero que este livro ajude todas as pessoas sensíveis neste mundo tão insensível e inspire todos vocês a permanecer belos, a encontrar seu astro interior e a sentar-se na presença dessa luz que tudo envolve, em todas as situações da vida.

Tenho profunda consideração pela humanidade, pelo planeta e por todos os seus habitantes (exceto moscas, aranhas e cobras – mas nunca afirmei que eu era algo mais que um ser humano cheio de defeitos) e creio que todos nós somos estrelas dotadas da capacidade de brilhar como nosso magnífico Sol: sim, somos estrelas!

Não há nada que me chame tanto a atenção nem capture meu coração como a simples bondade. Ela está em toda parte ao nosso redor; basta querermos vê-la. Há boas pessoas caminhando entre nós, procurando nos ajudar e nos unir, lembrando-nos de que somos todos irmãos e irmãs. Somos uma só família ligada pela poeira estelar que criou todos e cada um de nós.

A astrologia, a bela linguagem dos astros, nunca deixa de me impressionar e comover. Ela acalma meu coração de muitas maneiras e por muitas razões, mas a principal de todas é que ela é a única linguagem que nos une independentemente de dinheiro, de origem, de *status*, de raça ou de credo. Todos nós somos provenientes dos restos de estrelas que um dia explodiram e, um dia, todos nós voltaremos às estrelas.

Não perca nenhum momento de sua vida preciosa com algo que não seja mágico. Você não está e nunca estará sozinho: todos nós somos interligados. Eu sei disso e espero que você saiba também.

Vamos todos ajudar uns aos outros.

AGRADECIMENTOS

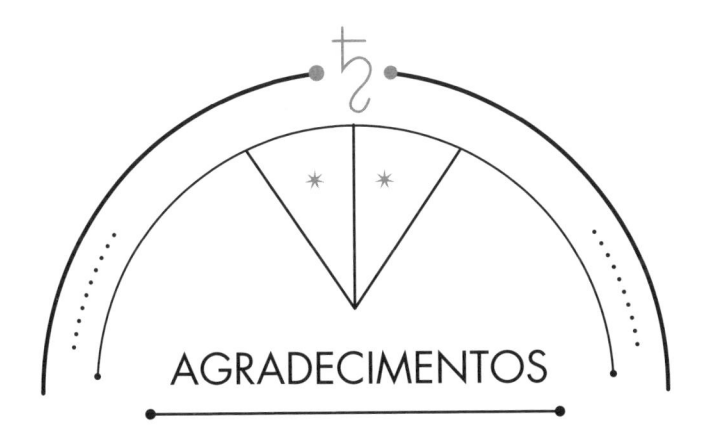

É imenso o número de pessoas que me inspiraram, me ensinaram e me apoiaram ao longo da minha vida, grande demais para que eu liste todas, mas vou fazer uma humilde tentativa. Muitas das que mencionarei aqui me deram um apoio infinito durante o processo de criação deste livro.

Primeiro, agradeço às minhas irmãs Kathryn e Sara e, especialmente, à minha mãe: seu apoio e sua crença em mim como pessoa criativa, como só uma capricorniana com Leão no meio do céu poderia fazer, me dá a confiança de que preciso para acreditar em mim mesma e procurar realizar meus sonhos. Obrigada!

A meu amado filho Kam: você é quem todos os dias me dá motivos para tentar alcançar as estrelas! Meu amor por você é do tamanho do mundo. Você é demais!

A Marian, minha incrível madrinha taurina: você é a pessoa mais humilde que conheço, não há ninguém como você em todo o planeta e sou muito grata ao universo por trazer você para minha vida.

A meus incríveis mestres e professores: Sua Santidade, o XVII Galwang Karmapa; o grande dr. Akong Tulku Rinpoche, já falecido; o lama Yeshe Rinpoche; *Sir* Tom Lucas; e o homem que, em sua própria estrela, deve estar fazendo um brinde a mim por compartilhar minha visão sobre essa bela linguagem, meu professor taurino, o saudoso Derek Hawkins.

Obrigada a minhas melhores e mais antigas amigas: Emma, você é a leonina mais leal e mais engraçada que conheço e nunca deixa de me fazer rir; e Sarah Jane, há muito tempo que seu Sol em Câncer me apoia, me aconselha e me protege.

A Bob: nós brigamos, rimos, choramos e depois criamos. Você é o melhor amigo que qualquer pessoa poderia ter, e eu o amo. No entanto, precisa deixar de lado toda essa bagagem virginiana da casa 6.

A minha família e meus amigos nos Estados Unidos, pelo apoio e por sempre acreditarem em mim: Janet (a aquariana que põe as pessoas em contato), Bonnie, Meredith e Jess, amo vocês como se fossem da minha família; Pardis, você é hilária, amo você como se fosse minha irmã; e Hilary, o que posso dizer? Graças aos astros que nos puseram em contato! Você mesma é uma estrela!

Julia, sua inteligência, sua inspiração, seu direcionamento, seu apoio e sua franqueza ajudaram a mudar minha vida. Obrigada por tudo.

Emily, ainda me lembro da primeira vez em que nos encontramos e li seu mapa. Você disse: "Gostaria que todos fossem capazes de fazer isso e saber o que você sabe sobre astrologia". Sua visão, sua inteligência e sua determinação tornaram este livro uma realidade! Obrigada.

Helen, ainda acho que foi sua Lua em Aquário que a fez compreender a astrologia com tanta rapidez. Você ajudou a dar clareza a minhas palavras!

Adam, o modo como você lida comigo é louvável: "Carolyne, acho que você talvez seja a cliente mais interessante com quem já trabalhei". Que jeito mais geminiano de falar uma obviedade!

A minha amiga Ade (também chamada Retipuj), pelos trabalhos de *design* de última hora que você fez para mim. Você sempre disse sim e não reclamou nenhuma vez. Obrigada!

Agradeço ao universo!

Que todos os seres sejam felizes e libertos do sofrimento.